A QUESTÃO NACIONAL E AS TRADIÇÕES
NACIONAL-ESTATISTAS NO BRASIL,
AMÉRICA LATINA E ÁFRICA

Norberto O. Ferreras (org.)

A QUESTÃO NACIONAL E AS TRADIÇÕES NACIONAL-ESTATISTAS NO BRASIL, AMÉRICA LATINA E ÁFRICA

Copyright © 2015, Norberto O. Ferreras

Direitos desta edição reservados à
EDITORA FGV
Rua Jornalista Orlando Dantas, 37
22231-010 | Rio de Janeiro, RJ | Brasil
Tels.: 0800-021-7777 | 21-3799-4427
Fax: 21-3799-4430
editora@fgv.br | pedidoseditora@fgv.br
www.fgv.br/editora

Impresso no Brasil | Printed in Brazil

Todos os direitos reservados. A reprodução não autorizada desta publicação, no todo ou em parte, constitui violação do copyright (Lei no 9.610/98).

Os conceitos emitidos neste livro são de inteira responsabilidade do(s) autor(es).

1ª edição – 2015

Copidesque: Sandra Frank
Revisão: Fatima Caroni e Fernanda Mello
Projeto gráfico de miolo e diagramação: Mari Taboada
Capa: Letra e Imagem

Ficha catalográfica elaborada pela Biblioteca Mario Henrique Simonsen/FGV

> A questão nacional e as tradições nacional-estatistas no Brasil, América Latina e África / Norberto O. Ferreras (org.). — Rio de Janeiro : FGV Editora, 2015.
> 260 p.
>
> Trabalhos apresentados em seminário realizado na Universidade Federal Fluminense, em setembro de 2013.
> Inclui bibliografia.
> ISBN: 978-85-225-1765-7
>
> 1. Nacionalismo. 2. Estado. I. Ferreras, Norberto Osvaldo. II. Fundação Getulio Vargas.
>
> CDD – 320.54

Sumário

Introdução • 7
NORBERTO O. FERRERAS

O nacional-estatismo brasileiro:
cultura política e história • 13
DANIEL AARÃO REIS

"Trabalho análogo ao de escravo" ou "trabalho forçado"?
O nacional debate desde uma perspectiva transnacional • 41
NORBERTO O. FERRERAS

Do reformismo tecnocrático ao nacionalismo
de massas: a II Guerra Mundial e a emergência
do trabalhismo brasileiro • 67
ALEXANDRE FORTES

Género y populismo en la Argentina:
de Evita a Cristina • 89
DORA BARRANCOS

Estado y trabajadores en Argentina, 2003-2011:
aportes para el análisis de cambios y continuidades • 113
VICTORIA BASUALDO

A participação popular, o nacional-estatismo e os governos progressistas no Equador e na Venezuela • 139
FELIPE ADDOR

A "democratização da democracia" na Venezuela bolivariana: a experiência dos consejos comunales • 165
MARIANA BRUCE

Educação, história e civismo no Chile sob Pinochet • 185
SAMANTHA VIZ QUADRAT

Exercício e legitimidade do poder em São Tomé e Príncipe: das inércias do Estado à fulanização do poder e à tentação do pulso forte • 205
AUGUSTO NASCIMENTO

Nacionalismo, Estado e guerra em Angola • 231
MARCELO BITTENCOURT

Sobre os autores • 257

Introdução

NORBERTO O. FERRERAS

Nas últimas décadas, temas como o nacionalismo, a nação, o Estado, o povo e outras categorias passaram por processos contraditórios. De ser uma temática excludente a uma temática pouco menos que abandonada. Depois de um período áureo nos anos 1970 e 1980, o tema foi esquecido, ao ponto de hoje ser difícil achar alguma disciplina desse tipo nos cursos de história. E quando a temática é considerada, é como um inimigo que deve ser desmascarado. Sem adscrever uma leitura negativada ou positivada do Estado, nesta introdução vamos tentar compreender os porquês das mudanças de humor em relação a essa temática.

A história tem ciclos de preocupações e modas que respondem às demandas sociais. O historiador está exposto aos debates e interesses de seu tempo. Nas últimas cinco décadas do século XX, a preocupação com o Estado, a nação e os vínculos entre ambos foi um tema recorrente. As duas guerras mundiais, os processos de descolonização ou de libertação nacional, os fascismos e a relação entre nação, Estado e socialismo nos casos em que revoluções triunfavam levaram a que autores de diversas tradições tentassem compreender a nação, seu vínculo com o Estado, como força mobilizadora. Produto dessas preocupações, temos um sem-número de textos, entre os quais os mais influentes foram os de Eric Hobsbawm (1990), Benedict Anderson (1983) e Ernest Gellner (1983), sem esgotar aqui a longa lista de autores e textos.

Esses autores se interrogavam sobre a nação e seu vínculo com o Estado, desde os aspectos políticos aos culturais, de integração de diversas nacionalidades e etnias a um único Estado, assim também como a nação era uma forma de mobilizar a sociedade. Esse vínculo foi submetido a diversas análises e estudos que permitiram compreender por que a organização política das diversas sociedades tinha se dado por meio da constituição de Estados, por que esses Estados tinham exacerbado algumas de suas caraterísticas para passar a ser o "nacionalismo" uma ideologia que, no mais das vezes, tinha provocado grandes genocídios e guerras em diversas partes do mundo, e como os movimentos independentistas tinham se apropriado do termo "nação" para dar envasamento geográfico às suas ações. Vários movimentos de libertação nacional tinham atuado como forma de catalisar o descontentamento pelas atividades metropolitanas e pelo segundo plano a que eram submetidas as populações coloniais.

Toda essa análise, do Estado como forma de organização da vida política e econômica e da nação como a ideologia que permitia essa organização, entrou em colapso em finais da década de 1980 e, mais evidentemente, na década de 1990. Vários fatores contribuíram para essa perda de interesse pelo Estado. As causas são múltiplas, mas parecia evidente que o bem comum não era o objetivo do Estado, que consagrava grupos de favorecidos. A crítica ao Estado foi liderada por setores liberais que entendiam que este cerceava a liberdade, principalmente a liberdade econômica. A Guerra Fria tinha obrigado as duas superpotências a uma corrida armamentista que tinha forçado as finanças ao ponto da exaustão e demandado grandes esforços por parte da sociedade.

Arautos da liberdade individual que tinham estado recluídos por longo tempo passaram aos primeiros planos. Se o keynesianismo foi a teoria econômica dominante desde finais da década de 1930, num enclave da Suíça, a Sociedade Mont-Pèlerin resistia, defendendo o livre mercado e a sociedade aberta. Nessa sociedade, economistas como Hayek e Von Mises conviviam com filósofos como Karl Popper. Esses resistentes não estavam sozinhos, e sua prédica seria ouvida por quem correspondia. A Sociedade Nobel reconheceu seus esforços com oito prêmios às ciências econômi-

INTRODUÇÃO

cas, entre eles Milton Friedman. Este último assessoraria vários governos para se libertarem das ataduras do Estado, como o de Pinochet, no Chile, e a administração Reagan, nos Estados Unidos.[1]

A crítica ao Estado e à nação também provinha de grupos marxistas que, ao realizarem uma crítica ao stalinismo, recorreram a certos textos de Marx para reforçar o papel da sociedade civil contra o Estado. Nessa linha, foram potenciadas leituras que acentuaram o hegelianismo de Marx e a crítica às sociedades latino-americanas, porque eram Estados que construíam nações, assim como Gramsci foi lido em chave culturalista e antipolítica.[2] Os estudos pós-coloniais, em certa medida derivados do marxismo, também criticaram o nacionalismo como impostura e por exercer a dominação.[3]

E tudo parecia se confirmar depois da queda do muro de Berlim. Os crimes raciais e religiosos nos Bálcãs em nome do Estado demonstravam que o Estado criava monstros e, a esse respeito, estava Francis Fukuyama (1992) para nos alertar sobre a necessidade de libertar o indivíduo e sobre os perigos do Estado.

Uma década depois do *Fim da história* e da liberdade dada aos Estados para nos libertar do nacionalismo, o mundo aparecia mais desigual e os países latino-americanos estavam submergidos no meio de uma grande crise econômica e social. Aos poucos, os países da região vêm reconstituindo o Estado e sua épica, a nação. Hugo Chávez, Néstor Kirchner, Lula, Evo Morales, Rafael Correa e outros recolocaram a questão do Estado e, junto com ele, o significado da palavra nação. Novos estudos estão preocupados em compreender o Estado e nos obrigam a pensar a que nação se referem ou referiam essas figuras políticas, assim como seus críticos.

O Estado está outra vez no centro do debate. Até uma figura necessariamente internacionalista, como o papa Francisco (2013), nos

---

[1] Sobre a Sociedade Mont-Pèlerin e sua influência, ver Burgis (2012).
[2] Para uma análise sobre esta leitura de Marx sobre América Latina, ver Aricó (2009), especialmente o capítulo "El Bolívar de Marx". Ver também Aricó (1988).
[3] Nessa linha, ver Chatterjee (1986).

alerta sobre os perigos da ausência do Estado. O mercado e a liberdade proclamada nos anos 1990 entraram em questão, e diversos autores se propõem entender o que está acontecendo.

Este livro, que retoma a questão, é produto de um seminário realizado na Universidade Federal Fluminense em setembro de 2013. Trabalhamos com diferentes temporalidades e espacialidades. Os 10 trabalhos aqui apresentados vão da América Latina à África, discutindo também certos aspectos da questão nacional no Brasil.

Alexandre Fortes e Daniel Aarão Reis têm analisado o Estado no Brasil. Fortes enfatiza a relação entre sociedade política e sociedade civil no período que antecede e durante a II Guerra Mundial no Brasil. Nesse capítulo, discute-se a forma como o Estado atua, mas também como a sociedade reage e se comporta por meio do que ele denomina nacionalismo de massas. Aarão Reis, por sua vez, nos propõe acompanhar a longa tradição do nacional-estatismo no Brasil. Desde uma perspectiva crítica, o autor nos propõe a releitura de determinados momentos da história brasileira nos últimos 70 anos, vinculando Estado Novo, JK, a ditadura e o governo Lula, todos eles unidos por uma forma de compreender o Estado e mobilizar a sociedade. Sobre o Brasil, ainda, Norberto Ferreras percorreu a trajetória da palavra escravo ao longo do século XX e seus usos no estabelecimento de políticas estatais.

Em relação à América Latina apresentamos trabalhos sobre Argentina, Chile, Equador e Venezuela. Dora Barrancos fez um percorrido sobre duas figuras femininas na Argentina e sua relação com o Estado. A autora nos mostra como certa desconfiança sobre o feminismo de Eva Perón e de Cristina Fernández de Kirchner resultou em renovadoras políticas feministas em dois momentos da história Argentina. Victoria Basualdo centrou sua análise nos impactos das políticas estatais durante os governos kirchneristas sobre a reconfiguração do mapa do emprego na Argentina. Samantha Quadrat dedicou seu capítulo à construção de uma interpretação da nação desde o Estado chileno durante o governo de Augusto Pinochet. Mariana Bruce, por sua vez, apresentou um olhar desde baixo do governo de Hugo Chávez na Venezuela, preocupando-se com o impacto desse governo nos setores a que ele aspirava representar. Felipe Addor estabeleceu pontos de comparação entre a experiência venezuelana e a equatoriana enquanto as alternativas de grupos concorrentes aspiraram a representar os indígenas em oposição aos governos Hugo Chávez e Rafael Correa.

Finalmente temos dois importantes capítulos destinados a discutir um período fundamental da história da África ocidental: os processos de descolonização e a constituição de um novo Estado, colocando tensão na relação local na tentativa de reconstituir o Estado e de mostrar as possibilidades existentes nas experiências nacionais. Nesse sentido, Marcelo Bittencourt apresenta o caso de Angola e Augusto Nascimento, o de São Tomé e Príncipe.

A inesgotável questão do nacionalismo não será resolvida neste livro, mas o importante, nesse caso, é a tentativa de demonstrar o retorno de uma questão das mais importantes e fundantes de nossa profissão.

REFERÊNCIAS

ANDERSON, Benedict. *Imagined communities*: reflections on the origin and spread of nationalism. Londres: Verso, 1983.
ARICÓ, José. *La cola del diablo*: itinerario de Gramsci en América Latina. Buenos Aires: Puntosur, 1988.
___. *Marx y América Latina*. México, DF: FCE, 2009.
BURGIS, Angus. *The great persuasion*: reinventing free markets since the depression. Cambridge: Harvard University Press, 2012.
CHATTERJEE, Partha. *Nationalism thought and the colonial world*: a derivative discourse. Londres: Zed Books, 1986.
FUKUYAMA, Francis. *The end of history and the last man*. Nova York: The Free Press, 1992.
GELLNER, Ernest. *Nations and nationalism*. Ithaca: Cornell University Press, 1983.
HOBSBAWM, Eric J. *Nations and nationalism since 1780*: programme, myth, reality. Cambridge: Cambridge University Press, 1990.

PAPA FRANCISCO. *Exhortación evangélica Evangelii Gaudium*. Vaticano: News. VA, 26 nov. 2013. Disponível em: <www.news.va/pt/news/primeira-exortacao-apostolica-de-papa-francisco-te>. Acesso em: 4 dez. 2013.

O nacional-estatismo brasileiro: cultura política e história*

DANIEL AARÃO REIS

O caráter da ditadura: memória e história

A ditadura mudou o Brasil entre 1964 e 1979.[1] Economia, política, cultura e sociedade.[2] Em fins dos anos 1970, quando se anunciava o "amanhã", nada mais era igual ao que existia quando "se fez escuro", em 1964.[3]

Os custos foram muito altos. Para além dos perseguidos, presos, torturados, exilados ou mortos, é indizível a dor e a angústia de toda

---

* Este texto retoma aspectos essenciais do texto "A ditadura faz cinquenta anos: história e cultura política nacional-estatista", publicado em obra coletiva intitulada: *A ditadura faz 50 anos: do golpe de 1964 aos dias atuais*, organizada por mim e pelos professores Marcelo Ridenti e Rodrigo Patto Sá Motta (Aarão Reis, Ridenti e Motta, 2014a). A atual versão, porém, integra importantes subsídios conceituais proporcionados no debate que se realizou no âmbito do seminário O Nacional-Estatismo na América Latina, organizado sob coordenação do professor Norberto Ferreras, do Departamento de História da Universidade Federal Fluminense (UFF) em 4 e 5 de setembro de 2013.

[1] Já há alguns anos, sustento que a ditadura, como estado de exceção, encerrou-se em 1979, com a revogação dos atos institucionais, dando-se início, a partir de então, a um processo de "transição democrática". Cf. Aarão Reis (2000). A expressão, com acepções próprias, já fora empregada por Emir Sader (1986, 1990), Brasílio Sallum (1996) e Maria José Resende (1996). Elio Gaspari (2003) também pensou o fim da ditadura em 1979.

[2] Cf. Luna e Klein (2014a:66-91); Luna e Klein (2014b:92-111). Trata-se de dois textos seminais que elencam e analisam, minuciosamente, as transformações econômicas e sociais ocorridas no período ditatorial.

[3] Alusão, em forma de homenagem, ao verso de Thiago de Mello, escrito pouco depois da instauração da ditadura: "Faz escuro, mas eu canto, porque o amanhã vai chegar".

uma população, empurrada em ritmos inéditos de mobilidade – social e geográfica – e revolvida nos alicerces culturais por um vendaval de modernização que, de forma autoritária, conduziu a sociedade para um novo patamar de desenvolvimento do capitalismo.

Um projeto de república perdeu-se em 1964. Nacionalista, baseado no protagonismo do Estado em aliança com classes populares das cidades e dos campos, o programa das chamadas "reformas de base" experimentou estranha derrota, saindo de cena sem travar nenhum combate.[4] A fuga de João Goulart, aos soluços, é muito menos causa do que síntese e expressão de uma derrota desmoralizante.[5]

Portas que se fecham, portas que se abrem.

Ganhou a parada o projeto de modernização autoritária, surpreendendo a todos que apostavam na "utopia do impasse."[6] Sob ditadura, construiu-se um modelo cujo legado ainda perdura.

Quinze anos. Foi o tempo que "fez escuro".

Depois, revogados os atos institucionais, ainda houve cerca de 10 anos de transição, até que fosse possível ver o "amanhã" chegar, com a aprovação de uma nova Constituição.

Restava delimitar o tempo em que "fez escuro" e os responsáveis pela escuridão. Quando a chamada "Constituição cidadã" foi publicada, em 1988, a memória social, salvo ruídos, estava consolidada.

---

[4] A expressão "estranha derrota" foi empregada por Marc Bloch ao referir-se à derrota desmoralizante da França frente à invasão nazista em maio de 1940. Cf. Bloch (1990). A derrota de 1964, considerada "inevitável" por certa história "retrospectiva", merece profunda revisão.

[5] Não se trata de absolver ou condenar, mas de compreender. A fuga do presidente, até pelos poderes que ele concentrava e pelo prestígio que ainda detinha, deu importante contribuição para a derrota. Daí a considerá-lo um bode expiatório vai uma grande distância.

[6] Assim me referi à tese, acolhida por muitos pensadores de esquerda, de que o Brasil, sem as reformas preconizadas, entraria num impasse catastrófico, caracterizado pela estagnação econômica e pela repressão política. A tese vertebrou os programas de luta armada contra a ditadura. Cf. Aarão Reis (1990).

O marco inicial, 1964, não suscitou dúvidas. A ditadura instaurou-se, como se disse, contra um determinado programa – nacionalista e popular. A mudança aí é clara, embora as continuidades sejam, como sempre, também evidentes, como se verá. Perdeu-se um tipo de república, onde havia uma democracia limitada, mas em processo de ampliação. Ganhou-se uma ditadura que se radicalizaria com o tempo.

Em relação ao fim do período, os marcos são mais fluidos: 1979, com a revogação dos atos institucionais? 1985, com a eleição indireta de Tancredo Neves e José Sarney? 1988, com aprovação de uma nova Constituição?

A rigor, seria mais correto falar num discurso hegemônico: para a grande maioria, a ditadura acabou em 1985, por mais que isso seja incongruente com o fato de o novo presidente, José Sarney, ter sido um "homem da ditadura". Mas a memória é assim: substitui evidências pela vontade e pelo interesse que, no caso, se articularam para responsabilizar unicamente os militares pelo "fato ditatorial". No mesmo movimento, obscureceu-se a participação dos civis na construção do regime, evacuando-se, de quebra, o estudo e a compreensão das complexas relações que sempre existiram entre o poder ditatorial e a sociedade.

Afirmaram-se, portanto, duas delimitações: os militares como únicos responsáveis pela ditadura e o período ditatorial, enquadrado entre 1964 e 1985, com "rupturas" sublinhadas na gênese e no encerramento do espetáculo[7] – a de 1985 mais problemática, sobretudo depois da morte de Tancredo Neves.[8] Foi então que se reforçou o personagem não convincente de José Sarney por uma expressão

---

[7] No âmbito do seminário referido na primeira nota, o professor Claudio Ingerflom, da Universidade San Martin (Buenos Aires) e do Centre National de la Recherche Scientifique – CNRS (Paris), suscitou interessante debate sobre o uso – e o abuso – do termo "ruptura", sugerindo a melhor adequação dos termos "mudança" ou "inflexão", mais afeitos à disciplina da história que desconfia dos "marcos zeros". Incorporamos no texto a sugestão e atribuímos aqui o devido crédito pela ideia.
[8] Embora político moderado, Tancredo Neves sempre se situou em oposição aos vários governos ditatoriais.

sedutora: a Nova República. A atmosfera de liberdades democráticas reconquistadas, em contraste com o sufoco ditatorial, contribuiu para o sucesso da expressão.

A dupla delimitação convenceu e se consolidou. O período ditatorial foi confinado no tempo. Anos de chumbo. Um parêntese. Trágico, mas superado.

Cabe ao historiador, no entanto, romper as amarras da "história vigiada",[9] do senso comum e das memórias estabelecidas.

Já questionei em outros textos o caráter exclusivamente militar da ditadura. Ao longo da última década, pesquisas diversas têm confirmado a participação civil e a "responsabilidade ampliada" na construção na ditadura brasileira.[10]

O que importa, agora, é questionar o caráter "excepcional" da ditadura, discutir se não há aspectos comuns entre os governos pré-ditadura, ditatoriais e pós-ditatoriais, ou, ainda, como compreender melhor a inserção da ditadura numa história mais ampla.

Com essa perspectiva, gostaria de propor à reflexão uma análise, no tempo longo, da cultura política nacional-estatista.[11] A grande questão é a seguinte: até que ponto e em que medida essa cultura política, amplamente compartilhada, não se terá construído antes da ditadura, continuado com ela, embora sofrendo metamorfoses, e perdurado, modificando-se, depois dela? Se houver um grão de verdade na resposta afirmativa, a ilusão corrente de que a ditadura significou um parêntese radical na história do país poderá ser questionada.[12]

---

[9] Alusão a dois livros de Marc Ferro (1983; 1985).
[10] Cf.: Rollemberg (2008); Grinberg (2004); Motta (2008); Silva (2012a); Quadrat (2009); Kushnir (2004); Cordeiro (2009, 2012); Alonso (2011); Presot (2004). Para um estudo sobre as relações complexas entre ditaduras e sociedades em várias partes do mundo, cf.: Rollemberg e Quadrat (2010). Dreyfuss (1981) e Gorender (1987) já haviam registrado a participação dos civis na preparação do golpe, mas limitaram sua análise às elites sociais e políticas.
[11] Já tenho defendido a ideia em palestras e encontros. Agora, o faço em forma de texto. A pesquisa ainda é preliminar e a ela me dedicarei no futuro.
[12] Com outra perspectiva, Florestan Fernandes (1975), inseriu, pioneiramente, a ditadura no tempo longo, como ápice da revolução burguesa no Brasil.

A cultura política nacional-estatista

Por cultura política, entendo "um conjunto de representações, portadoras de normas e valores, que constituem a identidade das grandes famílias políticas" (Berstein, 2009:31). "Uma espécie de código" ou um "conjunto de referências", amplamente disseminadas "no seio de uma família ou de uma tradição política (Sirinelli, 2009:47-48), formando "um sistema coerente de visão de mundo", constituído por um "substrato filosófico", por uma série de "referências históricas [...] dados-chave, textos seminais, fatos simbólicos e galerias de grandes personagens", além de "rituais", "sentimentos", "uma psicologia coletiva", uma "política de memória" (Joutard, 2009:59, 66) e uma representação da "sociedade ideal" na qual um grupo ou uma corrente política aspira a viver (Berstein, 1992, 1996a, 1996b). Quando surge, e se afirma, uma cultura política responde a condições e demandas econômicas, políticas e culturais. Mas não é apenas "reflexiva". Ao se desenvolver, e se consolidar, uma cultura política contribui para modelar as sociedades em que existe.

Em cada sociedade, é comum o embate de diferentes culturas políticas, assim como a eventual hegemonia de uma delas, que coexistirá com outras, conjunturalmente subordinadas. Outrossim, não se pode ter das culturas políticas uma concepção estática. Segundo as circunstâncias e as opções, no contexto das lutas políticas e sociais, uma cultura política pode conhecer empréstimos e metamorfoses sem que, no entanto, seu "substrato filosófico" e muitas de suas "questões-chave" sofram substanciais alterações.

A cultura política nacional-estatista tem uma arraigada história neste país e no conjunto da América Latina. Aproveitando-se do enfraquecimento da capacidade de controle das grandes potências, desde os anos 1930, estruturou-se com notável sucesso em diferentes variantes, empolgando sociedades e fundamentando políticas de Estado.

Este texto tentará estudar, em grandes linhas, o nacional-estatismo no tempo longo. Selecionaram-se quatro grandes "momentos": a ditadura do Estado Novo (1937-1945); os anos democráticos e "dourados" de Juscelino Kubitschek, o JK (1955-1960). Os "anos de ouro e de chumbo"[13] do governo Médici (1969-1974); e, finalmente, os governos de Lula (2003-2010). São conjunturas e personagens muito distintos entre si, e foram escolhidos por isso mesmo. Trata-se de saber como se construiu, como se transformou e como sobreviveu a cultura política nacional-estatista em conjunturas tão diferentes e ao longo de tantas décadas, decisivas para a formação de um país chamado Brasil.[14]

*O nacional-estatismo em sua gênese:
a ditadura do Estado Novo (1937-1945)*

É sabido que não é de bom-tom chamar o Estado Novo de ditadura. No limite, admite-se a denominação "regime autoritário".[15] O que predomina mesmo, porém, é a expressão neutra: "Estado Novo". Um triunfo da memória sobre a história, mas é assim que tem sido nomeado – e conhecido – o período entre 1937 e 1945.

Entretanto, o Estado Novo foi uma ditadura, um "estado de exceção", no sentido próprio da palavra, ou seja, onde e quando as leis existentes são subordinadas à vontade – arbitrária – dos homens do poder.

---

[13] A memória social caracteriza-os apenas como "anos de chumbo". Mas as evidências revelam situações bem mais complexas: se, para alguns, foram anos de chumbo, para muitos outros, foram anos de ascensão, enriquecimento e felicidade. Cf., entre outros, Aarão Reis (2000, 2014a).
[14] No já aludido seminário sobre nacional-estatismo, Verónica Secreto Ferreras, do Departamento de História da UFF, sugeriu pertinentemente, para a compreensão de uma cultura política no tempo longo, a adoção da metáfora da "onda", em lugar da "linha", que sugere permanências retilíneas, insuscetíveis de ocorrer em história.
[15] Ressalve-se a concepção, minoritária, mas presente, que ainda o conceitua como "fascista". Entretanto, por lhe faltarem base empírica e substância teórica, tende a perder importância.

Pois foi nas entranhas dessa ditadura – que adotou a tortura como política de Estado[16] – que se gerou a cultura política nacional-estatista no Brasil. Vale a pena sublinhar o fato porque a marca e a lógica autoritárias nunca se descolariam dessa cultura política.

Desde a primeira proclamação de Getúlio Vargas, irradiada para todo o país em 10 de novembro de 1937, a celebração da centralização estatal tornou-se um mantra, em oposição à ineficiência das assembleias e dos partidos políticos, considerados particularistas e fragmentários: um "aparelho inadequado e dispendioso". Tornara-se "desaconselhável" mantê-lo.[17] De mais a mais, as exigências de "aparelhamento eficiente" para as Forças Armadas exigiam "ordem, tranquilidade e unidade", um regime forte, de paz, justiça e trabalho. Mesmo porque era "necessário e urgente optar pela continuação do Brasil".[18]

Tais referências vinham sendo defendidas desde 1930, mas foi preciso o golpe de novembro e a nova constituição de 1937 para que tomasse corpo uma nova cultura política.

Em 11 de junho de 1940, a bordo do *Minas Gerais*, couraçado capitânia da Marinha de Guerra, numa associação novamente nada casual com os militares, Getúlio Vargas se referiria ao "limiar de uma nova era", caracterizada pelo declínio do "individualismo e do liberalismo" e pela prevalência de um "Estado regulamentador".

---

[16] Sobre a tortura como política de Estado na época do Estado Novo, por incrível que pareça, não há pesquisa acadêmica a respeito, subsistindo, como obra pioneira – e única – *Falta alguém em Nuremberg*, de David Nasser (1947), reeditada em 1966. Pode-se citar também, na medida em que oferece dados das torturas praticadas sistematicamente no Estado Novo, *Anos tormentosos: Luiz Carlos Prestes. Correspondência de prisão, 1936-1945*, organizada por Anita Leocádia Prestes e Lygia Prestes (2002).
[17] A Constituição outorgada em novembro de 1937 revogou a de 1934 e dissolveu os partidos e as assembleias eleitas em todos os níveis.
[18] Getúlio Vargas. Proclamação ao povo brasileiro. Biblioteca da Presidência da República. Getúlio Vargas. Discursos. Disponível em: <www.Biblioteca.presidencia. gov.br>. Acesso em: dez. 2014. Doravante, BPR. A "salvação", a "continuidade" ou a "sobrevivência" do país, eis aí termos recorrentes da cultura política nacional-estatista.

No exato momento em que a França capitulava frente à invasão nazista, gerando apreensão pela sobrevivência dos valores democráticos, Getúlio Vargas não se mostrava nem um pouco inquieto. Ao contrário, jubilava: "Não marchamos para o fim da civilização, mas para o início, tumultuoso e fecundo de uma nova era, marcada por uma economia equilibrada e a riqueza da nova ordem social". Os "liberalismos imprevidentes" é que estavam sendo derrotados, assim como as "demagogias estéreis e os personalismos semeadores de desordens". Haveria agora uma ordem "criada pelas circunstâncias novas, incompatível com o individualismo", mas favorável à "disciplina política", baseada na "justiça social" e no amparo ao trabalhador, porque o "proletário" era um "elemento indispensável à colaboração social".[19]

A centralização ditatorial também era legitimada pelo imperativo da "integração nacional", outro mote do nacional-estatismo. Assegurar a unidade do "mercado nacional" era "medida inadiável", uma condição para a "solidificação da federação política": "[...] a grande tarefa do momento [...] é a mobilização dos capitais nacionais [...] na conquista econômica das regiões retardadas. No território vasto e rico [...] encontrarão atividades altamente remuneradoras, realizando, ao mesmo tempo, obra patriótica de unificação". As críticas ao caráter ditatorial do Estado eram caracterizadas como "impostura de [...] fundo demo-liberal", um regime baseado na "ficção eleitoral [...] anacrônico e demagógico, caldo de cultura onde se desenvolviam o regionalismo, o caciquismo, o caudilhismo e os extremismos da esquerda e da direita [...]". Ao contrário, o Estado Novo era a expressão da "vontade nacional" e da "unificação nacional".[20]

A ideia da integração nacional, sustentada pela mídia governamental, ganharia outra roupagem com o lançamento da "Mar-

---

[19] Getúlio Vargas. Discurso de 11 de junho de 1940. BPR.
[20] Getúlio Vargas. Problemas e realizações do Estado Novo. Entrevistas dadas à imprensa do país, em Petrópolis e em São Lourenço, fevereiro e abril de 1938. BPR.

cha para o Oeste" e com o resgate do mito dos "bandeirantes" e a exaltação da obra do marechal Rondon.[21]

Não seria apenas uma integração espacial, mas principalmente social. A ideia da colaboração de classes e do trabalho como ato patriótico constituiriam bases da política trabalhista do governo ditatorial, sintetizada e formalizada, em 1943, com a Consolidação das Leis do Trabalho (CLT), resgatando-se uma "dívida de 400 anos".[22]

No plano das relações internacionais, a ditadura do Estado Novo fez o possível para afirmar a soberania e os interesses nacionais, mantendo o país fora da guerra que se desdobrava em escala mundial. Segundo Vargas, nada "prenderia" o Brasil às potências beligerantes, sequer a "justificativa de interesses econômicos". De resto, as alianças se faziam e se desfaziam muito mais "pelo cálculo e ajustamento dos interesses em equação" do que por "afinidades ideológicas". Embora entristecidos pelo "espetáculo de ruínas" promovido pela guerra, os brasileiros não deveriam "apurar culpas e aferir responsabilidades relativamente a acontecimentos complexos", que só com o tempo poderiam ser analisados com "isenção e justeza".[23]

Como se sabe, a ditadura do Estado Novo foi constrangida a abandonar a política de neutralidade pela pressão dos EUA e também pelo afundamento dos navios brasileiros por submarinos alemães. Foi um processo "soluçante", enfrentando resistências de todo tipo, resultando no envio de uma força expedicionária – mais simbólica do que efetiva – aos campos de batalha da Itália apenas em meados do segundo semestre de 1944, a menos de um ano do fim da II Guerra Mundial na Europa. Não foi convincente, como seria demonstrado nas pressões estadunidenses pela deposição de Vargas

---

[21] Getúlio Vargas. Discurso na inauguração, em Goiânia, da Associação Cívica "Cruzada Rumo ao Oeste". BPR. Cf., igualmente, Berskow (2007).
[22] Getúlio Vargas. Discurso pronunciado no estádio do Vasco da Gama por ocasião das comemorações do Dia do Trabalho, em 1º de maio de 1941. BPR.
[23] Getúlio Vargas. Discurso na Associação Brasileira de Imprensa (ABI), em outubro de 1939. BPR.

em 1945, um atestado do quanto o ditador era considerado um adversário, apesar da aparente aliança na guerra, firmada desde 1942.

A análise da cultura nacional-estatista, em sua gênese, através dos discursos de seu líder, Getúlio Vargas, evidencia alguns dispositivos estratégicos, entre os quais são relevantes: (a) um Estado centralizado e integrador, ao qual se subordinam todas as "particularidades egoísticas" – a ideia é assinalada como marca registrada de uma "nova era"; (b) um ideário nacionalista, unificador; (c) o esteio das Forças Armadas – Getúlio é um líder civil, mas o poder é exercido com base no, e sob supervisão do Exército (coadjuvado pela Marinha); (d) amplas alianças sociais, incluindo-se os trabalhadores urbanos e rurais, sempre sob vigilância e tutela, eventualmente empolgados por lideranças carismáticas; (e) concepções de modernização e industrialização, em nome das quais todos os sacrifícios são demandados; (f) uma política externa de afirmação nacional.

Esses aspectos, conjugando-se, serão apresentados como um "modelo civilizatório", original e orgulhoso de si mesmo, perante a história e o mundo. Tendências subservientes e marcadas por complexos de inferioridade, usuais nas tradições das elites brasileiras, serão substituídas por um credo afirmativo, valorizando especificidades antes omitidas (o país mestiço, cadinho das "três raças"). Nesse quadro, o Brasil já não será o país do "futuro", mas uma realidade presente.

Vejamos, agora, o destino que essa cultura política teve.

A cultura nacional-estatista nos anos de
Juscelino Kubitschek (JK) –1956-1961

A escolha do período juscelinista não foi casual. A memória nacional dos "anos dourados" o tem representado como o "melhor" momento democrático da república fundada pela Constituição de 1946.

Trata-se de conferir de que modo a cultura política nacional-estatista sobreviveu aos "ventos que hão de vir".[24] Ela, que fora gerada no ventre de uma ditadura, como se terá havido com as luzes da democracia?

Cabe assinalar que tais luzes não eram lá muito fortes. O regime democrático-liberal, fundado pela Constituição de 1946, devido à singular mescla entre as heranças do Estado Novo e a doutrina liberal, tinha um marcado caráter elitista e antipopular. Uma democracia autoritária (Almino, 1980).

Em estudo clássico, Leôncio M. Rodrigues (1990) mostrou como as estruturas corporativistas criadas no Estado Novo, com fôlego felino, ultrapassaram várias e distintas conjunturas para chegar, embora transformadas, aos anos 1980.

Processo semelhante ocorreu com a cultura política nacional-estatista. Amoldou-se aos jogos institucionais, à liberdade de imprensa, às disputas político-partidárias, em suma, à vigência do registro liberal das liberdades democráticas. Mas conservou o que tinha de essencial.

Embora respeitando os parlamentos e os tribunais, JK articulou uma aliança entre o Partido Social Democrático (PSD) e o Partido Trabalhista Brasileiro (PTB),[25] bases sociais do varguismo, reunidas para impulsionar o desenvolvimento do país. Quando, ainda assim, enfrentava problemas, JK os contornava através dos grupos executivos, unidades de poder e de gestão que, "suavemente", curto-circuitavam o Parlamento. Agigantaram-se, assim, o Estado e sua centralização, reproduzindo tendências construídas no Estado Novo.

---

[24] *Venturis ventis* – Aos ventos que hão de vir –, lema-símbolo de Brasília.
[25] O vice-presidente de JK, João Goulart, ungido principal herdeiro político de Getúlio Vargas, presidente do PTB, virtual "dono" da legenda, cumpria o papel de avalista do getulismo ao governo. Registre-se que, na época, o vice-presidente não era apenas uma figura simbólica, mas exercia, por atribuição constitucional, a presidência do Senado Federal, mais uma evidência da "marca" autoritária, na medida em que a "Câmara Alta" do Poder Legislativo, o Senado, era direta e formalmente dirigida por um representante de outro poder, o Executivo, perdendo autonomia.

As concepções modernizantes/industrializantes do Estado Novo também foram retomadas e se extremaram, com seus ritmos delirantes. Tratava-se de fazer "cinquenta anos em cinco" e o *slogan* era todo um programa. Tocado pelo Estado, o desenvolvimentismo juscelinista mobilizou os espíritos e empolgou a nação. A "terra enigmática" estava "à espera da energia humana que a subjugue, discipline e dela faça um fator de enriquecimento do país e da consolidação de sua independência econômica".[26] A natureza a ser "subjugada", "disciplinada" e explorada. Haveria melhor síntese do "produtivismo" formulado nos anos do Estado Novo? Em todo caso, "nenhuma influência maléfica será capaz de impedir o surto do nosso desenvolvimento".[27] Mesmo porque não havia mesmo outra opção: "ou a América Latina se industrializa ou renuncia à sua sobrevivência [...] Todos os brasileiros devem estar unidos nesta batalha comum pelo nosso desenvolvimento [...] sob qualquer governo ou sob qualquer partido".[28] Em caso contrário, "estaremos em perigo como nação".[29] Apesar de criticado pelas aberturas aos investimentos estrangeiros, o governo brasileiro da época não se furtou, em determinado momento, a romper com o receituário antidesenvolvimentista do Fundo Monetário Internacional (FMI). Foi quando JK lançou a Operação Pan-Americana (OPA), que chegou a estremecer as relações com os Estados Unidos. É que, segundo o presidente, estavam em jogo a emancipação e o futuro do país. Foi a hora de aparecer a faceta nacionalista de JK, contrariando o lugar-comum, entre esquerdas mais radicais, de que não passava de um líder político "vendido ao imperialismo". Com a OPA, o Bra-

---

[26] Juscelino Kubitschek (doravante, JK). Discurso proferido no Clube Ideal, em Manaus, sobre o Plano de Valorização Econômica da Amazônia, em 18 de abril de 1956. BPR.
[27] JK. Discurso proferido na Associação Comercial de Santos, em 28 de janeiro de 1957. Biblioteca Virtual da Presidência da República (BVPR).
[28] JK. Discurso síntese do governo, proferido em rede de rádio e TV, em 31 de dezembro de 1960. BVPR. Observe-se o "mantra" da "sobrevivência".
[29] JK. Discurso à Comissão Brasileira da Operação Pan-Americana, 6 de dezembro de 1959. BVPR.

sil tentava projetar-se no cenário interamericano: "[...] devemos imprimir novos rumos à vida da família continental, tendo em vista a aceleração do nosso desenvolvimento, a plena mobilização de nossos recursos".[30] O Brasil e os demais países do continente haviam amadurecido a consciência de que "não convém formarmos um mero conjunto coral, uma retaguarda incaracterística, um simples fundo de quadro".[31] E ainda mais enfático: "Vamos iniciar uma batalha conjunta para solucionar neste hemisfério o grave problema da estagnação, que é o reino da miséria [...] e o atraso que nos degrada".[32]

Getúlio Vargas assinaria embaixo.[33]

Também não faltou esteio militar a JK. Salvou-o, já eleito e antes de tomar posse, um general legalista, Henrique Teixeira Lott, liderando um movimento constitucionalista em 11 de novembro de 1955, que abortou golpe em gestação por forças de direita, inconformadas com a vitória eleitoral da coligação formada por JK e João Goulart. Garantiu a posse de JK e todo o seu mandato no então chamado Ministério da Guerra, como a sublinhar o caráter relativo daquela democracia e a recordar que, mesmo consagrado pelas urnas, os presidentes precisavam ser "garantidos" e, de certo modo, tutelados, pelos chefes militares.

A inauguração de Brasília, em 21 de abril de 1960, foi a síntese e a glória do mandato presidencial de JK. Ao mesmo tempo, momento importante para que, uma vez mais, fossem celebradas as virtudes nacionais e a singularidade construtiva do povo brasilei-

---

[30] JK. Discurso à Comissão Brasileira da Operação Pan-Americana, 6 de dezembro de 1959. BVPR.
[31] JK. Discurso aos representantes diplomáticos dos Estados americanos, 20 de junho de 1958. BVPR.
[32] JK. Discurso aos membros do Conselho da OPA, 19 de abril de 1960. BVPR.
[33] A respeito das tradições getulistas, Alexandre Fortes, da Universidade Federal Rural do Rio de Janeiro (UFRRJ), no seminário sobre nacional-estatismo que deu origem a este livro, acentuaria as diferenças entre o "getulismo" do Estado Novo e o do mandato popular de Vargas, entre 1951 e 1954, marcado este por uma participação crescente dos trabalhadores, configurando-se, desde então, um "nacionalismo popular" no âmbito da cultura política nacional-estatista.

ro. Um exemplo para o mundo, pois "somos um país que caminha sozinho. Um país que não se deixa ficar no atraso e marcha avante, corajosamente [...] em direção a um destino de grandeza".[34]

A cultura política nacional-estatista, adaptando-se, passara pela prova democrática e pela abertura aos capitais estrangeiros. Mas suscitaria, e cada vez mais, inquietação e desassossego entre as elites e as forças sociais conservadoras, o que se tornaria evidente na conjuntura mais quente que a história republicana conheceu, entre 1961 e 1964. Nesse período, aquecido igualmente por ameaças revolucionárias que se sucediam em todo o mundo, segmentos importantes das classes populares tentaram ganhar a sociedade para um programa reformista revolucionário (as chamadas "reformas de base") que iria, caso vitorioso, redistribuir a riqueza e o poder numa escala inédita nos anais da história brasileira.

Entretanto, em fins de março e começos de abril de 1964, triunfaram, através de um golpe de Estado, as forças conservadoras. Na composição heterogênea que então empalmou o poder, eram muitos os que anunciavam o fim da "república e das tradições varguistas". A destruição de uma e de outras efetuaria uma "revolução" no país. O alvo era claro: destruir, pela raiz, a cultura política nacional-estatista.

A ditadura civil-militar e o renascimento
da cultura nacional-estatista

O primeiro governo ditatorial, chefiado pelo general Castello Branco, assumiu o poder com este programa: destruir o "legado varguista".

Em tempos de Guerra Fria intensamente polarizada, no quadro das chamadas "fronteiras ideológicas", o Brasil alinhava-se no "campo democrático", subordinado aos EUA na América Latina. O

---

[34] JK. Discurso síntese do governo, 31 de dezembro de 1960. BPR.

envio de uma força expedicionária em apoio à intervenção estadunidense na República Dominicana, em 1965, era o dobre de finados da política externa independente.

A repressão aos movimentos populares, concretizada na intervenção de centenas de sindicatos e na perseguição e prisão de lideranças populares, ao lado de uma política econômica antipopular, baseada no chamado "arrocho salarial", marcava também o rompimento com outro pilar do nacional-estatismo – as alianças com os trabalhadores das cidades e dos campos.[35]

Na economia, acordos favoráveis e estimulantes ao ingresso de capitais estrangeiros rompiam com as reservas e os controles anteriormente definidos. Era o triunfo do "internacionalismo" liberal.

Prognósticos sombrios: a ditadura radicalizaria as tendências esboçadas no período de JK – o país seria "vendido" ao "imperialismo", perdendo-se qualquer sombra de autonomia. Desmoronavam-se as tradições nacional-estatistas. O chamado "populismo" entrara em definitivo "colapso".[36]

Restara o esteio militar, mas as centenas de cassações de oficiais e graduados das Forças Armadas, identificados, real ou supostamente, com as esquerdas, indicavam que, aí também, eram solapadas as bases de sustentação do nacional-estatismo. Os militares vencedores, da ala "entreguista" das Forças Armadas, notória desde os anos 1950,[37] não seriam obstáculo ao avassalamento do país pelos interesses estrangeiros.[38]

---

[35] Veremos como o caráter radical desse rompimento pode ser questionado. Também aqui houve menos "rupturas" do que "mudanças".
[36] Embora em retirada, ainda predominam, na academia e na política brasileiras, as teses "populistas", formuladas por sociólogos paulistas, que, com essa denominação, estudam as tradições nacional-estatistas. Cf. Ferreira (2001).
[37] Referência às disputas pelo Clube Militar, onde rivalizavam as correntes "nacionalista" e "entreguista". Fazia-se aí, por cegueira militante, abstração de que grande parte dos "entreguistas", se não todos, participaram ativamente e deram sustentação ao Estado Novo, compartilhando da gênese do nacional-estatismo.
[38] Nessa perspectiva, o Brasil estaria ameaçado de um processo de "recolonização", referência muito usada por comunistas de diversas tendências e outros agrupamentos de esquerda, em diferentes conjunturas do passado.

Segundo os mais importantes pensadores de esquerda, o país entrara num beco sem saída. A vitória da ditadura significara o triunfo das forças mais conservadoras e retrógradas – o latifúndio e o imperialismo norte-americano –, bloqueadoras de qualquer perspectiva desenvolvimentista. Não havia jeito, o futuro seria marcado por estagnação econômica e repressão política.[39]

Mas não foi o que aconteceu.

Já a partir do próprio governo Castello Branco, o fervor antiestatista foi sendo silenciosamente abandonado. O Estado não definhou, como esperavam os liberais ortodoxos. Ao contrário, criaram-se novas agências e se modernizaram outras. A estrutura sindical corporativista urbana, "cavalo de batalha" das denúncias que faziam oposição à "herança varguista", devidamente depurada, foi mantida, o mesmo se podendo dizer dos sindicatos rurais que continuaram vivos e em franca expansão. Tanto uns como outros constituíram nichos nos quais foi possível manter, embora em posição subordinada e sob estrita vigilância, milhares de lideranças populares.

A partir do segundo governo ditatorial, chefiado pelo general Costa e Silva, e com apoio das lideranças industriais, sob comando de Delfim Neto, novo *tsar* da economia, a "ortodoxia monetarista" seria superada. O Estado não podia ser apenas guardião dos equilíbrios macroeconômicos, mas deveria também ativar-se como um agente fundamental do desenvolvimento.

A tendência seria consolidada e exacerbada no governo seguinte, presidido pelo general Médici. Eram os tempos mais repressivos do período ditatorial, "os anos de chumbo". No entanto, foram também os anos mais gloriosos da ditadura, e de maior desenvolvimento econômico – "anos de ouro".

Em março de 1970, alguns meses depois de ser ungido como presidente-ditador do Brasil, Médici, em palestra proferida na aula inaugural da Escola Superior de Guerra, no Rio de Janei-

---

[39] Cf. a alusão à "utopia do impasse" na nota 6.

ro, reencontraria acentos desenvolvimentistas-industrialistas: "Como a grande meta é o desenvolvimento, começarei pelo campo econômico... justo é que se recorde o extraordinário salto que a Revolução logrou dar".[40] Na sequência enumerava os êxitos realizados:

> Aceleramos a exploração industrial [...] a produção de aço, de navios, de veículos, de cimento [...] iniciamos a exploração do xisto, ao tempo em que intensificamos a extração do petróleo, diversificamos nossos esforços no campo da petroquímica e começamos a batalha das pesquisas minerais [...] a produção energética muito se ampliou [...], [constatando-se ainda] [...] o quadro de reorganização e reaparelhamento de nossos portos e de nossa Marinha Mercante.[41]

Reverberavam ecos de discursos proferidos por Vargas em pleno Estado Novo:

> Graças à estabilidade interna, ao planejamento econômico, à austeridade de ação administrativa... à fixação de prioridades [...] ao esforço no sentido de maior produtividade [...] restauramos a nossa economia e estamos em condições de acelerar processo de desenvolvimento econômico.[42]

O futuro era promissor: "[...] esperamos acelerar a marcha do desenvolvimento em ritmo de crescimento da ordem de 10%, aumentando a taxa de investimento [...] e reduzindo a inflação [...] teremos um patrimônio econômico na dimensão mesma de nossos patrimônios moral, geográfico e humano".[43]

---

[40] Emilio Garrastazu Médici. "A sociedade a reconstruir". Aula inaugural proferida na Escola Superior de Guerra, março de 1987. BPR.
[41] Ibid.
[42] Ibid.
[43] Ibid.

Como na época de JK, o desenvolvimento dominaria e subjugaria a natureza: "[...] pelo domínio exercido sobre a natureza, cujas energias submete ao serviço do seu interesse, experimenta, em verdade, o homem moderno sensação de poder, que o leva a ter-se como capaz de eliminar obstáculos [...]".[44]

Subsistiam referências ao capital privado – nacional e estrangeiro –, ao "estímulo ao privatismo", mas não parecia haver dúvida em relação à liderança estatal do processo.

Entre 1968 e 1973 configurou-se o "milagre brasileiro", com as taxas de desenvolvimento alcançando, de fato, padrão invejável: 9,8% em 1968, 9,5% em 1969, 10,4% em 1970, 11,3% em 1971, 12,1% em 1972, 14% em 1973.

Como se fora uma reencarnação dos melhores anos do Estado Novo ou do período JK. A mesma triangulação formada pelo Estado, empresas privadas nacionais e internacionais, sob indução e controle do primeiro.

A resultante, no plano simbólico, seria a produção de um mesmo sentimento de euforia e autoexaltação:

> Num mundo marcado de angústias, egoísmo [...] faz-se certeza a esperança no grande destino do Brasil [...] a Nação encontra confiança em si mesma, a convergência da vontade coletiva, a consciência do próprio valor [...] as energias e o entusiasmo de um legítimo orgulho nacional.[45]

Nos festejos do sesquicentenário, unindo-se conquistas esportivas e econômicas, alcançou-se um auge de orgulho patriótico e de união nacional. Os *slogans* da época são conhecidos: "Ninguém segura este país", "Pra frente, Brasil", "Brasil, ame-o ou deixe-o".

---

[44] Emilio Garrastazu Médici. Discurso para os parlamentares da Arena, em 1 de fevereiro de 1971. BPR.
[45] Emilio Garrastazu Médici. Discurso feito na passagem do ano de 1970. BPR.

O general Médici, radinho de pilha ao ouvido, era ovacionado em pleno Maracanã (Cordeiro, 2012).

Essa efervescência não tardaria a se projetar nas relações internacionais. Ao contrário de certas expectativas, o país não foi "recolonizado". Em perspectiva, sobretudo depois do quarto governo ditatorial, chefiado pelo general Geisel, recuperaram-se, através do "pragmatismo responsável", características da chamada "política externa independente", de tradição estadonovista e muito presente nos anos anteriores ao golpe.[46]

É certo que as lideranças sindicais viviam sob vigilância, eventualmente reprimidas, mas não tinha sido esse o caso no tempo do Estado Novo, quando fora criado o sindicalismo corporativista? O fato é que as estruturas sindicais urbanas e, principalmente, as rurais não haviam deixado de se expandir e de se consolidar.[47] Por outro lado, o crescimento econômico, embora profundamente concentrado e desigual – social e regionalmente – havia beneficiado setores consideráveis da população, em escala ainda não medida e avaliada.[48] Assim como se adaptara aos tempos democráticos, a cultura política nacional-estatista reemergia, redefinida, em tempos de ditadura, com uma catadura modernizante e autoritária.

---

[46] Recorde-se, entre outras medidas, a demarcação das 200 milhas marítimas como território nacional (Médici), a política nuclear, o reconhecimento da independência de Angola e o desmanche da Comissão Militar Mista Brasil-Estados Unidos (Geisel).

[47] Dados do IBGE mostram que, entre 1968 e 1978, o total de sindicatos na área urbana aumentou de 2.616 para 4.009. A área rural não ficou atrás: de 625 sindicatos para 1.669. Os dados, utilizados por Ridenti (2014) e que gentilmente me foram transmitidos, foram colhidos por Armando Boito (1991), que tem, naturalmente, sua própria interpretação do fenômeno.

[48] Gustavo Alonso (2011), avaliando a música popular sertaneja, encontrou variados exemplos de exaltação dos governos militares em discos muito mais vendidos do que as canções de protesto. Também Janaína Cordeiro (2012) flagrou pesquisas de opinião pública atribuindo a Médici índices muito altos de popularidade.

O nacional-estatismo em tempos de Lula – 2003-2010

Esvaneceu-se a ditadura em processo complexo e negociado, restaurando-se, depois de longa transição, um regime democrático no país, em 1988.

A nova Constituição, apesar das vociferações das direitas liberais e da maioria de que as forças conservadoras dispunham no Congresso, consagrou preceitos e valores do ideário nacional-estatista. Mais uma evidência de que nem todas as direitas brasileiras têm formação ou cultivam ideais liberais.

O país suportou bem os ventos liberais que sopraram ao longo dos anos 1980 e 1990. As privatizações determinadas por Fernando Collor e Fernando Henrique Cardoso não diminuíram a capacidade de controle e de regulação do Estado brasileiro. Nem seu potencial intervencionista. Nem, muito menos, o chamado "neoliberalismo" enfraqueceu decisivamente as tradições nacional-estatistas. Ao contrário.

A cultura política nacional-estatista permaneceu muito viva, devidamente redefinida, sobretudo entre as esquerdas moderadas e radicais. E voltaria a assumir papel hegemônico nos dois governos liderados por Luiz Inácio Lula da Silva.

Quando assumiu a presidência, em 2003, Lula enfatizou a "mudança" como marca registrada do que seria seu governo:

> Mudança – esta foi a palavra chave, a grande mensagem da sociedade brasileira nas eleições de 3 de outubro [...] diante do esgotamento de um modelo [...] que produziu estagnação, desemprego e fome [...] do fracasso de uma cultura do individualismo, do egoísmo [...] da desintegração das famílias e das comunidades [...] o povo brasileiro me elegeu – para mudar.[49]

---

[49] Luiz Inácio Lula da Silva (doravante, Lula). Discurso de posse, janeiro de 2003. BPR.

Mas não para mudar a cultura política nacional-estatista. Ao contrário: para consolidá-la.

Em sua primeira mensagem ao Congresso como presidente eleito, em fevereiro de 2003, a ênfase na perspectiva do crescimento econômico a qualquer custo voltaria para não ser mais abandonada. Os padrões haviam sido formulados entre 1950 e 1980: "As taxas médias de crescimento do PIB e do PIB *per capita* foram de, respectivamente, 7,37% e 4,37%".[50] Era preciso recuperar tais índices, sem perder de vista a "preocupação com os pobres, a distribuição de renda e a inclusão social".

Para a consecução do programa, o Estado, apoiado em ampla aliança de classes, voltaria a ocupar um lugar central, em contraste com as concepções e políticas anteriores dos governos de Fernando Collor (1990-1992) e de Fernando Henrique Cardoso (1994-2002). A crise internacional do capitalismo liberal, iniciada em meados de 2008, só contribuiria para acentuar tais ênfases.

A perspectiva policlassista liderada pelo Estado governado por Lula assemelha-se, nas linhas essenciais, mas com características próprias, às encaminhadas por Getúlio Vargas[51] e por JK. São chamados a colaborar e participam ativamente lideranças empresariais – urbanas e rurais – e de trabalhadores, com as quais o diálogo – não desprovido de eventuais tensões – é permanente. O prestígio do Estado agigantou-se como nunca, na medida em que as políticas de distribuição de renda (Bolsa Família, crédito consignado, subsídios à cesta básica) e de alocação de recursos (linhas de financiamento oferecidas por instituições estatais) originam-se do Estado, fazendo com que, cada vez mais, convirjam para ele demandas e negociações.

O grande mudo – ou os grandes ausentes – são as Forças Armadas e o Exército em particular, sem prejuízo de intervenções de

---

[50] Lula. Mensagem ao Congresso Nacional, em fevereiro de 2003. BPR.
[51] Por favorecer ao mesmo tempo a realização de grandes negócios e melhor distribuição de renda, Lula passou, não gratuitamente, a incorporar antiga caracterização atribuída a Getúlio Vargas: "pai dos pobres e mãe dos ricos".

emergência, consideradas indispensáveis e valiosas, mas sempre específicas.[52] Às vezes, parece que o país não tem Forças Armadas.[53] Outras vezes, elas parecem um Estado dentro do Estado, como no processo de formação dos quadros, onde continuam prevalecendo as referências dos 1960 e 1970.[54] A rigor, depois da restauração democrática, e, em particular, na situação de pós-Guerra Fria, ainda não se formulou uma nova doutrina para orientar seu papel. Em contrapartida, todas as tentativas de esclarecer fatos e episódios do período ditatorial têm enfrentado resistência das autoridades e militares, que se negam a entregar os arquivos de seus serviços secretos, impedindo o esclarecimento de inúmeros crimes cometidos por seus agentes e a elucidação completa de como operou a tortura como política de Estado.

De sorte que, pela primeira vez na história da cultura política do nacional-estatismo, os militares perderam um papel protagônico explícito, mantendo embora prerrogativas de intervenção que os resguardam como "anjos tutelares" ou "patrões" da república.[55] uma tradição bem enraizada na história brasileira.

O crescimento econômico com inclusão social, empreendido nos governos Lula, teve imenso sucesso, fazendo do ex-presidente a figura mais popular do país, com índices inéditos de aprovação depois de seus dois mandatos. No final do segundo mandato, ti-

---

[52] Operações para organizar e reforçar a segurança urbana; para auxiliar em situações de emergência (catástrofes naturais); para proteção e viabilização de atividades essenciais; para acompanhar decisões de política interna (distribuição de dinheiro novo, quando da instauração do Plano Real) e externa (intervenção no Haiti).

[53] Talvez pudesse ser feita uma comparação entre a situação das Forças Armadas sob Lula e a das estruturas sindicais sob as ditaduras instauradas em 1937 e 1964. Conservam-se como nichos ativos, mas relativamente marginalizados. Com uma grande diferença, decisiva: a Constituição de 1988 consagrou, ainda uma vez, a tutela das Forças Armadas.

[54] Nas escolas e colégios militares, o golpe de 1964 continua sendo referido como "revolução democrática". As autoridades civis, de Fernando Collor a Dilma Roussef, passando por Lula, fingem ignorá-lo.

[55] A segunda expressão era empregada pelo presidente Epitácio Pessoa, em 1922, quando teve de se haver com uma profunda crise militar. Cf. Silva (1975).

nham sido gerados, em oito anos, 11,8 milhões de empregos novos, formalizados, e mais de 20 milhões de brasileiros haviam saído da pobreza extrema.[56] O resultado disso foi a renovação entusiasmada da celebração do país e do Estado, com projeções na política externa, inclusive porque a situação brasileira, assim como a de outros países "emergentes", contrasta fortemente com a profunda crise em que ainda se enredam as sociedades capitalistas mais avançadas (EUA, União Europeia e Japão).

Desde que assumiu o governo, em 2003, Lula consagraria um tom otimista:

> Devemos exigir muito de nós mesmos [...] porque ainda não nos expressamos por inteiro na nossa história, porque ainda não cumprimos a grande missão planetária que nos espera [...] E todos vamos ter de aprender a amar com intensidade ainda maior nosso país, amar nossa bandeira [...] amar nosso povo.[57]

Com o sucesso de sua política, a "missão planetária" do país tem sido martelada com insistência cada vez maior, criando ondas de elevação da autoestima e de orgulho próprio, confirmadas e potencializadas pela escolha do país como sede da Copa do Mundo e das Olimpíadas, a serem realizadas em 2014 e 2016, respectivamente. A autocelebração atual só encontra paralelo nos melhores momentos do Estado Novo ou dos períodos de JK e do general Médici.

Não à toa, e de modo muito sintomático e expressivo, em mais de uma vez, Lula tem se referido de forma elogiosa a alguns de seus antecessores mais ilustres no quadro da cultura política nacional--estatista. Ainda em campanha eleitoral, disputando seu primeiro mandato, afirmou: "O Brasil em três momentos foi pensado em

---

[56] Lula. Mensagem ao Congresso Nacional na abertura da quarta sessão legislativa ordinária da 53ª legislatura, março de 2010. BPR.
[57] Lula. Discurso de posse, janeiro de 2003. BPR.

longo prazo e planejado estrategicamente: no governo de Getúlio (Vargas), no governo Juscelino (Kubitschek) e com os militares".[58] A argumentação favorável à perenidade da cultura política nacional-estatista, através de conjunturas diversas, não exclui, antes pressupõe, redefinições e metamorfoses.[59] Espero que elas tenham sido explicitadas. Na história de quaisquer culturas políticas, dinâmicas por natureza, as circunstâncias e as opções deixam marcados os selos próprios. O que se procurou no presente texto, em forma preliminar, foi evidenciar as permanências, através das mudanças.[60] Se houver aqui um grão de verdade, poderá ser questionado o senso comum de que o período ditatorial mais recente, inaugurado em 1964, foi uma "exceção à regra", um parêntese sinistro e felizmente superado.

REFERÊNCIAS

AARÃO REIS, Daniel. *A revolução faltou ao encontro*. São Paulo: Brasiliense, 1990.

___. *Ditadura militar, esquerdas e sociedade*. Rio de Janeiro: Jorge Zahar, 2000.

___. *Ditadura e democracia no Brasil: 1964-1988*. Rio de Janeiro: Jorge Zahar, 2014a.

___. A ditadura faz cinquenta anos: história e cultura política nacional-estatista. In: ___; RIDENTI, Marcelo; MOTTA, Rodrigo Patto Sá (Org.). *A ditadura que mudou o Brasil*: 50 anos do golpe de 1964. Rio de Janeiro: Jorge Zahar, 2014b. p. 11-29.

---

[58] Lula. Entrevista à imprensa, 30 de agosto de 2002. Nessa mesma entrevista, Lula ressaltou que os militares pensavam o Brasil através de planos decenais [sic]: "Os militares, com todos os defeitos de visão política que tiveram, pensaram o Brasil estrategicamente... construíram o Proálcool, o polo petroquímico, um sistema de telecomunicações..." As referências elogiosas a Médici, a Geisel, a Getúlio Vargas e a JK se repetiriam outras vezes, ao longo dos dois mandatos de Lula.

[59] Cf. Olivier Compagnon: "A I Guerra Mundial como matriz da tradição nacional--estatista na América Latina", artigo publicado na presente coleção.

[60] Embora ainda haja muito caminho a percorrer para a melhor compreensão das "circulações" e "transferências", no tempo e no espaço, das culturas políticas. Cf., entre muitos outros, Patrick Hassenteufel (2005); Kapil Raj (2007).

___; RIDENTI, Marcelo; MOTTA, Rodrigo Patto Sá (Org.). A ditadura faz 50 anos: do golpe de 1964 aos dias atuais. Rio de Janeiro: Jorge Zahar, 2014.
ALMINO, João. Os democratas autoritários. São Paulo: Brasiliense, 1980.
ALONSO, Gustavo. Cowboys do asfalto: música sertaneja e modernização brasileira. Tese (doutorado) – Programa de Pós-Graduação em História, Universidade Federal Fluminense, Niterói, 2011.
BERSKOW, Gabriela Carames. Marchando para o Oeste: discursos sobre políticas varguistas de integração nacional. In: SIMPÓSIO NACIONAL DE HISTÓRIA, 24., 2007, São Leopoldo, RS. Anais... São Leopoldo: Unisinos, 2007.
BERSTEIN, Serge. L'historien et la culture politique. Vingtième Siècle, Revue d'Histoire, Paris, n. 35, p. 67-77, jul./sept. 1992.
___. Os partidos. In: RÉMOND, René (Org.). Por uma história política. Rio de Janeiro: FGV, 1996a. p. 57-98.
___. La Culture politique. In: RIOUX, Jean-Pierre; SIRINELLI, Jean-François (Org.). Pour une histoire culturelle. Paris: Seuil, 1996b. p. 371-386.
___. Culturas políticas e historiografia. In: AZEVEDO, Cecília; ROLLEMBERG, Denise (Org.). Cultura política, memória e historiografia. Rio de Janeiro: FGV, 2009. p. 29-46.
BLOCH, Marc. Une étrange défaite. Paris: Gallimard, 1990. (Texto escrito em 1940).
BOITO, Armando. O sindicalismo de Estado no Brasil. Campinas: Hucitec, 1991.
CORDEIRO, Janaína Martins. Direitas em movimento: a Campanha da Mulher pela Democracia e a ditadura no Brasil. Rio de Janeiro: FGV, 2009.
___. Lembrar o passado, festejar o presente: as comemorações do Sesquicentenário da Independência entre consenso e consentimento. Tese (doutorado) – Programa de Pós-Graduação em História, Universidade Federal Fluminense, Niterói, 2012.
DREIFUSS, René. 1964: a conquista do Estado. Petrópolis: Vozes, 1981.
FERNANDES, Florestan. A revolução burguesa. Rio de Janeiro: Zahar, 1975.
FERREIRA, Jorge. O populismo e sua história: debate e crítica. Rio de Janeiro: Civilização Brasileira, 2001.
FERRO, Marc. Comment on raconte l'histoire aux enfants à travers le monde. Paris: Payot, 1983.
___. L'Histoire sous surveillance: science et conscience de l'histoire. Paris: Calmann-Lévy, 1985.
GASPARI, Elio. A ditadura derrotada. São Paulo: Companhia das Letras, 2003.
GORENDER, Jacob. Combate nas trevas. São Paulo: Ática, 1987.
GRINBERG, Lucia. Partido politico ou bode expiatório: um estudo sobre a Aliança Renovadora Nacional (Arena). 1965-1969. Tese (doutorado) – Programa

de Pós-Graduação em História, Universidade Federal Fluminense, Niterói, 2004.

HASSENTEUFEL, Patrick. De la comparaison internationale à la comparaison transnationale: Les déplacements de la construction d'objets comparatifs en matière de politiques publiques. *Revue Française de Science Politique*, Paris, v. 56, n. 1, p. 113-132, 2005.

JOUTARD, Philippe. Memória e identidade nacional: o exemplo dos Estados Unidos e da França. In: AZEVEDO, Cecília; ROLLEMBERG, Denise (Org.). *Cultura política, memória e historiografia*. Rio de Janeiro: FGV, 2009. p. 59-77.

KUSHNIR, Beatriz. Cães de guarda: jornalistas e censores, do AI-5 à Constituição de 1988. São Paulo: Boitempo, 2004.

LUNA, Francisco Vidal; KLEIN, Herbert S. Mudanças sociais no período militar (1964-1985). In: AARÃO REIS, Daniel; RIDENTI, Marcelo; MOTTA, Rodrigo Patto Sá (Org.). *A ditadura que mudou o Brasil*: 50 anos do golpe de 1964. Rio de Janeiro: Jorge Zahar, 2014a. p. 66-91.

___; ___. Transformações sociais no período militar (1964-1985). In REIS, Daniel Aarão; RIDENTI, Marcelo; MOTTA, Rodrigo Patto Sá. *A ditadura que mudou o Brasil*: 50 anos do golpe de 1964. Rio de Janeiro: Zahar, 2014b. p. 92-111.

MILZA, Pierre (Org.). *Axes et méthodes de l'histoire politique*. Paris: PUF, 1998.

MOTA, Rodrigo Patto Sá. Os olhos do regime militar brasileiro nos campi: as assessorias de segurança e informações das universidades. *Topoi*, Rio de Janeiro, v. 9, n. 16, p. 30-67, jan./jun. 2008.

NASSER, David. *Falta alguém em Nuremberg* (reed.). Rio de Janeiro: O Cruzeiro, 1966.

PRESSOT, Aline. *As marchas da família com Deus pela liberdade e o golpe de 1964*. Dissertação (mestrado) – Programa de Pós-Graduação em História Social, Universidade Federal do Rio de Janeiro, Rio de Janeiro, 2004.

PRESTES, Anita Leocádia; PRESTES, Lygia (Org.). *Anos tormentosos*: Luiz Carlos Prestes – Correspondência de prisão, 1936-1945. Rio de Janeiro: Paz e Terra, 2002. 3 v.

QUADRAT, Samantha Viz. "Para Tatá, com carinho!": a boa memória do pinochetismo. In: AZEVEDO, Cecília; ROLLEMBERG, Denise (Org.). *Cultura política, memória e historiografia*. Rio de Janeiro: FGV, 2009. p. 399-418.

RAJ, Kapil. *Relocating modern science*: circulation and the construction of knowledge in South Asia and Europe, 1650-1900. Houndmills: Palgrave Macmillan, 2007.

RESENDE, Maria José. A transação como forma de dominação política. São Paulo. Eduel, 1996.

RIDENTI, Marcelo. As oposições à ditadura: resistência e integração. In: AARÃO REIS, Daniel; MOTTA, Rodrigo Patto Sá; RIDENTI, Marcelo (Org.) *A ditadura que mudou o Brasil*. Rio de Janeiro: Jorge Zahar, 2014. p. 30-47.

RIOUX, Jean-Pierre; SIRINELLI, Jean-François (Org.). *Pour une histoire culturelle*. Paris: Seuil, 1996.

RODRIGUES, Leôncio Martins. *Partidos e sindicatos*. São Paulo: Ática, 1990.

ROLLEMBERG, Denise. Memória, opinião e cultura política: a Ordem dos Advogados do Brasil sob a ditadura, 1964-1974. In: AARÃO REIS, Daniel; ROLLAND, Denis (Org.). *Modernidades alternativas*. Rio de Janeiro: FGV, 2008. p. 57-96.

___; QUADRAT, Samantha Viz. *A construção social dos regimes autoritários*: legitimidade, consenso e consentimento no século XX. Rio de Janeiro: Civilização Brasileira, 2010. 3 v.

SADER, Emir (Org.). *Movimentos sociais na transição democrática*. São Paulo: Cortez, 1986.

___. *A transição no Brasil*: da ditadura à democracia? São Paulo: História Viva, 1990.

SALLUM, Brasílio. *Labirintos dos generais à Nova República*. São Paulo: Hucitec, 1996.

SILVA, Francisco Carlos Teixeira da. *Vox, Voces*: (re)memorar. Rio de Janeiro: Multifoco, 2012a.

___. *A história na primeira página*. Rio de Janeiro: Multifoco, 2012b.

SILVA, Helio. *O primeiro 5 de julho, 1920-1922*. Rio de Janeiro: Ed. Três, 1975.

SIRINELLI, Jean-François. *Histoire des droites*. Paris: Gallimard, 1992.

___. Os intelectuais do final do século XX: abordagens históricas e configurações historiográficas. In: AZEVEDO, Cecília; ROLLEMBERG, Denise (Org.). *Cultura política, memória e historiografia*. Rio de Janeiro: FGV, 2009. p. 47-57.

"Trabalho análogo ao de escravo" ou "trabalho forçado"? O nacional debate desde uma perspectiva transnacional

NORBERTO O. FERRERAS

Este capítulo se propõe discutir alguns elementos da tradição nacional como isolada do mundo e recluída a debates necessariamente locais. Não pretendo negar a importância que o nacional tem na elaboração de estratégias e políticas destinadas a analisar uma determinada realidade. O centro de decisões definitivas está no Estado nacional, seja este ditatorial ou democrático, liberal ou nacionalista. Mas essas decisões estão em diálogo com uma série de outros atores que podem ter um maior ou menor grau de intervenção nas decisões. Ao mesmo tempo, temos de considerar que a política é dialógica e não está centrada exclusivamente no setor que controla o Estado.

Por isso, neste capítulo, pretendo mostrar que devemos considerar que os atores mencionados não estão restritos ao âmbito do local ou do nacional. Também os atores externos têm um papel importante nas decisões tomadas nacionalmente. Não porque exista uma pressão de agentes organizados em relação ao efeito, o que também existe principalmente em determinadas áreas, como na economia ou na ecologia, para colocar dois exemplos, mas porque os casos internacionais são avaliados em todo o processo decisório, assim como o vínculo com as instituições internacionais de diversos portes condicionam as políticas tomadas em nível nacional.

Neste texto, sem pretender aqui realizar um ensaio de história global, queremos apresentar os condicionantes externos em políticas nacionais e, ao mesmo tempo, como estes condicionantes estão em diálogo com os distintos momentos da política nacional, tentando não isolar os elementos constitutivos e propiciar um diálogo entre os mesmos.

I.

Desde a abolição da escravidão em 1888, a palavra "escravo" não foi mais parte do vocabulário legal brasileiro. E poderíamos dizer que a tentativa de esquecimento estendeu-se à lembrança da escravidão quando, em 1891, Rui Barbosa ordenou a queima dos registros existentes acerca da origem, chegada e comércio de escravos no Brasil. Durante um extenso período ninguém mais quis saber da escravidão, era um opróbio que devia permanecer no passado.[1]

Mais de 50 anos se passaram para o retorno da palavra ao ordenamento legal brasileiro. O Código Penal de 1940 recuperou o vocábulo "escravo": "Art. 149. Reduzir alguém a condição análoga à de escravo: Pena: reclusão, de dois a oito anos" (Brasil, 1940).[2] O código não tipificava o que seria este crime, nem a Consolidação das Leis do Trabalho (CLT) de 1943 tratava da questão. O enunciado não teve incidência e permaneceu inerte por décadas. Se relacionarmos essa menção à escravidão com o mundo do trabalho, poderemos entendê-lo como parte do projeto varguista de incorporação extensiva das demandas trabalhistas.

Mas, a menção é interessante porque devemos considerar a categoria "escravo" uma categoria histórica e que, como tal, tem mudado ao longo do tempo. Não podemos pensar como trabalho escravo as mesmas práticas da sociedade do século XIX, que também difere substancialmente da escravidão clássica.[3] Portanto,

---

[1] Por exemplo, no Código Penal de 1890 a escravidão não é mencionada entre os crimes. Ver Brasil (1890).
[2] O código foi posto em vigor em 1º de janeiro de 1942.
[3] Para a Antiguidade clássica, ver Finley (2002). Para a escravidão moderna no Brasil, Slenes (1999).

não podemos naturalizar o uso da palavra "escravidão". A Organização Internacional do Trabalho (OIT), por exemplo, prefere "trabalho forçado" como uma prática diferente do que a Sociedade de Nações, primeiro, e posteriormente a Organização das Nações Unidas (ONU), tem considerado escravidão.

II.

Certas práticas de relações não salariais existiram legalmente antes da abolição e continuaram depois da mesma, permitindo a continuidade da produção de *commodities* sem necessidade da utilização da mão de obra assalariada ou da escrava. O colonato e a parceria estavam entre essas formas. Esses regimes, entretanto, incluíam uma série de armadilhas criadas para sujeitar os trabalhadores livres.[4] Mas isso não pode ser visto como trabalho forçado; eram relações de trabalho não assalariadas que podiam ou não derivar em relações coercitivas.

Desde o século XIX, existiam outras formas de reter os trabalhadores e de conseguir trabalho não remunerado de forma coercitiva. Nos seringais da Amazônia, primava a exploração de caucho por meio da servidão por dívidas. Alguns viajantes, como sir Roger Casement e Theodore Roosevelt,[5] mencionaram o abuso sofrido pelos trabalhadores durante a produção da borracha. Os donos dos seringais valiam-se do aviamento e do barracão, práticas que vinham do período colonial e que se expandiam naquele momento. O aviamento era o adiantamento de dinheiro para comprar os materiais de trabalho e alimentos, gerando uma dívida que depois teria de ser paga com trabalho. O barracão era a obrigação de adquirir esses produtos na fazenda contratante; portanto, esses

---

[4] Ver Secreto (2012:221-227). A autora trata das formas de controle do trabalho livre durante o período escravocrata.
[5] A respeito de Roger Casement, ver Mitchell (2003:331-332, 511-512); Roosevelt (1994:336).

adiantamentos eram utilizados para efetuar compras ao mesmo patrão. O seringueiro era explorado enquanto produtor e consumidor, sujeitado pelas dívidas contraídas.[6]

Tais formas de exploração voltariam à tona durante a recruta dos "soldados da borracha" para a campanha "Borracha para a Vitória", financiada pelos Estados Unidos durante a II Guerra Mundial. A batalha da borracha rendeu uma comissão de inquérito, em 1946, que analisou o acontecido com aqueles trabalhadores. Recrutados pelo Estado, os soldados da borracha tinham trabalhado para seringalistas, que, atropelando os órgãos do Estado, os atraíram com promessas de melhores dividendos, mas esses trabalhadores acabaram no sistema de dívidas.[7]

Como podemos ver, a sujeição do trabalhador ao local de trabalho continuou depois do fim da escravidão. A escravidão legal tinha terminado, mas o trabalho forçado continuava. A diferença é que a primeira forma de trabalho era ilegal; então temos a existência de trabalho forçado ou servidão por dívidas.

III.

Ângela de Castro Gomes (2008) afirma que o uso contemporâneo do termo "análogo a escravo" estabelece um vínculo entre história e memória e permite a mobilização da sociedade a partir de sua memória afetiva e política, entendendo que deveríamos rapidamente compreender as lutas abolicionistas do século XIX para ver que memória é que está sendo mobilizada.

A trajetória da luta global contra a escravidão teve duas vertentes. Por um lado, a luta dos escravos por recuperar sua liberdade, fosse de forma negociada ou pela força; por outro, a construção de acordos internacionais.

---

[6] Sobre o aviamento, ver Aramburu (1994) e, ainda, Cherobim (1983:105).
[7] O relatório final da comissão está em Brasil (1946:1-2).

Na primeira vertente, a luta pela liberdade veio junto com a luta independentista. O caso mais emblemático é o do Haiti, e por dois motivos. Primeiro, pelo fato de ser o primeiro país a abolir a escravidão e, com isso, libertar a grande maioria da população que, ao se tornar livre, tornava-se cidadã. A Revolução Francesa finalmente aceitou a abolição dos escravos, que foi estendida ao resto das colônias. Mas quando, em 1802, Napoleão restaurou a escravidão, a situação haitiana mudou. A abolição unicamente estaria garantida com a independência, o que aconteceu em 1804. O interesse pelo Haiti continua porque, para sustentar a independência, precisaria implementar formas de trabalho forçado, militarizando a produção da cana-de-açúcar durante o governo de Dessalines.[8]

As idas e voltas nesse processo lembram-nos da tênue linha entre liberdade e escravidão, ou melhor, trabalho forçado. No Haiti não haveria mais escravidão porque a liberdade jurídica não estava ameaçada. As necessidades financeiras do Estado levaram à ativação das atividades econômicas para dar sustentação ao Estado e, portanto, à liberdade nacional e individual. A produção para o mercado mundial passou a ser uma necessidade vital para as finanças do Estado, que precisava retomar o trabalho da cana-de-açúcar. A saída foi o trabalho compulsório. Os demais países da América Latina enfrentaram os mesmos dilemas e complicações. As abolições decretadas durante as guerras da independência eram revogadas ou revistas posteriormente.

Desde a independência, nas Américas, a escravidão começou a ser questionada, fosse pelas necessidades dos exércitos ibéricos ou independentistas de se prover de novos soldados ou para controlar a insatisfação popular. Passado esse primeiro momento, foram as necessidades produtivas as que levaram a que a escravidão fosse possível.

---

[8] Mais dados sobre a abolição e a tentativa de abolição de Napoleão podem ser encontrados em James (2000). Sobre o segundo processo, ver Pons (2003). Sobre a posição francesa em relação à escravidão, ver Dorigny (1998).

Nessa primeira vertente interpretativa, os escravos foram sujeitos de sua libertação e donos de seu destino. A abolição foi conseguida com sangue e sacrifícios, e eles mesmos foram fortes para garantir a liberdade ou para forçar debates e mobilizar a sociedade em seu auxílio, contrariando as elites econômicas *criollas*. Isso não esgota as possibilidades, e nos lembra que cada caso foi diferente. Não podemos esquecer as disputas pela liberdade e pelo seu significado em países em que a escravidão foi abolida na longa duração, como no caso brasileiro.[9]

IV.

A outra via emancipatória foram os pactos internacionais, e tal via tem uma trajetória mais extensa, que se inicia no século XIX e chega a nossos dias. Nessa tendência, a abolição era outorgada pelas grandes potências europeias.

Em 1807 a Grã-Bretanha promulgou o Slave Trade Act, que decretava o fim do tráfico escravo e foi complementado várias vezes, por exemplo, com o Slavery Abolition Act, de 1833, que decretava o fim da escravidão no Império britânico e pretendia universalizar a abolição. Porém, o próprio *act* permitia a continuidade da escravidão nos territórios da East India Company, em Ceilão e Santa Helena, e alguns acordos postergaram o fim do tráfico, como os assinados com o Brasil. O combate à escravidão foi cheio de exceções.

Em 1839 foi fundada, na Inglaterra, a Anti-Slavery International. Essa associação primeiro advogou pela abolição nas colônias inglesas, e depois no resto do mundo. A Anti-Slavery continua ativa nos dias de hoje, na luta contra a escravidão. Se bem suas ações mudaram ao longo dos anos, desde seu início o foco principal esteve colocado no esclarecimento do consumidor, no estabeleci-

---

[9] As discussões sobre o que é liberdade e como a mesma era vivenciada pelos escravos estão apresentadas em Chalhoub (1990).

mento de acordos de cooperação contra a escravidão e na repressão ao tráfico. A Anti-Slavery concentra em si as transformações e as continuidades dessa luta por mais de 170 anos.

Essa instituição apresentava o problema da escravidão como um problema moral, civilizatório, e agia com os mecanismos do mercado alertando o consumidor. O trabalho escravo no século XIX era visto como uma instituição peculiar, que com o desenvolvimento das forças produtivas seria desarticulada.

Seria impossível apresentar todos os tratados internacionais para abolir o tráfico de escravos e a escravidão. Colocamos o caso da Grã-Bretanha pela sua capacidade de propor e levar à prática os tratados durante boa parte do século XIX. Porém, mesmo em países em que a Grã-Bretanha tinha alguma influência, como o Brasil, continuavam a vigorar sistemas produtivos baseados na escravidão de africanos e seus descendentes, pelo que tanto o tráfico quanto a escravidão continuaram. O fim do tráfico só tornou-se efetivo quando a Grã-Bretanha passou da condenação moral à repressão do comércio de escravos.[10]

Depois da abolição em Cuba (1886) e no Brasil (1888), continuaram a ser elaborados inúmeros acordos e pactos para garantir o fim do tráfico e da escravidão fora das Américas. Em 1885 foi assinado, em Berlim, o tratado que determinou a partilha da África entre as potências coloniais. Entre as cláusulas estava a luta contra o trabalho escravo. Tal tratado foi revisado em 1890, na Conferência de Bruxelas. Esses acordos eram reconhecidos desde os impérios otomano e russo aos países ocidentais, mas a principal preocupação estava na África e no tráfico no oceano Índico. Eles auspiciavam a melhoria das condições materiais e morais da população indígena da África, sem especificar o significado dessa melhoria.[11]

---

[10] Para o caso brasileiro e os avanços e retrocessos no tráfico, ver Rodrigues (2000).
[11] Para maiores dados ver o art. 9º da Conferência de Berlim em: General Act of the Conference of Berlin Concerning the Congo (1909). No Tratado de Saint-Germain-en-Laye, o ponto principal da questão da escravidão está no art. 11. Ver Convention Revising the General Act of Berlin, February 26, 1885, and the General Act and Declaration of Brussels, July 2, 1890 signed in Saint-Germain-en-Laye (1921).

Na realidade, tais acordos tinham como objetivo o equilíbrio entre as potências coloniais e eram uma concessão à opinião pública e ao humanitarismo militante da Anti-Slavery Society ou de instituições religiosas, como a Ordem da Nossa Senhora da África.[12] Se o Tratado de Berlim foi o primeiro realizado entre grandes potências a reconhecer a escravidão como um problema, o Acordo de Bruxelas, de 1890, dava poderes de polícia aos países coloniais. Isso, por um lado, permitia a repressão ao tráfico; por outro, facilitava o avanço do controle territorial europeu na África.[13]

Esses debates foram renovados depois da I Guerra Mundial, com a emergência da Liga das Nações. No mesmo acordo que pôs fim à guerra, foi assinada a Convenção de Saint-Germain-en-Laye, de 1919,[14] contra a escravidão, que revisava os acordos de Berlim e de Bruxelas.

As ações da liga representaram uma mudança na luta contra a escravidão. No Tratado de Versalhes também foi criada a Organização Internacional do Trabalho (OIT), destinada a melhorar as condições dos trabalhadores. Se bem que as duas instituições tinham suas próprias atividades, algumas questões eram tratadas em paralelo e existiam vasos comunicantes, como a questão da escravidão.

Para combater a escravidão, a liga decidiu que as regiões que tinham sido colônias dos países derrotados ficariam governadas por algumas potências com um mandato, o que implicava que tinham atribuições para acabar com a escravidão (MacMillan, 2002:100). Na medida em que a Liga das Nações entendia que as medidas tomadas não eram suficientes, foram pensados outros instrumentos.

Em 1922 e 1923, a liga realizou uma consulta sobre escravidão e trabalho indígena nos países-membros. A falta de respostas e a ambiguidade levaram-na a criar uma comissão, com um integrante

---

[12] Ver Hinks e McKivigan (2007:418, 491).
[13] Ver Miers (2003:20-21).
[14] Art. 11 da Convention Revising the General Act of Berlin... (1921:319).

da OIT. A proposta era a de investigar cada caso denunciado. Os poderes dessa comissão, conhecida como Comissão Temporária sobre a Escravidão, foram informativos. Mesmo assim a comissão conseguiu colocar a questão da escravidão separada do trabalho forçado ou obrigatório, porque estes últimos não implicavam uma privação permanente ou definitiva da liberdade e porque atingiam trabalhadores fora da África.[15]

Em 1926, foi possível avançar numa convenção, a Convenção sobre a Escravidão, um instrumento reconhecido internacionalmente. Essa convenção é considerada um marco na legislação internacional e continua vigente, com poucas alterações. A convenção, assinada em setembro de 1926, compõe-se de uns poucos artigos definindo a escravidão como a propriedade da pessoa. Desta forma, a liga e sua herdeira, a Organização das Nações Unidas (ONU), que ratificou essa convenção, definiram a perda da liberdade e a posse e domínio da pessoa, como os elementos principais para estabelecer a diferença entre liberdade e escravidão. No art. 5º da convenção era reconhecida a existência de formas de trabalho consideradas trabalho forçoso ou obrigatório, mas não era assimilado ao trabalho escravo.[16] Na convenção foi colocado que o trabalho forçoso não deveria criar "formas análogas à escravidão", o que abriu caminho a certas interpretações sobre a relação entre trabalho escravo e forçado (Allain, 2008).

Para a OIT, desde seu início a escravidão significou a forma extrema de supressão dos direitos trabalhistas, mas não a única. Nos debates para a aprovação da Convenção sobre Trabalho Forçado a palavra "escravo" não foi utilizada como uma categoria específica. Se a liga tratava da questão da perda da liberdade e sobre a propriedade da pessoa, a OIT analisava as formas de fixar os trabalhadores de forma compulsória.[17]

---

[15] Ver Miers (2003:100-121).
[16] League of Nations (1926a).
[17] Nas recomendações e convenções, assim como nas resoluções, a expressão utilizada é "trabalho forçado".

O debate na OIT sobre o trabalho forçado foi paralelo aos debates sobre o trabalho "indígena", entendidos assim os trabalhadores não europeizados ou os trabalhadores nativos das colônias europeias na África, Ásia e Oceania. Se essa preocupação estava centrada nos países coloniais, as descrições afetaram os países latino-americanos, que rejeitaram ser incluídos nestas categorias, levando a OIT a refinar suas definições. O interesse da OIT na escravidão e no trabalho forçado foi consequência dos trabalhos da comissão temporária antes mencionada.[18]

O trabalho forçado voltou a ser discutido quando a liga sancionou a Convenção contra a Escravidão, em 1926. Na Conferência Internacional do Trabalho desse ano, a OIT propôs a realização de uma pesquisa sobre o tema na África e na América. Para o caso da Ásia, existia uma pesquisa em andamento. Enquanto os delegados trabalhista e governamental indianos se enfrentaram sobre a existência dessa forma de trabalho em seu país, os delegados latino-americanos rejeitaram a iniciativa para a região, fosse porque negavam a existência do trabalho forçado ou porque entendiam que a questão não podia estar geograficamente restrita. Tanto a pesquisa como uma proposta de recomendação não saíram do papel porque foram rejeitadas por todos os delegados latino-americanos. Nas palavras de Fonseca de Montarroyos, delegado do governo do Brasil, "[...] esta Resolução é absolutamente inaceitável para nós porque está baseada na presunção de condições que não existem".[19] Para ele, não existiam trabalhadores de cor ou nativos na América Latina; todos eram cidadãos sem distinção dos seus respectivos países, portanto, a proposta não procedia. Essa rejeição estava vinculada ao fato de que escravidão era vista como uma caraterística do colonialismo. Como os países americanos não eram coloniais, não poderiam ser acusados de praticar a escravidão.[20]

---

[18] League of Nations (1922:737).
[19] League of Nations (1926b:263-264).
[20] Sobre a vinculação entre colonialismo e escravidão na África ver Cooper (2000).

Apesar dessa oposição, em 1929, a OIT discutiu a elaboração de uma pesquisa que subsidiasse uma convenção sobre trabalho forçado. Os membros latino-americanos da OIT não participaram do comitê e foram contrários a essa medida, dado que em seus países o trabalho nativo estava protegido ou não existia como um trabalho diferenciado e obrigatório. Para os países europeus, a preocupação se colocava enquanto responsáveis pela civilização na África e na Ásia, mas não como uma questão própria da sua região. Os países mais questionados foram o Japão e as regiões independentes da Índia. A Conferência Internacional do Trabalho de 1929, como a de 1930, que aprovaria a Convenção 29, mostrava que a preocupação estava relacionada com uma determinada região: as colônias com mão de obra nativa.[21]

Finalmente, em 1930, foi aprovada a Convenção 29, que tratava dessa questão. No art. 2º da convenção, o trabalho forçado ou obrigatório foi definido como: "[...] todo trabalho ou serviço exigido de uma pessoa sob a ameaça de sanção e para o qual não se tenha oferecido espontaneamente".[22] Embora essa legislação tivesse um viés universal, aplicável a qualquer caso e situação, e o trabalho obrigatório fosse aceito unicamente para casos de necessidade, estava claro que a preocupação estava nos povos não europeizados. A convenção mencionava a existência de chefias ou lideranças que atuavam como mediadoras entre os trabalhadores nativos e as autoridades exteriores.[23] As primeiras ratificações desse convênio também mostram o interesse de determinados países em controlar a escravidão e o tráfico, para além do nome da convenção. Em 1931, os signatários foram Grã-Bretanha, Irlanda, Libéria e Suécia. Um ano depois aderiram Austrália, Bulgária, Dinamarca, Espanha, Japão e Noruega.

Para conformar e integrar aos países latino-americanos, nos anos seguintes a OIT engajou-se na questão indígena tal como era

---

[21] Ver League of Nations (1929:35-62, 953-964); League of Nations (1930:267-363).
[22] Organização Internacional do Trabalho (1930, art. 2-1).
[23] Ver Organização Internacional do Trabalho (1930). Em outras línguas, o título é simplesmente: "Sobre o trabalho forçado".

entendida por esses países, separando os campos. Nesse momento, a questão indígena seria cada vez mais patrimônio latino-americano e o trabalho forçado, uma questão intrinsecamente colonial.[24]

V.

Depois da II Guerra Mundial, foi criada a Organização das Nações Unidas (ONU), simultaneamente com o processo de descolonização, o que contribuiu para dar uma nova perspectiva sobre a escravidão contemporânea e sua relação com o trabalho forçado. Em 1948, a ONU aprovou a Declaração dos Direitos do Homem, que no seu art. 4º rezava: "Ninguém será mantido em escravatura ou em servidão; a escravatura e o trato dos escravos, sob todas as formas, são proibidos".[25]

Para mostrar continuidade com o período prévio, a primeira medida tomada em relação à escravidão foi a aprovação de um protocolo adicional sobre a escravidão, em 1953, colocando novamente em vigor a Convenção de 1926.[26] A mudança significativa viria em 1956, quando a ONU aprovou uma convenção suplementar que incorporava o trabalho como motivo de escravidão, imiscuindo-se na jurisdição da OIT, mas dando coerência ao *corpus* legal. Em seu art. 1º, eram definidas as formas da escravidão: a servidão por dívidas, o casamento arranjado e a entrega ou venda de crianças para exploração da sua força de trabalho. Igualmente a convenção estabelecia uma sutil diferença entre a "escravidão" e "condição servil". No art. 7º, a escravidão era considerada

---

[24] Para compreender como foi a evolução da questão do indigenismo e a relação entre a América Latina e a OIT, ver Ferreras (2012:305-324).
[25] Disponível em:<www.ohchr.org/EN/UDHR/Documents/UDHR_Translations/por.pdf>. Acesso em: 13 ago. 2013.
[26] Ver Allain (2008:15-17). O protocolo está disponível em: <www.ohchr.org/Documents/ProfessionalInterest/protocolslavery.pdf>. Acesso em: 15 jun. 2012.

[...] *the status or condition of a person over whom any or all of the powers attaching to the right of ownership are exercised, and "slave" means a person in such condition or status;*

(b) "A person of servile status" means a person in the condition or status resulting from any of the institutions or practices mentioned in article 1 of this Convention.[27]

Se bem a ênfase estava colocada na liberdade, a incorporação da peonagem por dívida chamava a atenção sobre o trabalho e sobre a América Latina, onde tal prática era mais comum.[28]

Depois desta mudança, a OIT revisou sua política sobre o trabalho forçado aprovando a Convenção nº 105. A OIT aparecia marcada pela disputa ideológica da Guerra Fria, focando em outros aspectos, como a mobilização ideológica e econômica da mão de obra. Se o ponto de partida era a condenação às práticas do nazismo e do Japão durante a II Guerra Mundial, os alvos eram a URSS, pelo uso de presos políticos em campos de trabalhos forçados, e os países em desenvolvimento, como a China e a Índia. O trabalho forçado passava a ser parte da disputa entre Oriente e Ocidente da década de 1950.[29]

Como vemos, a luta contra a escravidão e contra o trabalho forçado tem uma história no direito e nas relações internacionais, e sua continuidade depende da relação entre as necessidades da economia internacional e a vontade da política nacional.

---

[27] Ou seja, o trabalho por dívidas, o casamento arranjado e a venda de crianças. A convenção suplementar (United Nations Human Rights, 1956) está disponível em: <www.ohchr.org/EN/ProfessionalInterest/Pages/SupplementaryConventionAbolitionOfSlavery.aspx>. Acesso em: 15 jun. 2012.
[28] Ver Office of The United Nations High Commissioner for Human Rights (2002:11). Esse informe oficial continua a colocar a peonagem por dívidas como "servidão".
[29] Organização Internacional do Trabalho (1957). A novidade estava no XX Congresso do Partido Comunista Soviético, de fevereiro de 1956, que tinha revelado a repressão stalinista. A Convenção nº 105 foi aprovada por quase unanimidade com uma única abstenção, a de mr. Parker, o delegado empresarial dos Estados Unidos.

VI.

Como temos mostrado até o momento, as distintas organizações internacionais desenvolveram uma especialização temática e técnica. Enquanto a liga e a ONU trataram dos direitos das pessoas e dos povos, seguindo a linha delimitada nos congressos que as precederam e depois criando agenda própria, a OIT centrou-se nas formas trabalhistas. O caso brasileiro é um tanto diferente, justamente porque há uma tendência a superpor os nomes e as práticas. Há várias explicações possíveis para esse uso indiscriminado da palavra "escravo", mas para isso tentemos uma aproximação à forma como a palavra aparece no século XX.

O uso da expressão "trabalho análogo ao de escravo", atualmente utilizado pelo Ministério Público do Trabalho (MPT) e pelos promotores da Justiça, está vinculado ao art. 149 do Código Penal, que simplesmente estabelece: "Art. 149. Reduzir alguém a condição análoga à de escravo: Pena — reclusão, de dois a oito anos".

Francisco Campos, o ministro da Justiça que elaborou o código, em sua "Parte Especial", explicava que:

> No artigo 149, é prevista uma entidade criminal ignorada do Código vigente: o fato de reduzir alguém, por qualquer meio, à condição análoga à de escravo, isto é, suprimir-lhe, de fato, o *status libertatis*, sujeitando o agente ao seu completo e discricionário poder. É o crime que os antigos chamavam *plagium*. Não é desconhecida a sua prática entre nós, notadamente em certos pontos remotos do nosso hinterland.[30]

Sem entrar em considerações sobre essa categoria se enquadrar ou não no *plagium*,[31] o que interessa é que há uma menção aos crimes cometidos no interior.

---

[30] Campos (1940). Entendo que essa remota hinterlândia seria a região amazônica.
[31] Sobre o *plagium*: "Com a denominação de *plagium*, a detenção de pessoas era conhecida pelo direito romano, com previsão na *Lex Julia* de *vis publica*. A palavra *plagium*, etimologicamente, vem do verbo *plagiare*, que na Roma antiga significava a compra de um homem livre sabendo que o era, e retê-lo em servidão ou utilizá-lo como próprio servo" (Pierangeli, 2007:156).

Mas é preciso fazer uma ressalva. Se esse foi o ponto de partida para agir em defesa dos trabalhadores, temos de prestar atenção ao fato de que o "trabalho" não é mencionado no art. 149. O que prima é a defesa da liberdade individual, e não há uma preocupação com a exploração do trabalhador. De fato, o art. 149 está na Seção I do código: "Dos Crimes Contra a Liberdade Pessoal", enquanto a prática que associamos com o trabalho análogo ao de escravo, o aliciamento, aparece como "Dos Crimes Contra a Organização do Trabalho".

O artigo 149 informava uma situação sem dar outros detalhes, que sempre são externos à lei, e principalmente de um código que pretende ser atemporal. Porém, a "Parte Especial" também não é esclarecedora; temos a menção vaga de algum crime cometido na hinterlândia. Tal posição é parte da política preventiva e abrangente sobre a proteção do trabalho, mas também sobre outros elementos da vida humana, que caracterizou o governo Vargas durante o Estado Novo e que foi sendo modificada e esclarecida à medida que a comunidade internacional recolocava a questão da escravidão como um problema com diferentes arestas e que uma nova situação dava contornos reais a esses crimes não especificados e difusos.

Essa menção imprecisa à escravidão tem outra razão: o Brasil faz parte dos organismos internacionais desde sua criação e, como muitos dos países vinculados, acompanhava os acordos e os debates de que participava, mas mantendo a autonomia ao legislar sobre a questão sem assinar os convênios. Dessa forma, respaldava os acordos sem se comprometer com os detalhes incômodos. Em 1940, a pressão para incorporar uma cláusula desse tipo não seria muito forte por causa da situação internacional e da necessidade de sobrevivência das próprias instituições.

A menção à "condição análoga à escravidão" deixou a questão em aberto. A mesma era tipificada como crime, mas não havia nenhum arrazoado que demonstrasse que essa escravidão pudesse ser equiparada a alguma prática concreta para além da menção ao *plagium* do direito romano. Não ficava claro se a preocupação era com a peonagem por dívida ou sujeição do trabalhador endividado, como era entendida pela OIT, ou estava relacionada com a apropriação ou tráfico sexual de crianças e/ou mulheres, como propunha a liga. Dessa forma criava-se uma categoria que abria distintas possibilidades, apresentando uma resposta aos reclamos internacionais e deixando-a em aberto para os usos possíveis.

Se nos tratados internacionais o trabalho forçado estava permitido para casos de utilidade pública, o mesmo devia ser excepcional, impossibilitando sua transformação em "trabalho análogo ao de escravo". E o governo Vargas utilizava o trabalho obrigatório em situações excepcionais para trabalhos públicos, como forma de amenizar os efeitos sociais da seca no Nordeste. Qualquer outra situação deveria ser considerada ilegal. É nessa conjuntura que surge o art. 149 do Código Penal de 1940: o Estado estava autorizado, mas não os privados.[32]

Em meados da década de 1950, o Brasil muda sua posição, assume a preocupação com a escravidão e adere aos debates em curso dando um novo significado ao arcabouço legal existente. Enquanto na ONU era discutida a escravidão e sua redefinição para questões que pareciam mais prementes, o Brasil acompanhava essa preocupação ratificando, em 1957, a Convenção nº 29 da OIT, de 1930. Essa ratificação estava em concordância com os debates sobre a escravidão que estavam em curso na ONU e com a menção realizada sobre a incorporação da servidão por dívidas na Convenção Suplementar, nesse mesmo ano, como temos visto. Aos poucos ia sendo deslocado o sentido do art. 149 para tratar de questões trabalhistas (Castilho, 2000:55).

O trabalho análogo à escravidão e a escravidão em sentido amplo voltaram à cena alguns anos depois, quando o esta-

---

[32] Ver Neves (2001:117).

do brasileiro ratificou, em meados da década de 1960, as convenções que a ONU e a OIT tinham aprovado nos anos 1950. Em 1964, foi apresentado um informe especial sobre o tráfico e a escravidão a partir de uma pesquisa realizada pela equipe liderada pelo egípcio Mohammed Awad. Nesse informe o Brasil aparecia envolvido em denúncias contra seringalistas que escravizaram indígenas. Segundo a denúncia os mesmos eram marcados para impedir que escapassem das plantações.[33]

Ante a intensificação das pressões, o Brasil adotou um conjunto de medidas contra a escravidão. Em 1965 foram aprovadas três convenções: a Convenção sobre a Escravatura, de 1926, da antiga Liga das Nações; a Convenção Suplementar sobre Abolição da Escravatura, do Tráfico de Escravos e das Instituições e Práticas Análogas à Escravatura, de 1956, da ONU; e a Convenção nº 105, da OIT.[34] A forma como o Brasil reagiu está em sintonia com o que a ONU estava propondo, e não a OIT – unificar a escravidão e o trabalho forçado, o que teria implicações claras. A aprovação da Convenção nº 105 tinha um valor extra: o de questionar os regimes totalitários, reforçando a imagem de "revolução democrática" que a ditadura queria passar.

A disputa real sobre os significados da escravidão contemporânea no Brasil, como perda da liberdade ou como trabalho forçado, foi iniciada quando foi lançada a Carta Pastoral "Uma Igreja da Amazônia em Conflito com o Latifúndio e a Marginalização Social" de dom Pedro Casaldáliga, bispo de São Felix de Araguaia, em 1971. A denominação escolhida para designar o trabalho forçado foi "escravo", denunciando de forma conjunta os fazendeiros e a ditadura (Casaldáliga, 1971). Essa carta pastoral refere-se ao aliciamento como "escravização" e

---

[33] Para a acusação, ver Miers (2003:362).
[34] Ver Ferreras, Secreto *Trabalho decente...* op. cit., p. 69, 94.

ao trabalho forçado como "trabalho escravo". A denominação trabalho "escravo" foi seguida pela Comissão Pastoral da Terra (CPT) da Igreja Católica desde sua criação, em 1975, e pelo MPT. A carta pastoral de 1971 tinha dois objetivos: mobilizar a sociedade contra uma forma extrema de exploração da mão de obra e questionar a legitimidade da política internacional e social da ditadura. Depois dessas denúncias, algumas medidas foram tomadas, especialmente pelos órgãos do Poder Judiciário e de forma autônoma. Uma vez que o Estado do Brasil foi definindo a questão do "trabalho forçado" como "trabalho análogo à escravidão", as intervenções têm ido *in crescendo*, marcando uma orientação jurídica para as disputas pelo sentido do trabalho forçado e definindo o campo semântico da disputa.

Desde o momento em que foi sancionado o Código Penal, em 1940, até a adoção da legislação do sistema de Genebra, da ONU e da OIT, na década de 1960 poucos foram os avanços na luta contra o trabalho forçado no Brasil. Porém, uma vez que a CPT adotou a definição de "trabalho escravo" ou "escravidão" como alvo das suas denúncias de trabalho forçado e passou a investir e difundir essa denominação, as ações contra esse tipo de trabalho foram incrementadas. As denúncias criaram todo um âmbito de reflexão legal e de ação por parte de determinados órgãos do próprio Estado brasileiro. Se a legislação internacional estava disponível, a opção legal foi antes por um obscuro artigo do Código Penal Brasileiro, do que pela adoção de acordos internacionais que têm um estatuto jurídico superior na legislação brasileira.

Segundo os juristas, a opção pelo art. 149 do Código Penal está vinculada à possibilidade de uma pena maior e uma maior possibilidade de castigo. O bem jurídico tutelado, no caso, é a liberdade, e não a capacidade de trabalho. Para que se possa pôr em prática essa legislação, a liberdade é entendida como a capacidade de locomoção, o que leva a uma série de debates técnicos e legais sobre a restrição do direito de ir e vir das pessoas, o que, em certos casos, favoreceu os "escravistas", ao menos até a modificação do art. 149, em 2003 (Castilho, 2000:55).[35] Nesse sentido a década de 1970 deve ser vista como a de instalação da questão agrária no centro da agenda política, uma vez que perdia peso na agenda econômica. As denúncias contra o trabalho escravo coincidiram com as ocupações de terra, que acabaram coincidindo no Movimento dos Sem-Terra.

Se a questão do trabalho análogo ao de escravo ganhou grande repercussão no Brasil, isso se deve ao fato de que a estrutura agrária brasileira baseava-se na exploração extensiva da terra, com base em baixa tecnologia e com a expansão constante das fronteiras despovoadas e sem infraestrutura para o escoamento da produção, contribuindo na procura de mão de obra pouco qualificada para desenvolver trabalhos de roçado, cuidado do gado e lavoura. Essa mão de obra inexistente na fronteira era recrutada em pontos de pobreza e desemprego estrutural por meio de ações fraudulentas. Mas nem em todos os casos o recrutamento implica uma exploração certa ou a queda nas redes da escravidão, fator que sempre dificultou a fiscalização e controle do trabalho análogo à escravidão.

Nos últimos 30 anos, inúmeras medidas foram tomadas, definindo a condição de trabalho análogo à escravidão. Novas leis, novas formas de fiscalização e até a adaptação do Código Penal são produtos de uma nova sensibilidade local e global ante essa

---

[35] E assim foi até a reforma do art. 149 em 2003 (Lei nº 10.803, de 11 de dezembro de 2003), quando foi redefinido como: "Art. 149. Reduzir alguém a condição análoga à de escravo, quer submetendo-o a trabalhos forçados ou a jornada exaustiva, quer sujeitando-o a condições degradantes de trabalho, quer restringindo, por qualquer meio, sua locomoção em razão de dívida contraída com o empregador ou preposto: Pena - reclusão, de dois a oito anos, e multa, além da pena correspondente à violência. §1º Nas mesmas penas incorre quem: I - cerceia o uso de qualquer meio de transporte por parte do trabalhador, com o fim de retê-lo no local de trabalho; II - mantém vigilância ostensiva no local de trabalho ou se apodera de documentos ou objetos pessoais do trabalhador, com o fim de retê-lo no local de trabalho. §2º A pena é aumentada de metade, se o crime é cometido: I - contra criança ou adolescente; II - por motivo de preconceito de raça, cor, etnia, religião ou origem" (Brasil, 1940).

questão, e seria exaustivo enumerar o realizado para os efeitos deste texto centrado na adoção de uma categoria jurídica.

Queria concluir com uma nova tentativa de retomar o vínculo do global com o nacional. Uma mudança radical na abordagem da questão por parte do Estado brasileiro deveu-se a uma denúncia realizada por um trabalhador rural brasileiro que tinha sido capturado pelas redes do trabalho escravo. Em 1989, o trabalhador rural José Pereira, naquele momento com 17 anos, foi aliciado para trabalhar na fazenda Espírito Santo, no interior do estado do Pará. Vítima do trabalho forçado, tentou fugir da fazenda junto com um colega. Os jovens trabalhadores foram baleados na tentativa de fuga. O jovem trabalhador Paraná foi morto pelos vigias, enquanto José sobreviveu com uma bala no olho e se fingindo de morto.

Ante a inação do Estado brasileiro, o caso de José foi levado à Corte Interamericana de Direitos Humanos da Organização de Estados Americanos (OEA), em 1994, pela CPT junto com duas associações internacionais de direitos humanos – a Human Rights Watch e o Center for Justice and International Law.[36]

O processo correu até 2003, quando o Brasil acordou uma indenização em dinheiro para a vítima e uma série de medidas, entre elas a modificação do Código Penal, a criação de um novo modelo de fiscalização e uma série de ações destinadas a conscientizar os trabalhadores sobre essa prática. Essa mudança de atitude estava de acordo com uma nova abordagem, que incluiu a redefinição do Código Penal, reformas legais, a proposta de mudar a Constituição Federal para tornar o crime inafiançável e aberrante, assim como o apoio aos trabalhadores vítimas desse crime.[37]

Este caso é interessante porque nos abre duas outras questões que devem ser consideradas. A primeira é a existência de uma tradição jurídica na reflexão sobre a questão da escravidão, própria

---

[36] Detalhes do caso estão disponíveis numa entrevista com o próprio José Pereira. Ver Sakamoto (2004).
[37] O acordo pode ser consultado na página web da Organização dos Estados Americanos (2003).

das Américas, que não foi tratada aqui justamente por ser uma preocupação que se universaliza com as transformações produtivas e nas relações internacionais ao mesmo tempo que fechamos nossa análise. Em 1969, a Organização dos Estados Americanos aprovou sua Declaração dos Direitos Humanos, na qual contempla a questão da escravidão e da servidão, o que nos remete aos debates existentes na ONU. Junto com a tradição jurídica, a existência de instituições com poder de ação sobre os Estados. A OEA mantém uma corte internacional que permite que os casos não atendidos em nível nacional tenham tratamento e pode intimar os Estados para que cheguem a uma resolução. No caso, a resolução foi satisfatória para a vítima e seus patrocinadores.

O segundo ponto que nos interessa como resolução do caso é o fato de que o caso José Pereira corre no mesmo momento em que tanto o Brasil como a OIT aceitam e compreendem a modificação estrutural no sistema produtivo e assumem a necessidade de uma política mais agressiva em relação ao fenômeno da escravidão contemporânea, ou do trabalho forçado, na terminologia da OIT.

O caso José Pereira deve ser visto como um caso testemunha de uma série de transformações estruturais na economia mundial. A OIT e outras instituições internacionais tiveram de passar a considerar as novas formas produtivas. Entre finais dos anos 1980 e na década de 1990, presenciamos a expansão do fenômeno do *outsourcing* da produção dos países centrais em direção à periferia não industrializada, e a expansão e consolidação das *export production zone* (EPZ), criando espaços autônomos e de difícil fiscalização do trabalho ao redor do mundo. Se bem José Pereira e seu amigo Paraná não foram vítimas desse tipo de processo, chamaram a atenção para a continuidade das velhas formas de produção de matérias-primas baratas para abastecer as indústrias e para os trabalhadores nos novos sistemas produtivos.

Aqui tentamos mostrar como uma nação não toma suas decisões em absoluto descompasso com o que acontece no resto do mundo. As medidas de um determinado Estado podem ser diferenciadas, mas essas diferenças não negam a existência de uma realidade que está em concordância com os processos políticos e econômicos internacionais. Como diria Carlo Ginzburg (2006), *nenhuma ilha é uma ilha*, e um Estado não é uma ilha na tomada de decisões.

REFERÊNCIAS

ALLAIN, Jean. *The slavery conventions*: the travaux préparatoires of the 1926 League of Nations Convention and the 1956 United Nations Convention. Leiden: Martinus Nijhoff, 2008.

ARAMBURU, Mikel. Aviamento, modernidade e pós-modernidade no interior amazônico. *Revista Brasileira de Ciências Sociais*, São Paulo, v. 9, n. 25, jun. 1994. Disponível em: <http://portal.anpocs.org/portal/index.php?option=com_content&view=article&id=212:rbcs--25&catid=69:rbcs&Itemid=399>. Acesso em: 24 jun. 2013.

BRASIL. Senado Federal. Secretaria de Informação Legislativa. Decreto nº 847, de 11 de outubro de 1890: promulga o Código Penal. *Imprensa Oficial*, Rio de Janeiro, 31 dez. 1890. Disponível em: <http://legis.senado.gov.br/legislacao/ListaNormas.action?numero=847&tipo_norma=DEC&data=18901011&link=s>. Acesso em: 29 maio 2012.

___. Senado Federal. Secretaria de Informação Legislativa. Decreto-Lei nº 2.848, de 7 de dezembro de 1940: Código Penal. *Diário Oficial da União*, Rio de Janeiro, seção 1, p. 23911, 31 dez. 1940. Disponível em: <www.planalto.gov.br/ccivil_03/decreto-lei/del2848compilado.htm. Acesso em: 29 maio 2012.

___. Relatório final da comissão de inquérito instaurada para apurar abusos sofridos pelos trabalhadores durante a produção da borracha. *Diário do Congresso Nacional*, Rio de Janeiro, ano 1, n. 3, p. 1-2, 26 set. 1946.

CAMPOS, Francisco. Ministério da Justiça e Negócios Interiores. Gabinete do Ministro. Exposição de motivos da Parte Especial do Código Penal. In: BRASIL. Decreto-Lei nº 2.848, de 7 de dezembro de 1940: Código Penal. *Diário Oficial da União*, Rio de Janeiro, seção 1, p. 23911, 31 dez. 1940. Disponível em: <www.diariodasleis.com.br/busca/exibelink.php?numlink=1-96-15-1940-12-07-2848>. Acesso em: 25 maio 2013.

CASALDÁLIGA, Pedro. *Uma igreja da Amazônia em conflito com o latifúndio e a marginalização social*. São Felix do Araguaia, [s.n.], 10 out. 1971. Disponível em: <http://servicioskoinonia.org/Casaldaliga/cartas/1971CartaPastoral. pdf>. Acesso em: 2 jul. 2013.

CASTILHO, Ela Wiecko. Considerações sobre a interpretação jurídico-penal em matéria de escravidão. *Estudos Avançados*, São Paulo, v. 14, n. 38, p. 51-65, 2000.

CHALHOUB, Sidnei. *Visões da liberdade*: uma história das últimas décadas da escravidão na Corte. São Paulo: Companhia das Letras, 1990.

CHEROBIM, Mauro. Trabalho e comércio nos seringais amazônicos. *Perspectivas: Revista de Ciências Sociais*, São Paulo, n. 6, p. 101-107, 1983.

CONVENTION Revising the General Act of Berlin, February 26, 1885, and the General Act and Declaration of Brussels, July 2, 1890 signed in Saint-Germain-en-Laye. *The American Journal of International Law*, Washington, D.C, v. 15, n. 4, p. 314-321, out. 1921. Supplement: Official Documents.

COOPER, Frederick. Conditions analogous to slavery. In: ___; HOLT, Thomas C.; SCOTT, Rebecca J. *Beyond slavery*: explorations of race, labor, and citizenship in postemancipation societies. Chapel Hill: University of North Carolina Press, 2000. p. 107-150.

DORIGNY, Marcel. Les abolitions de l'esclavage (1793-1794-1848): une celebration nécessaire. In: ___. *Les abolitions de l'esclavage*: de L. F. Sonthonax à V. Schoelcher – 1793-1794-1848. Paris: Presses Universitaires de Vincennes/Unesco, 1998. p. 7-18.

FERRERAS, Norberto O. La modernité intégrée par les peuples indigènes. L'Organisation Internationale du Travail et l'Amérique Latine, la question des peuples indigènes et tribaux. In: AARÃO REIS, Daniel; ROLLAND, Denis. (Org.). *Modernités nationales, modernités importees entre Ancien et Nouveau Monde*: XIXe-XXIe siècle. Paris: L'Harmattan, 2012. p. 305-324.

___; SECRETO, María Verónica. *Os pobres e a política*: história dos movimentos sociais na América Latina. Rio de Janeiro: Mauad, 2013.

FINLEY, Moses. *La Grecia antigua*: economía y sociedad. Barcelona: Crítica, 2002.

GENERAL ACT of the Conference of Berlin Concerning the Congo. *The American Journal of International Law*, Washington, D.C., v. 3, n. 1, p. 7-25, jan. 1909. Supplement: Official Documents. Disponível em: <www.jstor.org/stable/2212022?seq=1#page_scan_tab_contents>. Acesso em: 10 set. 2012.

GINZBURG, Carlo. *Nenhuma ilha é uma ilha*: quatro visões da literatura inglesa. São Paulo: Companhia das Letras, 2006.

GOMES, Ângela de Castro. Trabalho análogo ao de escravo: construindo um problema. *História Oral*, Rio de Janeiro, v. 11, n. 1-2, p. 11-41, jan./dez. 2008.

HINKS, Peter; MCKIVIGAN, John (Ed.). *Encyclopedia of antislavery and abolition*. Westport: Greenwood, 2007.

JAMES, C. R. L. *Os jacobinos negros*. São Paulo: Boitempo, 2000.

LEAGUE OF NATIONS. *International Labour Conference*: Fourth Annual Meeting. Genebra: International Labor Office, 1922.

___. *Convención sobre la Esclavitud (1926)*. Genebra: UNHCR/ACNUR, 1926a. Disponível em: <www.acnur.org/t3/fileadmin/scripts/doc.php?file=biblioteca/pdf/2448>. Acesso em: 10 ago. 2013.

___. *International Labour Conference*: Eighth Annual Meeting. Genebra: International Labor Office, 1926b. v. 1.

___. *International Labour Conference*: Twelfth Annual Meeting. Genebra: International Labor Office, 1929. v. 1.

___. *International Labour Conference*: Fourteenth Annual Meeting. Genebra: International Labor Office, 1930. v. 1.

MACMILLAN, Margaret. *Paris 1919*: six months that changed the world. Nova York: Random House, 2002.

MIERS, Suzanne. *Slavery in the twentieth century*: the evolution of a global pattern. Walnut Creek, C.A: Alta Mira, 2003.

MITCHELL, Angus. *Sir Roger's Casement heart of darkness*: the 1911 documents. Dublin: Irish Manuscripts Comission, 2003.

NEVES, Frederico de Castro. Getúlio e a seca: políticas emergenciais na era Vargas. *Revista Brasileira de História*, São Paulo, v. 21, n. 40, p 107-131, 2001.

OFFICE OF THE UNITED NATIONS HIGH COMMISSIONER FOR HUMAN RIGHTS (OHCHR). *Abolishing slavery and its contemporary forms*: David Weissbrodt and Anti-Slavery International. Washington, D.C.: United Nations, 2002.

ORGANIZAÇÃO DOS ESTADOS AMERICANOS. COMISSÃO INTERAMERICANA DE DIREITOS HUMANOS. *Relatório nº 95/03*. Caso 11.289. Solução amistosa. José Pereira, BRASIL. 24 de outubro de 2003. Disponível em: <www.cidh.oas.org/annualrep/2003port/Brasil.11289.htm>. Acesso em: 10 set. 2012.

ORGANIZAÇÃO INTERNACIONAL DO TRABALHO (OIT). *Convenção nº 29 sobre o Trabalho Forçado ou Obrigatório*. Genebra: OIT, 1930. Data de entrada em vigor: 1º de maio de 1932. Disponível em: <www.ilo.org/ilolex/portug/docs/C29.htm>. Acesso em: 8 jun. 2012.

___. *Convenção nº 105 Relativa a Abolição do Trabalho Forçado*. Genebra: OIT, 1957. Disponível em: <www.ilo.org/ilolex/portug/docs/C105.htm>. Acesso em: 15 jun. 2012.

PIERANGELI, José Henrique. *Manual de direito penal brasileiro*: parte especial, volume 2 (arts. 121 a 361). São Paulo: Revista dos Tribunais, 2007.

PONS, Frank Moya. Casos de continuidad y ruptura: la Revolución Haitiana em San Domingo (1789-1809). In: DAMAS, Germán Carrera et al. *Historia general de América Latina*. Madri: Unesco, 2003. v. V. p. 137-162.

RODRIGUES, Jaime. *O infame comércio*: propostas e experiências no final do tráfico de africanos para o Brasil (1800-1850). Campinas: Unicamp, 2000.

ROOSEVELT, Theodore. *Through the Brazilian wilderness*. Mechanichsburg: Stackpole Books, 1994.

SAKAMOTO, Leonardo. Zé Pereira, um sobrevivente. *Repórter Brasil*, [s.l.], 2 jun. 2004. Disponível em: <http://reporterbrasil.org.br/2004/06/ze-pereira--um-sobrevivente/>. Acesso em: 10 set. 2012.

SECRETO, María Verónica. *Fronteiras em movimento*: história comparada – Argentina e Brasil no século XIX. Niterói: Eduff, 2012.

SLENES, Robert. *Na senzala uma flor*: esperanças e recordações na formação da família escrava. Brasil sudeste, século XIX. Rio de Janeiro: Nova Fronteira, 1999.

UNITED NATIONS HUMAN RIGHTS. Supplementary Convention on the Abolition of Slavery, the Slave Trade and Institutions and Practices Similar to Slavery. Genebra: UN Human Rights, 1956. Disponível em: <www.ohchr.org/EN/ProfessionalInterest/Pages/SupplementaryConventionAbolitionOfSlavery.aspx>. Acesso em: 18 set. 2012.

Do reformismo tecnocrático ao nacionalismo de massas: a II Guerra Mundial e a emergência do trabalhismo brasileiro[*]

ALEXANDRE FORTES

> A guerra tem sido a mais conveniente pseudossolução para os problemas do capitalismo do século XX. Ela proporciona os incentivos para a modernização e para a revolução tecnológica que o mercado e a busca do lucro apenas oferecem ocasional e acidentalmente, ela torna o inimaginável (tal como o voto das mulheres ou a abolição do desemprego) não apenas imaginável, mas praticável [...] e, o que é igualmente importante, ela pode recriar comunidades de homens e dar um sentido temporário às suas vidas, ao uni-los contra estrangeiros e forasteiros. Essa é uma realização que vai além do poder da economia de iniciativa privada [...] quando deixada a si mesma.
>
> Eric J. Hobsbawm. *London Observer*, 26 de maio de 1968.[1]

Em setembro de 1941, três meses antes do ataque japonês a Pearl Harbor e da consequente declaração de guerra dos Estados Unidos ao Japão, a equipe do coronel William J. Donovan, "coordenador de

---

[*] Este trabalho apresenta resultados parciais do projeto de pesquisa "A guerra do povo e os trabalhadores do Brasil: Relações de classe, etnicidade e nacionalismo no contexto da Segunda Guerra Mundial", desenvolvido com apoio do CNPq (bolsa de produtividade em pesquisa, Pibic, Edital de Ciências Humanas e Edital Universal).
[1] Disponível em: <www.salon.com/2012/10/01/eric_hobsbawm_in_quotes/>. Acesso em: 15 abr. 2015.

informação"[2] norte-americano, deu início a uma análise minuciosa visando identificar os verdadeiros "pontos de perigo" na América Latina. A metodologia prescrita aos agentes responsáveis pela tarefa tinha o seguinte ponto de partida: "Procure por lugares onde um número significativo de pessoas politicamente poderosas tem medo de alguma coisa". Os poderosos latino-americanos, de acordo com os autores do documento, temiam três coisas: "1. A perda pessoal de prestígio e poder; 2. A violação da soberania nacional; 3. A conquista de maior poder político e econômico pelas classes mais pobres".[3] O cenário de confrontação militar global, evidentemente, aguçava esses medos, já que multiplicava os riscos reais ou potenciais em todas as três dimensões.

Como parte desse mapeamento da situação latino-americana, foi elaborado um relatório preliminar sobre os "elementos de insegurança no Brasil" baseado em observações colhidas junto a informantes com trânsito em altas esferas do governo brasileiro e em um leque diversificado de fontes escritas, variando de pesquisas acadêmicas a documentos oficiais de ambos os países. O relatório contém um balanço extremamente cético sobre os resultados da política trabalhista do governo Vargas até aquele momento:

> *O movimento operário no Brasil sofre de falta de organização.* Antes do regime de Vargas, não havia sindicatos fortes. Desde 1930 os sindicatos vêm sendo organizados, mas eles são controlados pelo Estado e, de fato, não têm poder para melhorar salários e condições de trabalho. Eles não são nem instrumentos nem representantes dos trabalhadores. A Constituição postula que o trabalhador tem a

---

[2] A nomeação de Donovan como *co-ordinator of information* (COI), com a função de avaliar a situação militar global e os riscos à segurança norte-americana antecedeu a criação do Office of the Strategic Service (OSS) no ano seguinte. O OSS, por sua vez, seria o embrião da Central Intelligence Agency (CIA), criada em 1947.
[3] Latin America in relation to war in the Atlantic Section. Office of the Strategic Service (OSS), 24 de setembro de 1941. National Arquives and Records Administration. Record Group 226. Entry UD-175. Box 1.

"obrigação social de trabalhar", o que na prática significa que a greve é ilegal.

Os sindicatos operários são, de fato, instrumentos do governo nacional e como tal são usados quase exclusivamente para finalidades políticas. A lei estabelece que os conflitos trabalhistas sejam solucionados por uma Junta de Conciliação local, com apelo à Junta Regional e por fim a uma Junta Nacional. As autoridades dessas Juntas são, evidentemente, agentes da ditadura.

Por razões políticas, o governo federal tem tentado melhorar as condições de trabalho em alguns estados. Na maior parte dos casos, isso tem agravado os conflitos entre capital e trabalho e aguçado os conflitos entre autoridades estaduais e nacionais. O governo nacional tem prevalecido politicamente sobre as autoridades estaduais, mas a tão propalada melhora das condições de trabalho não se materializou.

No papel, tanto a Constituição quanto o código do trabalho constituem um sistema avançado de legislação trabalhista e seguridade social, mas geralmente as leis não são cumpridas. Em geral, se um trabalhador insistir nos seus direitos legais ele rapidamente se encontrará sem emprego algum.

A luta do movimento operário para obter melhores condições é seriamente prejudicada pela estrita censura de imprensa, rádio, cinema e todas as demais formas de comunicação pública. O movimento operário não tem meios de levar o seu ponto de vista ou as suas necessidades à opinião pública.[4]

Cerca de dois anos depois, a inteligência norte-americana detectava sinais de um empenho muito maior do governo brasileiro em dar efetividade à legislação trabalhista do país, mas o sentido político dessas iniciativas ainda causava dúvidas e perplexidade. Em agosto de 1943, por exemplo, o todo-poderoso diretor-geral do

---

[4] Preliminary Report on the Elements of Insecurity in Brazil. Relatório elaborado pela Seção Latino-Americana do Office of the Strategic Service (OSS), 13 de outubro de 1941. National Arquives and Records Administration. Record Group 226. Entry UD-175. Box 1. Grifos no original.

FBI, J. Edgar Hoover, enviou um "memorando secreto por mensageiro especial" ao secretário de Estado assistente, Adolf Berle Jr., analisando uma intrigante decisão política recente do presidente brasileiro Getúlio Vargas.

Àquela altura dos acontecimentos, não deveria haver dúvidas de que, após uma longa oscilação e a emissão de sinais altamente contraditórios, o Brasil finalmente encontrava-se firme no campo aliado. Um ano antes, o país declarara guerra à Alemanha e à Itália, autorizara os norte-americanos a instalarem uma base aérea em Natal e diversas bases navais ao longo da costa, iniciativas que ambos os governos concordavam ser vitais para "a garantia da segurança do Hemisfério Ocidental". Naquele momento, os brasileiros estavam empenhados na preparação da sua Força Expedicionária, que seria enviada para combater na Europa no ano seguinte.

Os resultados registrados nos campos de batalha também contribuíam para fortalecer o posicionamento pró-aliado de Vargas, um líder conhecido pelo seu pragmatismo, que permanecera inicialmente neutro no conflito e extraíra o máximo dos dois lados para, por fim, posicionar-se junto aos prováveis vencedores. No momento em que Hoover escrevia a Berle, passavam-se seis meses da vitória soviética em Stalingrado, o Exército Vermelho avançava rumo à Alemanha, Mussolini fora deposto no mês anterior e tudo o mais indicava que o triunfo aliado era apenas uma questão de tempo.

Por que então, perguntavam-se a diplomacia e a inteligência norte-americanas, precisamente num momento de iminente derrota do nazifascismo Vargas decidira nomear presidente do Conselho Nacional do Trabalho o odiado ex-chefe de polícia do Distrito Federal, Filinto Müller? A perplexidade causada por essa decisão pode ser facilmente intuída da leitura do documento. Qual o sentido de colocar como principal responsável pela efetivação da Consolidação das Leis do Trabalho, anunciada poucos meses antes como coroamento da obra social do regime, ninguém menos do que o homem cuja deposição fora comemorada no ano anterior como uma vitória das forças democráticas no país? Seria sincera a adesão de Vargas às Nações Unidas se, no momento em que avançavam os debates sobre os contornos do mundo do pós-guerra, ele ainda se dispunha a "chutar escada acima" o responsável pelas páginas mais sangrentas de repressão a seus adversários políticos? Sem que fosse necessário mencionar o fato óbvio de que se tratava do mais notório simpatizante do Eixo na cúpula do Estado Novo, perpassam as entrelinhas do memorando as indagações sobre o sentido de sua promoção a uma posição tão estratégica.

Visando tranquilizar seu interlocutor, principal encarregado das relações com as demais repúblicas americanas, Hoover recorria a uma fonte "altamente confidencial e confiável" para decifrar as nuances das manobras palacianas brasileiras. A proverbial astúcia política de Vargas, dizia o informante, não se reduzia a "malícia oportunista", expressando, isto sim, a "extraordinária extensão de sua visão de longo alcance". Após solapar a tentativa de aproximação entre a imprensa democrática independente e setores das Forças Armadas, o presidente teria esperado pacientemente o movimento seguinte da oposição, ou seja, sua tentativa de instrumentalizar o florescimento da agitação operária alimentada pela escalada do custo de vida. A legislação do esforço de guerra reforçara os mecanismos de combate às greves, enquanto a CLT canalizava a insatisfação operária para os dissídios coletivos, levados pelos sindicatos às juntas de conciliação e julgamento. O Conselho Nacional do Trabalho era, precisamente, a última instância de recurso no processo de aplicação da legislação trabalhista.

A fonte de Hoover seguia explicando que Vargas queria "um ardente anticomunista, que conhece bem o funcionamento da máquina comunista no Brasil no controle do movimento operário e à frente da implementação de seu programa de seguridade social". Essa seria uma indicação segura de que o presidente, na sua dedicação à melhoria do padrão de vida através da industrialização, não o faria pela via do "plano soviético", mas por uma política do "caminho do meio", dando aos trabalhadores o "tratamento liberal do tipo 'do útero à tumba', mas dentro dos limites do arcabouço capitalista", ou seja, ele estaria criando um "para-brisa para amainar os ventos democráticos internacionais do pós-guerra em favor do governo representativo".[5]

Esse documento ilustra bem o imbricamento entre a evolução das relações internacionais no contexto da II Guerra Mundial, as consequentes alterações no campo político-ideológico e a consolidação de novos padrões de relações de trabalho fortemente associados ao impacto do esforço de guerra nas mais variadas regiões do planeta.

"Ardente anticomunista", expressão escolhida por Hoover para definir Filinto Müller, poderia ser usada sem hesitação pelo autor do memorando para se autodescrever. Ao enfatizar essa característica para explicar e justificar a opção de Vargas por Müller à frente do órgão máximo de regulação do direito do trabalho, Hoover parece querer chamar a atenção de Berle para o fato de que com o final da guerra, que se começava a vislumbrar, as coisas voltariam "ao normal" no que diz respeito à polarização entre capitalismo e comunismo.

Nesse "novo" (ou "velho") contexto, antigos filofascistas poderiam dar importantes contribuições para que a inevitável ampliação dos direitos sociais dos trabalhadores ocorresse sem colocar em risco a estabilidade do capitalismo. Ao analisar os objetivos da política social de Vargas com termos similares aos utilizados por Churchill cinco meses antes para esboçar os contornos da segurança social britânica do pós-guerra ("do útero à tumba", no primeiro caso; "do berço à cova", no segundo), Hoover buscava claramente equiparar o presidente brasileiro ao mais importante aliado norte-americano. Dois pontos chamam a atenção aqui. Em primeiro lugar, a CLT, ao invés de ser apresentada como um desdobramento natural das iniciativas trabalhistas adotadas por

---

[5] O documento analisado nos três parágrafos acima se encontra disponível em: National Archives and Records Administration. Record Group 319. Entry NMr347c. Container 216.

Vargas desde 1930, é identificada como o resultado de uma decisão recente do presidente brasileiro, sintonizado com os ventos internacionais de mudança e capaz de manobras astutas para esvaziar a ação oposicionista. Por outro lado, ao abordar a CLT conjunturalmente, Hoover descarta, sem sequer mencioná-la, a tese, tão repisada nos anos anteriores e que voltaria a sê-lo posteriormente, de que o modelo corporativista de relações do trabalho varguista fora concebido sob influência fascista.

Em meados de 1943, quaisquer que fossem as influências intelectuais e políticas dos teóricos do corporativismo brasileiro, o fato era que o fascismo deixara de ser uma opção. O importante a destacar, na visão do FBI, era que Vargas pretendia incluir os trabalhadores num sistema de seguridade social "dentro dos limites do arcabouço capitalista", e que a promoção de Müller deixava mais clara do que nunca a distância entre o líder brasileiro e a via do "plano soviético". Retrospectivamente, esse empenho em reafirmar o anticomunismo de Vargas pode parecer curioso, mas ele adquire sentido se considerarmos que o modelo de economia de comando estava, naquele momento, consagrado tanto pela capacidade da URSS de promover sua industrialização enquanto o mundo era varrido pela crise dos anos 1930 quanto pela força demonstrada pelos soviéticos ao derrotar a maior potência econômica europeia. Como as décadas seguintes viriam a demonstrar fartamente, a "pátria do socialismo" tornava-se um polo de atração para muitos nacionalismos emergentes, e o leninismo a melhor receita para a industrialização acelerada de países atrasados.[6] Em meados dos anos 1940, as transformações no mapa político-ideológico mundial pareciam abrir a possibilidade para alianças até então inconcebíveis, o que talvez explique o esforço de Hoover e Berle em delimitar onde Vargas se encaixaria no novo contexto.

Talvez inquietasse também alguns observadores norte-americanos o protagonismo obtido pelos militantes comunistas nas ma-

---

[6] Ver Hobsbawm (1996, caps. 4, 12, 15).

nifestações de massa contra o afundamento dos navios brasileiros que culminaram na declaração de guerra à Alemanha e à Itália. O caráter "patriótico" desses movimentos, de fato, levara os comunistas brasileiros a, pela primeira vez, a expressarem solidariedade ao presidente da República, na sua condição de comandante em chefe das Forças Armadas. Mas essa aproximação circunstancial provavelmente apenas reforçava a opinião do legendário chefe do FBI, de que o fato de Filinto Müller ter perdido controle sobre a máquina repressiva do regime em 1942 para voltar à cena como protagonista da máquina trabalhista em 1943, em vez de tornar Vargas suspeito, atestava sua "extraordinária visão". Isso justamente no momento em que a ditadura do Estado Novo seria cada vez mais colocada à prova por fenômenos como a mencionada "agitação operária", que cresceria nos anos seguintes, dando origem a uma alteração substantiva no quadro político brasileiro.

Em resumo, para Hoover, Vargas não era motivo de preocupação. Nem seu nacionalismo nem suas medidas em favor dos trabalhadores representavam qualquer risco para os interesses norte-americanos. Assim como Churchill, tratava-se justamente do tipo de aliado de que os EUA precisariam para enfrentar um pós-guerra no qual o comunismo emergia com força inédita em todo o mundo. É bem possível, entretanto, que Berle nunca tenha aceitado totalmente a opinião do seu interlocutor. Afinal, dois anos depois, já na condição de embaixador norte-americano no Brasil, ele viria a desempenhar papel relevante na queda do ditador.

Sociedade e Estado num contexto de "guerra civil internacional"

O que explicaria o contraste entre a melancólica descrição do "sistema avançado de legislação trabalhista [apenas] no papel", no relatório do COI, de 1941, e o "programa de seguridade social" como elemento central da política varguista discutido no memorando do FBI de 1943? A resposta mais curta à questão seria que a entrada do Brasil na II Guerra Mundial, em agosto de 1942, acelerou a ruptura de inúmeras barreiras inerciais que limitavam severamente a efetividade das políticas visando fortalecer o poder estatal de regulação das relações de trabalho que eram parte do projeto político varguista desde as origens.

Uma análise das múltiplas dimensões do impacto da II Guerra Mundial sobre as relações de trabalho pode trazer novos elementos ao debate, algo desgastado, sobre o que se convencionou chamar de "populismo varguista". A hipótese geral que defendemos aqui é que o regime de Vargas se caracterizava, até o momento em que o Brasil decide entrar na guerra ao lado dos aliados, mais como um "reformismo tecnocrático" do que como um verdadeiro "populismo".

Se compararmos o Brasil em 1940 – 10 anos após a chegada dos "revolucionários de 1930" ao poder – com o que ocorria no período em várias partes da América Latina, o que chama a atenção, na verdade, é a falta de mobilização de massas por parte do Estado ou de partidos ou movimentos organizados visando lhe dar sustentação política. Do mesmo modo, inexistia até então um sindicalismo oficial nacionalmente organizado e ativo, de modo que os sindicalistas varguistas não desempenhavam qualquer papel significativo no sistema político. Ao mesmo tempo, a legislação social e trabalhista possuía caráter fragmentado e o Estado mostrava-se vacilante em lhe garantir efetividade.[7] O início do Estado Novo, em lugar de alterar esse quadro, em alguns aspectos o aprofundou. Com os comunistas fora dos sindicatos, por exemplo, eles sofreram um esvaziamento brutal, pois a militância sindical

---

[7] Apenas para exemplificar as dinâmicas de incorporação da mobilização do operariado organizado ao sistema político combinada com um papel ativo de regulação estatal nas condições de trabalho estabelecidas desde o período da I Guerra Mundial e, em muitos casos, acentuadas nos anos 1930 (não sem desvios e retrocessos) no caso de Argentina, México e Chile, ver Torre (1990); Middlebrook (1995); Pavilack (2011).

oficialista era dispersa, pouco organizada e carecia de qualquer forma de organização nacional.

O envolvimento do Brasil com a guerra teve um papel fundamental para criar as condições para a emergência do "varguismo", (ou "trabalhismo") como um "nacionalismo popular", tanto do ponto de vista do Estado quanto do ponto de vista da classe trabalhadora. O conflito mundial gerou um conjunto bastante diversificado de transformações simultâneas, algumas delas já bem exploradas em pesquisas de história do trabalho, outras objeto de estudo em outros campos historiográficos.

Em primeiro lugar, a guerra trouxe, simultaneamente, o estabelecimento definitivo da industrialização como condição *sine qua non* para a defesa nacional e condições para o exercício da chamada "barganha nacionalista" visando efetivar essa industrialização, que se estabeleceria, a partir de então, como objetivo central da diplomacia brasileira.[8]

Nesse contexto, a guerra produzia a identificação do trabalho manual civil com a defesa nacional – os "soldados da produção" – (Pureza, 2009), o que gerava dinâmicas contraditórias de inclusão e exclusão dos trabalhadores na cidadania. De um lado, a legislação de mobilização econômica, tal como o Decreto-Lei nº 4.639, de 31 de agosto de 1942, possibilitava a suspensão de direitos trabalhistas e civis (Paoli, 1987). De outro lado, porém, a imagem da fábrica como trincheira possibilitava a reapropriação do discurso nacionalista como instrumento de defesa de melhores condições de trabalho e de remuneração; afinal, se os trabalhadores se sacrificavam pela nação, mereciam uma vida digna (Costa, 1995). Nesse contexto, as experiências de racionamento, escassez, especulação, mercado negro etc. geravam a revolta popular contra os "tubarões" que se aproveitaram do sacrifício imposto à nação em guerra para obter lucros extraordinários (Paoli, 1987; Pureza, 2009).

---

[8] Ver Seitenfus (1985, 2000); McCann (1995); Vizentini (2004).

Paralelamente, os grandes projetos e as demandas produtivas do Brasil e de seus aliados norte-americanos desencadearam migrações internas em grande escala, geradas por uma série de novos processos econômicos. A aceleração do crescimento industrial em setores tradicionais em função das exportações (ocupando inicialmente espaços deixados pelos beligerantes) atraía trabalhadores do campo para a cidade e das regiões menos industrializadas para as mais industrializadas (McCann, 1995). Milhares de nordestinos foram recrutados e deslocados para a Amazônia para se tornar "soldados da borracha" (Secreto, 2007). Numerosas massas de trabalhadores também se deslocavam para regiões até então desabitadas em que eram construídas grandes plantas industriais, como a Usina Siderúrgica de Volta Redonda (Dinius, 2010), a Fábrica Nacional de Motores em Xerém, na Baixada Fluminense (Ramalho, 1989), a Nitro Química em São Miguel Paulista, na periferia da cidade de São Paulo (Fontes, 1997), o mesmo ocorrendo com os aeroportos estabelecidos no Norte e Nordeste do país pelo Airport Development Program, levado a cabo pela Pan American Airlines.[9]

A guerra trazia também a identificação de um inimigo externo ("o Eixo") e um interno ("a Quinta Coluna"), diante dos quais a "comunidade imaginária" da nação ganhava uma concretude muito maior.[10] É importante também chamar a atenção sobre a importante inversão de sinal no que diz respeito às concepções sobre "raça" contida nesse movimento, já que os imigrantes alemães, que durante a guerra se tornam a expressão maior da "ameaça interna", tinham sido vistos até então como uma importante contribuição ao "branqueamento" do país. Isso talvez ajude a explicar, em alguma medida, outro aspecto importante da política governamental do período: a valorização da "cultura popular", submetida, entretanto, a depurações e enquadramentos que visavam eliminar seus aspectos "desordeiros" (Paranhos, 1999, 2011).

---

[9] Vide, por exemplo, pesquisa de doutorado de Rebecca Herman (2014).
[10] Para o conceito de "comunidade imaginária", ver Anderson (2008).

Relatos de militantes comunistas atuantes no período dão conta de que a campanha em favor do ingresso do país na guerra cumpriu papel relevante no que diz respeito à ruptura do isolamento da esquerda no cenário político nacional, como, aliás, ocorreu em diversas partes do mundo. De acordo com João Falcão (1998:21), o Brasil foi "o único membro das Nações Unidas cujo povo exigiu a declaração de guerra ao Eixo e o envio de um corpo expedicionário, por meio de um contínuo movimento de massas que perdurou por mais de dois anos".

A afirmativa pode ser exagerada, mas reflete a experiência peculiar do movimento estudantil no período, que contava com apoio de segmentos do próprio Estado Novo (particularmente o ministro Gustavo Capanema) na construção de uma entidade representativa nacional única. Isso abriu espaço para a própria atuação da esquerda universitária, até então menos atingida pela repressão que a esquerda operária, transformando a União Nacional dos Estudantes (UNE) em espinha dorsal da mobilização anti-Eixo. A UNE promoveu, por exemplo, a ocupação do tradicional Clube Germânia do Rio de Janeiro, situado no bairro do Flamengo, em retaliação ao torpedeamento de navios brasileiros pelos alemães. Posteriormente, o governo oficializou a expropriação do imóvel e sua concessão à entidade estudantil.

O operariado urbano não desempenhou papel tão visível quanto os estudantes nas mobilizações relacionadas à guerra na conjuntura de 1941-1942, até porque, nesse caso, não houve, por parte do regime, qualquer apoio à criação de uma organização nacional efetiva, como ocorreu com os estudantes. Há, porém, indicativos de que no trabalho de organização de base desenvolvido no período o assunto ocupou papel central (Martins, 1989:72-73).

Além de possibilitar a instrumentalização de um assunto candente para fins de disputa político-ideológica e proselitismo por parte da esquerda, o envolvimento do país no cenário de guerra desencadeava ou catalisava transformações no próprio tecido social de seus grandes centros industriais, particularmente no que diz respeito à relação entre nacionalidade, etnicidade e estruturas de *status* vinculadas às relações de classe.

Em minha tese de doutorado, analisei as características assumidas por esse processo em Porto Alegre, na época o terceiro polo industrial do Brasil (Fortes, 2004). O fato de a maioria das indústrias de portes médio e grande existentes em Porto Alegre desde o final do século XIX ser de propriedade de teuto-brasileiros contribuía para produzir um grande imbricamento entre relações étnicas e questões de *status* vinculadas a relações de classe. Não se tratava apenas do preconceito contra trabalhadores "brasileiros" (de sobrenome luso e características físicas associadas à miscigenação com indígenas e/ou afrodescendentes), mas do fato de que a "colônia alemã" (integrada por clubes, escolas, jornais, igrejas, pelo consulado da Alemanha etc.) funcionava como uma estrutura institucional que amplificava a influência do empresariado teuto-brasileiro sobre um amplo espectro da vida social local.

O processo que desemboca no ingresso do Brasil na guerra ao lado dos aliados impacta profundamente essa configuração social local. Uma indicação simbólica disso pode ser vista na reação popular contra o torpedeamento de navios brasileiros por submarinos alemães. As placas de denominação das avenidas "Alemanha" e "Itália", importantes artérias do quarto distrito, foram arrancadas por uma multidão de populares e substituídas por outras com os dizeres "Cairú" e "Arabutã", em homenagem a duas das embarcações afundadas. As lojas Renner, vinculadas ao maior complexo industrial do estado, até então reverenciado como grande exemplo de "capitalismo de bem-estar", foram apedrejadas, assim como ocorreu com outros estabelecimentos de propriedade de teuto-brasileiros. A cidade só voltaria a passar por convulsão social semelhante após o suicídio de Getúlio Vargas, e ambos os momentos ficaram fortemente associados nas memórias de antigos militantes operários, a ponto de episódios ocorridos nos motins de 1942 serem narrados como tendo ocorrido em 1954 e vice-versa.

Mas o impacto da guerra sobre outra empresa, que nos anos 1950 viria a assumir o lugar de principal empregadora do município, nos leva a compreender em profundidade ainda maior os vínculos entre relações internacionais, relações inter-étnicas e relações de trabalho. A Viação Aérea Rio-Grandense (Varig) fora fundada em 1927 por meio da constituição de uma sociedade anônima cujos acionistas incluíam diversos pilotos alemães veteranos da I Guerra Mundial (inclusive seu primeiro presidente, Otto Ernest Meyer), empresas alemãs atuantes no Brasil (como o Banco Transatlântico Alemão), proeminentes membros do empresariado gaúcho (em sua esmagadora maioria teuto-brasileiros) e o governo do estado do Rio Grande do Sul (à época, encabeçado por Getúlio Vargas).

A história oficial da empresa sempre a apresentou como uma iniciativa privada de seu fundador. Entretanto, há abundantes evidências documentais e uma expressiva bibliografia nacional e internacional demonstrando que ela era, na verdade, tanto uma subsidiária da Deutsche Lufthansa – atuando, portanto, sob estrita supervisão do Estado alemão por meio do seu serviço diplomático – quanto desempenhou relevante papel na propaganda e na espionagem nazistas no Brasil, mesmo nos primeiros anos da guerra (Py, 1942; Burden, 1977; Linck, 1994).

Em 1942, incapaz de obter componentes para manutenção ou reposição de sua frota desde que a guerra se iniciara e o Brasil declarara posição de neutralidade, a Varig foi empurrada a solicitar apoio técnico aos norte-americanos, por intermédio do governo brasileiro. A contrapartida foi a exigência de "total eliminação da influência germânica" na companhia, que sofreu uma espécie de "intervenção branca", com a nomeação, para sua direção, do secretário de agricultura do Rio Grande do Sul, Érico de Assis Brasil. Com a morte de Assis Brasil, o teuto-brasileiro Rubem Berta assumiu a direção da empresa, e, em 1946 a conversão da Varig em uma paraestatal se concluiu com a criação da "Fundação dos Funcionários", que passou a deter a maior parte das suas ações, arranjo institucional que foi apresentado pelo teórico do trabalhismo, Alberto Pasqualini, como um exemplo de "concretização das ideias" pelas quais vinha se batendo (1945). A "influência alemã", entretanto, permaneceu por muito tempo no interior da empresa, sendo decisiva para efeitos de contratação e promoção, particularmente no que diz respeito à possibilidade de atuação profissional a bordo das aeronaves.

A configuração social de Porto Alegre é certamente única no que diz respeito a alguns dos fatores comentados acima, mas eles não estiveram, em hipótese alguma, ausentes de outras partes do país. Na Bahia, como recorda João Falcão, as mais tradicionais fábricas de charutos do recôncavo, tais como a Dannemann e a Suerdieck, eram propriedade de "súditos do Eixo" (de fato, de teuto-brasileiros) e se tornaram alvo de ataques das massas populares após o afundamento de navios brasileiros pela Marinha alemã (Falcão, 1998).

O maior centro industrial da grande Recife, a Companhia de Tecidos Paulista (CTP), era de propriedade de imigrantes suecos de origem germânica, que estiveram sob forte vigilância da espionagem nacional e internacional no período da guerra devido a seu suposto envolvimento com o nazismo. Assumindo o papel de porta-vozes do empresariado têxtil nordestino, os Lundgren, em 1939, justificavam suas demandas por medidas de proteção contra a concorrência do centro-sul do país com base na suposta inferioridade racial de seus trabalhadores:

> Nas populações do Norte predominam os elementos primitivos que entram no seu amalgamento – o branco, o negro e o indígena, formando as chamadas raças de mamelucos e mestiços, quando no Sul, em virtude dos movimentos migratórios, a influência tem sido benéfica na formação da raça meridional do país [Lopes, 1988:295].

Conforme demonstra Lopes, a conjuntura da II Guerra Mundial constituiu-se num ponto de inflexão fundamental na construção do "sistema Paulista de dominação fabril", em diversas dimensões complementares. De um lado, o argumento de inferioridade racial foi substituído pelo da obsolescência no processo produtivo como causa central da propalada baixa produtividade da companhia, mote central da sua defesa de políticas protecionistas. De outro, a postura de enfrentamento aberto contra as leis trabalhistas foi substituída por uma estratégia que buscava nas imprecisões das leis e nas ambiguidades referentes a seus mecanismos de implantação os elementos para reduzir seu impacto potencial na redução dos lucros ou do poder da empresa sobre sua mão de obra.

Pernambuco também oferece um palco privilegiado para analisarmos como a participação em uma guerra mundial em nome da democracia contra um movimento expansionista baseado em doutrinas de superioridade branca levou à redefinição dos discursos sobre relações raciais e às suas conexões com as relações de classe. O contexto da guerra colocou o "bem conhecido escritor" Gilberto Freyre no centro de acerbas polêmicas. Tudo começou com a publicação simultânea, em 11 de junho de 1942, no *Diário de Pernambuco* e em outros jornais da cadeia Diários Associados, controlada por Assis Chateaubriand, do artigo "O exemplo de Ibiapina", que levou à imediata detenção de Freyre por "oficiais antidemocráticos dentro da polícia estadual", mais exatamente, por dois delegados integralistas, "abertamente simpáticos ao Eixo".

No mencionado artigo, Freyre denunciava os "falsos religiosos" que:

> Sob os hábitos de "franciscanos", de "beneditinos", de "jesuítas", tragam o corpo misticamente grudado a camisas políticas, a votos de uma propaganda não da fé, uma vez entregue aos santos, mas de doutrinas ferozmente etnocêntricas, anticristãs e antibrasileiras [Freyre, 1942].[11]

---

[11] Freyre, Gilberto. O exemplo de Ibiapina. *Diário de Pernambuco*, 11 jun. 1942. National Archives and Records Administration. Record Group 84 – Post files, entry 2.154 (Recife: – Political Reports, 1938-49), box 1.

E concluía:

Numa época em que os ódios políticos e os orgulhos de raças sobrepõem-se a tudo mais, quebrando até em religiosos a fidelidade aos ideais cristãos de fraternidade humana, os povos, como o brasileiro, cuja organização inteira descansa sobre a mestiçagem, sobre os direitos do preto, do indígena, do mestiço, aos mesmos privilégios do branco, precisam de estar vigilantes [Freyre, 1942].[12]

Em depoimento feito durante sua detenção, Freyre identificou os "falsos frades" denunciados em seu artigo como ex-franciscanos alemães responsáveis pela propaganda nazista justamente na Companhia de Tecidos Paulista.[13] Em novembro de 1942, 23 dos 47 funcionários alemães da CTP foram detidos pela polícia política e posteriormente levados para um campo de concentração, conhecido como Chã de Estevam, localizado no município de Araçoiaba, a 60 quilômetros do Recife. Construído pela própria Tecelagem Paulista em terras de sua propriedade, o campo funcionou até agosto de 1945. A delegação do poder de Estado da companhia para lidar com a questão surpreende pela abundância de evidências de envolvimento de seus donos (ou ao menos de um dos irmãos Lundgren) com o nazismo.[14]

Mas não era apenas a repressão estatal e patronal que atingia os até então relativamente privilegiados membros da comunidade alemã nordestina, agora identificados como expressão da "Quinta Coluna". Waldemar Soares Ribeiro, morador da cidade paraibana de Rio Tinto, onde os Lundgren possuíam sua segunda maior

---

[12] Ibid.
[13] "Secretaria de Segurança Pública. Denúncia sobre supostas atividades de religiosos estrangeiros em Pernambuco. Diligências da Delegacia de Ordem Política e Social para esclarecimentos". *Diário de Pernambuco*, 16 jun. 1942. National Archives and Records Administration. Record Group 84 – Post files, entry 2.154 (Recife: – Political Reports, 1938-49), box 1.
[14] Cf. Perazzo (2009:112-132, cap. 2, item 2.2, p. 112-132): O inimigo light (s.d.). Disponível em: <http://veja.abril.com.br/180398/p_082.html>. Acesso em: 10 set. 2014.

unidade industrial, tinha nove anos de idade em 1945, quando a guerra acabou. Treze dias após o fim do conflito, recorda-se de ver milhares de operários da fábrica de tecidos invadirem os chalés dos alemães ocupantes de cargos de chefia e administração, "quebrando tudo e exigindo que os estrangeiros fossem deportados". Hoje em dia, em meio às ruínas industriais da outrora pujante cidade têxtil, resta uma águia formada em alto-relevo por tijolos aparentes na fachada frontal da igreja erguida pelos Lundgren, a alimentar relatos e especulações sobre a história do nazismo no local (Chaves, 2000).

Ações populares de massas movidas por sentimentos e ideias nacionalistas, ocorrendo em alguma medida com o apoio (ou ao menos a complacência) de setores do aparelho de Estado, constituíam-se em uma novidade no cenário político brasileiro. Desencadeadas por um conjunto de circunstâncias propiciado pelo ingresso do Brasil na guerra, criaram uma nova força política capaz de sustentar a implementação de uma agenda de transformações econômicas e sociais que, até então, avançava de forma lenta e descontínua.

Conclusão

A análise das diversas dimensões do impacto da II Guerra Mundial sobre o mundo do trabalho tem muito a nos dizer sobre as peculiaridades do nacionalismo de massas no Brasil. O que sugerimos aqui não é de que a guerra criou novidades absolutas, mas sim que ela estabeleceu as condições para a ruptura parcial das "forças da tradição"[15] que tornavam até então pouco efetivos projetos de mudança já pautados ao menos desde o início dos anos 1930. Essas mudanças incluíam o estabelecimento de limites ao arbítrio absoluto

---

[15] Fazemos aqui um empréstimo assumidamente abusivo do conceito de Mayer (1981).

dos empresários nos locais de trabalho via legislação trabalhista e a incorporação do operariado nacional à "cidadania regulada" (Santos, 1979). Mas passavam simultaneamente pela substituição do "branqueamento" pela "democracia racial" como referência ideológica hegemônica para as diversas formas de ação estatal que visavam constituir, física e simbolicamente, um "povo brasileiro" que valorizasse a nação no cenário internacional, justificando assim sua soberania.

A redefinição do caráter do Estado brasileiro e de sua relação com o "trabalhador nacional" é vista aqui, portanto, como parte do processo de emergência de projetos de desenvolvimento nacional de base industrializante na periferia do sistema capitalista impulsionado pelo fato de que a guerra desembocou na consolidação de uma nova potência hegemônica no capitalismo mundial e na emergência de um novo sistema internacional (Arrighi, 1994; Wallerstein, 2004). Ou seja, trata-se de um contexto em que o Estado transforma-se "por cima" (na sua inserção num sistema interestatal em transformação) e "por baixo" (com a incorporação de vastos segmentos a novas formas de cidadania).

A produção da história social do trabalho no Brasil, nas últimas décadas, tem demonstrado o imbricamento entre a construção dos sistemas de dominação fabril e a engenharia institucional de regulação estatal dos conflitos de classe. Demonstra também o processo de reapropriação de ambas por coletivos de trabalhadores dotados de histórias e identidades particulares em diferentes contextos locais e setoriais. O que buscamos esboçar aqui é um adensamento adicional dessa narrativa com elementos marcantes da conjuntura da guerra, capazes de integrar novas dimensões ao contexto de emergência do nacionalismo de massas.

Em síntese, buscamos explorar a hipótese de que os trabalhadores convocados ao exercício da "cidadania regulada", o público que o trabalhismo visava "produzir" e que seria identificado a partir daí como "a classe trabalhadora brasileira" (Gomes, 1988:24, 30, 325), vinha, na verdade, se forjando num processo de transformações socioculturais de múltiplas dimensões, catalisadas e aceleradas pela guerra. Os conflitos vividos e os valores forjados nesse processo, muitas vezes inicialmente pela ótica do particularismo étnico ou da perspectiva da comunidade local, seriam, a partir de então, ressignificados em associação com a emergente "crença simbólica nos direitos". Nesse sentido, a guerra, mais do que um pano de fundo inerte, foi um contexto vivo e dinâmico em que se operaram profundas transformações nas condições de articulação da consciência de classe dos trabalhadores, por mais distante que os campos de batalha estivessem da realidade brasileira.

Acreditamos que os argumentos e exemplos reunidos aqui demonstram, ainda que de forma preliminar, o quanto o aprofundamento da análise das singularidades da conjuntura da II Guerra Mundial tem a contribuir para os debates sobre o caráter do "trabalhismo" brasileiro e sobre as razões da persistência do legado institucional da era Vargas no campo da regulação das relações de trabalho no Brasil.

REFERÊNCIAS

ANDERSON, Benedict. *Comunidades imaginadas*: reflexões sobre a origem e a difusão do nacionalismo. São Paulo: Companhia das Letras, 2008.

ARRIGHI, Giovanni. *The long twentieth century*: money, power, and the origins of our times. Londres: Verso, 1994.

ATOS DE constituição da "Fundação dos Funcionários da Varig". Porto Alegre: Varig Ensino, 1945.

BURDEN, William A. M. *The struggle for airways in Latin America*. Nova York: Arno, 1977.

CAMARGO, Aspásia; GOES, Walter de (Ed.). *Meio século de combate*: diálogo com Cordeiro de Farias. Rio de Janeiro: Nova Fronteira, 1981.

CHAVES, Frutuoso. Lembranças do nazismo na Paraíba. *Jornal do Commercio*, 20 nov. 2000. Disponível em: <www2.uol.com.br/JC/_2000/2011/cp2011_1.htm>. Acesso em: 10 set. 2012.

COSTA, Hélio da. *Em busca da memória*. São Paulo: Scritta, 1995.

DINIUS, Oliver J. *Brazil's steel city*: developmentalism, strategic power, and industrial relations in Volta Redonda, 1941-1964. Stanford: Stanford University Press, 2010.

FALCÃO, João. *O Brasil e a Segunda Guerra Mundial*: testemunho e depoimento de um soldado convocado. Brasília: UnB, 1998.

FONTES, Paulo R. R. *Trabalhadores e cidadãos*: Nitro Química – a fábrica e as lutas operárias nos anos 50. São Paulo: Annablume, 1997.

___. *Um Nordeste em São Paulo*: trabalhadores migrantes em São Miguel Paulista (1945-66). Rio de Janeiro: FGV, 2008.

FORTES, Alexandre. Revendo a legalização dos sindicatos: metalúrgicos de Porto Alegre (1931-1945). In: ___ (Ed.). *Na luta por direitos*: estudos recentes em história social do trabalho. Campinas: Unicamp, 1999. p. 19-49.

___. *Nós do quarto distrito*: a classe trabalhadora porto-alegrense e a era Vargas. Rio de Janeiro: Garamond Universitária; Caxias do Sul: Educs, 2004.

FREYRE, Gilberto. O exemplo de Ibiapina. *Diário de Pernambuco*, 11 jun. 1942.

GOMES, Angela M. de Castro. A invenção do trabalhismo. Rio de Janeiro: Instituto Universitário de Pesquisas do Rio de Janeiro; São Paulo: Vértice, 1988.

HERMAN WEBER, Rebecca A. *The construction of US airbases by Pan American Airways in Latin America during World War II*. Tese (doutorado) – University of California, Berkeley, 2014.

HOBSBAWM, Eric. *Era dos extremos*: o breve século XX, 1914-1991. São Paulo: Companhia das Letras, 1996.

LINCK, Geraldo T. *Na esteira do Irma*: encontro de pioneiros. Rio de Janeiro: Nova Fronteira, 1994.

LOPES, José Sérgio Leite. *A tecelagem dos conflitos de classe na "cidade das chaminés"*. São Paulo: Marco Zero; Brasília: UnB, 1988.

MARTINS, Elói. *Um depoimento político*. Porto Alegre: Ed. do autor, 1989.

MAYER, Arno J. *The persistence of the Old Regime*: Europe to the Great War. Nova York: Pantheon Books, 1981.

MCCANN, Frank. Brazil and World War II: the forgotten ally. What did you do in the war, "Zé Carioca?" *Estudios Interdisciplinarios de America Latina y el Caribe*, Tel Aviv, v. 6, n. 2, p. 35, 1995.

MIDDLEBROOK, Kevin. J. *The paradox of revolution*: labor, the State, and authoritarianism in Mexico. Baltimore: Johns Hopkins University Press, 1995.

O INIMIGO light. *Veja História*, [s.l.], [s.d.]. Disponível em: <http://veja.abril.com.br/180398/p_082.html>. Acesso em: 10 set. 2012.

PAOLI, Maria Célia. O trabalhador urbano na fala dos outros. In: LOPES, José Sérgio Leite (Ed.). *Cultura e identidade operária*: aspectos da cultura da classe trabalhadora. Rio de Janeiro: UFRJ/Museu Nacional, 1987.

PARANHOS, Adalberto. *O roubo da fala*: origens da ideologia do trabalhismo no Brasil. São Paulo: Boitempo, 1999.

___. Dissonant voices under a regime of order-unity: popular music and work in the Estado Novo. Brazilian popular music and citizenship. In: AVELAR, Idelber; DUNN, Chris (Ed.). *Brazilian popular music and citizenship*. Durham: Duke University Press, 2011. p. 28-43.

PAVILACK, Jody. *Mining for the nation*: the politics of Chile's coal communities from the Popular Front to the Cold War. University Park: Pennsylvania State University Press, 2011.

PERAZZO, Priscila F. *Prisioneiros da guerra*: os "súditos do eixo" nos campos de concentração brasileiros (1942-1945). São Paulo: Humanitas/Imprensa Oficial, 2009.

PUREZA, Fernando C. *Economia de guerra, batalha da produção e soldados--operários*: o impacto da Segunda Guerra Mundial na vida dos trabalhadores de Porto Alegre (1942-1945). Dissertação (mestrado) – Programa de Pós-Graduação em História, Universidade Federal do Rio Grande do Sul, Porto Alegre, 2009.

PY, Aurélio da Silva. *A 5ª coluna no Brasil*: a conspiração nazi no Rio Grande do Sul. Porto Alegre: Livraria do Globo, 1942.

RAMALHO, José Ricardo G. P. *Estado-patrão e luta operária*: o caso FNM. São Paulo: Paz e Terra, 1989.

SANTOS, Wanderley Guilherme dos. *Cidadania e justiça*: a política social na ordem brasileira. Rio de Janeiro: Campus, 1979.

SECRETO, Maria Verónica. *Soldados da borracha*: trabalhadores entre o sertão e a Amazônia no governo Vargas. São Paulo: Fundação Perseu Abramo, 2007.

SEITENFUS, Ricardo A. S. *O Brasil de Getúlio Vargas e a formação dos blocos, 1930-1942*: o processo do envolvimento brasileiro na II Guerra Mundial. São Paulo: Companhia Editora Nacional, 1985.

___. *A entrada do Brasil na Segunda Guerra Mundial*. Porto Alegre: Edipucrs, 2000.

TORRE, José Carlos. *La vieja guardia sindical y Perón*: sobre los orígenes del peronismo. Buenos Aires: Editorial Sudamericana/Instituto Torcuato di Tella, 1990.

TOTA, Antonio Pedro. *O imperialismo sedutor*: a americanização do Brasil na época da Segunda Guerra. São Paulo: Companhia das Letras, 2000.

VIZENTINI, Paulo G. F. *Relações exteriores do Brasil (1945-1964)*: o nacionalismo e a política externa independente. Petrópolis: Vozes, 2004.

WALLERSTEIN, Immanuel M. *World-systems analysis*: an introduction. Durham: Duke University Press, 2004.

Género y populismo en la Argentina: de Evita a Cristina

DORA BARRANCOS

El fenómeno del populismo en América Latina seguramente se encuentra entre los que mayor abordaje ha suscitado por parte de las ciencias sociales de la región, y también el que ha redundado en mayores dificultades para arribar a acuerdos conceptuales,[1] por lo que no escapa la tentativa de encontrar conceptos diferentes, alternativas semánticas, a esa compleja maraña de significados.[2] A diferencia del cúmulo de investigaciones y ensayos sobre el populismo latinoamericano, la lectura en clave de género es innegablemente menguada, y creo no equivocarme en señalar que es la Argentina el país en donde se cuenta con mayor número de interpretaciones sobre las relaciones entre ambos términos. No escapa, desde luego, que ello se debe al significado singular de Eva Perón, coadyuvante fundamental de la escena peronista desarrollada a mediados del siglo XX.[3] Su protagonismo, que desconcertaba a los adherentes a la canónica exclusión de la arena pública sufrida por las mujeres – debido a la inveterada regencia patriarcal del poder –,

---

[1] Citaré sólo algunos autores clásicos y otros más recientes en la vasta bibliografía que ha escudriñado el populismo en América Latina: Aboy Carlés (2001); Dornbush y Edwards (1992); Di Tella (1965, 1977); Dix (1985); Germani (1968, 1977); Ianni (1977); Ipola y Portantiero (1994); Laclau, (1978, 2005); Löwy, (1989); Viguera, (1993); Weffort, (1973); Winocur, (1983).
[2] Una de las alternativas conceptuales es justamente el término "nacional-estatismo" debida a Daniel Aarão Reis. Ver capítulo correspondiente de su autoría en este libro.
[3] Remito en particular a Navarro (1981); Dujovne Ortiz (1995); Bianchi y Sanchís (1988); Ramaciotti y Valobra (2004); Barry (2009).

se encuentra entre los acontecimientos más singulares del siglo XX latinoamericano. El presente análisis, tiene como objetivo primordial indiciar el orden de los cambios producidos en las concepciones relacionales de género en dos momentos de la gubernamentalidad bajo el signo del peronismo. Se trata de dos momentos históricos bien demarcados, y por lo tanto se impone escudriñar sensibilidades y conductas políticas emergidas en el marco de esos decisivos contextos epocales de la Argentina. Si ha habido mutaciones exorbitantes entre mediados del siglo pasado y los inicios del actual, y si son poco reconocibles los aspectos de continuidad entre estos dos momentos de la historia argentina, no dejo de advertir las resistencias que perpetúan el modelo patriarcal. Más allá del hiato que separa a los tiempos, de las evoluciones que han permitido cambios impensados tan sólo hace 20 años, se vislumbra la constancia de ciertos fenómenos inmarcesibles. Me propongo poner en contrapunto a las dos mujeres más destacadas del peronismo, a Eva Perón por un lado y a Cristina Fernández de Kirchner de otro, examinando las rupturas y continuidades en clave de relaciones de género que tienen por contexto a la sociedad argentina.

Eva Perón, las mujeres y el feminismo[4]

Evita produjo, como es bien sabido, las reacciones más encontradas, las contradicciones valorativas más antagónicas y su figura contribuyó creo que de modo decisivo a acentuar el encono del antiperonismo. Su ascenso desde una condición familiar con grandes precariedades y con marcas de ilegitimidad – que ciertos grupos sociales de su tiempo se ensañaron en subrayar –, constituye una circunstancia que no ha dejado de adjetivarse como excepcional.

---

[4] Esta parte dedicada al examen de Eva Perón, con algunas modificaciones, fue publicada en la revista *Todos es Historia*, n. 540, jul. 2012.

No puede discutirse el significado de la coyuntura que permitió su encuentro con el entonces coronel Juan Domingo Perón, quien se catapultó al liderazgo popular sosteniendo el conocido régimen de nacionalizaciones, retórica antiimperialista y sobre todo de redistribución de la renta entre 1946 y 1955. Las diatribas contra Evita sólo pueden interpretarse con rigor si se examinen dese el clivaje de género. El imaginario de los adversarios al régimen se fraguaba con la invectiva de que fuera "esa mujer", la que dominara las devociones populares. Los epítetos más feroces incendiaban la atmósfera, y una síntesis de las imprecaciones que eran habituales se encuentra en el conocido grafitti que exhibieron algunas paredes al conocerse su enfermedad: "Viva el cáncer".

Nutrida de una intuición notable y alcanzada por la absoluta convicción de que no sólo debía adherir a las intervenciones en pro de la justicia social de su esposo, sino que tenía algo propio que agregar para su consumación, Evita comprendió el significado especial de la participación de las mujeres en el movimiento conducido por Perón. El viaje a Europa realizado a mediados de 1946, a poco de que este asumiera la Presidencia, la contactó con la experiencia de las organizaciones de mujeres, especialmente del grupo que apoyaba al dictador Francisco Franco. Las experiencias vitales no podían ser más diferentes entre aquellas mujeres y Eva, pero aunque le sonaran extrañas ciertas manifestaciones de las adherentes al franquismo – imagino que el acendrado tono moral, las fórmulas pacatas y el tradicionalismo de aquellas –, le impactó la idea de que las seguidoras de Perón debían tener un cauce representacional. La creación de la Rama Femenina del Partido Justicialista, luego de sancionado el sufragio femenino en septiembre de 1947, fue una iniciativa de enorme significado político (Barry, 2009). Aunque Eva no se dispusiera a quebrar el estereotipo femenino que sancionaba las sagradas obligaciones del maternaje, la apelación a salir de los hogares, abandonar el rescoldo doméstico y desafiar todos los obstáculos para defender las conquistas traídas por Perón, y a este mismo, constituyen una forma paradójica pero no menos impactante de vinculación de las mujeres con la esfera pública. Pero nuestra mujer estaba muy lejos de una adhesión explícita a los principios de la liberación femenina.

Eva Perón restó importancia a las vertientes que constituían el movimiento feminista, en todo caso una experiencia que no creía que le concernía – nada indica que hubiera profundizado en su significado – y que estaba muy lejos de abonar. Lo cierto es que dedicó escasas consideraciones a su historia y muchísimo menos al significado contemporáneo de la corriente. Los años 1940, por otra parte, no fueron pródigos en acciones pro derechos pues como he señalado en otro trabajo (Barrancos, 2004), hubo cierto estancamiento local debido a que las feministas se movilizaron sobre todo contra la experiencia del nazifascismo y los regímenes totalitarios que inspiraba. El auxilio a los derrotados y exiliados de la guerra civil española fue una ocupación central de la enorme mayoría de las feministas localizadas a la izquierda del espectro político y también de las liberales, a las que se unieron grupos muy diversos de mujeres que se identificaban confesionalmente – no faltaron católicas progresistas ni las asociaciones femeninas de origen protestante –, junto con agrupaciones de carácter étnico. Basta señalar la Junta para la Victoria como núcleo expresivo de la militancia femenina de la época (Mc Guee Deutsch, 2007).

Para una elevada proporción de quienes se identificaban como feministas, el ingreso del peronismo a la escena argentina fue una señal del avance totalitario. Las adherentes leyeron los acontecimientos en torno del coronel Perón y de sus seguidores – especialmente después de lo ocurrido en octubre de 1945 –, como la profecía autocumplida del triunfo fascista en muestro medio. Más allá de que algunas mujeres con sensibilidad feminista pudieron adherir a la nueva causa (Guy, 2011), lo cierto es que esas excepciones confirmaron la regla de la oposición al régimen estrenado en 1946. La cuestión de la propulsión del sufragio por parte de la fórmula victoriosa en las elecciones de febrero de ese año, resultaba una llaga entre las huestes del feminismo, y aunque la primera inquietud parecía circunscribirse a que no se sorteara la vía parlamentaria, la certeza de que sería esta la escogida por el flamante gobierno llevó a las militantes a preocuparse por la manipulación de las conciencias femeninas. Hasta ese momento parecía decisiva la actitud de Perón en torno del voto, pero pronto se estuvo frente a una clara intervención de la propia esposa del presidente, pues no hay dudas de que Eva Perón se puso al frente de las movilizaciones de mujeres para obtenerlo. Indicó a Eduardo Colom, que presidía de la Cámara baja, que aplazara la iniciación de los debates hasta el momento en que se produjera su regreso de Europa, y así ocurrió en agosto de 1947. Eva realizó una serie de visitas a gremios cuyas actividades comprendía generosos contingentes de trabajadoras, y pudo movilizar a miles hasta la plaza del Congreso para reclamar por la medida. El 30 de agosto apareció una carta suya en el diario *Democracia* dirigida "A las mujeres argentinas" en la que las convocaba a la movilización al frente del Congreso, acto que resultó una de las primeras reuniones masivas realizadas por el peronismo en el poder. Allí decía: "Hoy me he dirigido a los diputados peronistas para solicitarles una pronta sanción de la ley que otorga el goce de los derechos políticos a las mujeres argentinas [...] Tengo fundadas esperanzas en el éxito de nuestra campaña [...]". Y agregaba: "En esta materia estamos quedando a la zaga de muchos otros países", y esa circunstancia debía repararse. Se formulaba una pregunta con expresión claramente ilocutiva:

> Algunos dirán para qué queremos votar las mujeres [...]. Invitémosle a recorrer las páginas de nuestra historia. Que recuerden a las patricias mendocinas preocupadas por la suerte del Ejército de los Andes. Que recuerden a Manuela Azurduy de Padilla luchando por la independencia de América. Que recuerden todas las heroínas cuyo

nombre recogió y dejó de recoger la historia pero que supieron servir a la patria, no solamente sintiendo y padeciendo, sino también actuando y luchando hasta la muerte cuando fue menester.[5]

No deja de llamar la atención que aludiera a la mengua de reconocimiento histórico que padecían las mujeres. Pero también redundaron en el discurso las consideraciones acerca del significado del voto "para colaborar activamente con nuestro líder, el gral. Perón". Afirmaba enfática:

> Nosotras, que trabajamos y luchamos en pie de igualdad con los hombres, tendremos por fin nuestros derechos. La Providencia nos deparará en breve la profunda alegría de poder dar nuestro voto a los ciudadanos que interpretan el sentido de la Revolución que nos pertenece porque ayudamos a realizarla.[6]

Sin duda, esta arenga movilizadora omitía la referencia fundamental de que podrían ser las propias mujeres candidatas a la hora de los comicios – algo que tuvo cierta persistencia en sus manifestaciones de acuerdo con Adriana Valobra (2010), aunque era una circunstancia que no le escapaba, pues no hay duda de que ya tenía prevista la creación de la Rama Femenina.

Aunque el proyecto del sufragio femenino esta vez tenía todas las de ganar, he conjeturado que Eva quería estar completamente segura de que se sancionaría y por eso se instaló en el mismo recinto para seguir los debates que culminaron en el mes de septiembre con la ley, promulgada el 23 de septiembre desde los balcones de la Casa Rosada (Barrancos, 2002). El discurso que entonces profirió no mencionó la palabra feminismo, y aunque no hizo referencia a ninguna de las mujeres que se había destacado en la lucha sufra-

---

[5] Cf. carta publicada el 30 de agosto de 1947 en el diario *Democracia*, dirigida a las mujeres argentinas (Perón, 1985:110-111).
[6] Ibid.

gista, sus palabras estuvieron lejos de denostarlas y hasta pareció rendirles un fugaz homenaje cuando dijo:

> Aquí está, hermanas mías, en letra apretada, una larga historia de lucha, de tropiezos, y esperanzas ¡Por eso hay crispaciones de indignación, sombras de ocasos amenazadores, pero también de alegre despertar de auroras triunfales...! [Barrancos, 2002:121].

Al señalar que había sido el "ambiente de justicia de recuperación y de saneamiento" que se debía "a la obra del General Perón", trajo a colación los obstáculos que debieron vencerse. Se refirió a "la calumnia, la injuria y la infamia" y acusó a "un sector de la prensa al servicio de intereses antiargentinos" que "ignoró a esta legión de mujeres que me acompañan", y también a "un minúsculo sector del Parlamento". Otro momento de reconocimiento a las luchas femeninas – con omisión de nombres –, ocurrió cuando sostuvo que:

> El camino ha sido largo y penoso. Pero para gloria de la mujer, reivindicadora infatigable de sus derechos esenciales, los obstáculos opuestos no la arredraron. Por el contrario, le sirvieron de estímulo y de acicate para proseguir la lucha" [pero volvía a una consideración de lo inmediato:] A medida que se multiplicaban esos obstáculos se acentuaba nuestro entusiasmo. Cuánto más crecían, más y más se agigantaba nuestra voluntad de vencer...! [Barrancos, 2002:122].

En un tramo, se refirió a la experiencia que había tenido con la visita a Europa donde pudo tomar conciencia de la participación de las mujeres en muchos ámbitos, y pidió a quienes la escuchaban que siguieran ese ejemplo de tanto valor – sin duda se refería lo que habían aportado en los duros tiempos de guerra. Recordó entonces la contribución de las mujeres nativas, las que habían bordado la bandera y afilado las puntas de las lanzas, y reiteró que había llegado de elegir con responsabilidad. Desde luego, señalaba el objeto principal de esa responsabilidad: apoyar la gran obra constructiva de Perón.

Pero en esos primeros años, la enorme cantidad de discursos que Eva profirió y en la que no faltaron los dedicados de modo directo a las mujeres – como el saludo de fin de año el 31 de diciembre de 1947 dirigido especialmente "a las nobles compañeras de los obreros criollos"–, hay una completa omisión al feminismo. La exaltación cayó de modo directo en los sentimientos, dolores, entregas, luchas y contribuciones de las mujeres, apostando a lo que el peronismo esperaba de ellas como gestadoras de la Patria y sostenedoras de la revolución que había emprendido el gral. Perón. Sin embargo, en *La razón de mi vida* aparecen, aunque de manera fugaz, enunciados que alteran la opacidad del silencio. Si bien este texto de Evita se expresa como una suerte de palimpsesto debido a las intervenciones de otras manos – de otros deseos y de otros propósitos –, no hay cómo descartar que los enunciados recogen al menos parte de sus auténticos sentimientos. El feminismo es recortado de un modo que se compadece con las versiones más altisonantes de los preconceptos dominantes todavía en la época, véanse algunos párrafos del capítulo que tiene el nombre de "El paso de lo sublime a lo ridículo" – una clara alusión a la gesta de las feministas. Evita escribe:

> Confieso que el día que me vi ante la posibilidad del camino "feminista" me dio un poco de miedo. ¿Qué podía hacer yo, humilde mujer del pueblo, allí donde otras mujeres, más preparadas que yo, habían fracasado?. ¿Caer en el ridículo? ¿Integrar el núcleo de mujeres resentidas con la mujer y con el hombre, como ha ocurrido con innumerables líderes feministas? No era soltera entrada en años, ni era tan fea por otra parte como para ocupar un puesto así... que por lo general en el mundo, desde las feministas inglesas hasta aquí, pertenece, casi con exclusivo derecho, a las mujeres de ese tipo, mujeres cuya primera vocación, debió ser indudablemente la de los hombres ¡Y así orientaron los movimientos que ellas condujeron! [Perón, 1953:265].

Como puede interpretarse de modo muy directo, había adoptado la perspectiva común de quienes parodiaban a las feministas y creían que el movimiento reunía a mujeres feas, viejas y resentidas cuyo objetivo era ser como los varones. Y el texto continúa en idéntico sentido:

> Parecían estar dominadas por el despecho de no haber nacido hombres, más que por el orgullo de ser mujeres. Creían incluso que era una desgracia ser mujeres. Resentidas con las mujeres porque no querían dejar de serlo, y resentidas con los hombres porque no las dejaban ser como ellos, las "feministas", la inmensa mayoría de las "feministas" del mundo en cuanto me es conocido, constituían una rara especie de mujer...¡que no me pareció nunca del todo mujer! Y yo no me sentía muy dispuesta a parecerme a ellas [Perón, 1953:266].

La idea de una vacilación, ante la posibilidad de haberse convertido en una feminista, refuerza la descripción que desea mostrar el profundo equívoco de la identidad. Luego incorpora una lección del propio gral. Perón, que funge como definitiva autoridad didáctica y que parece dar sentido a toda la perspectiva: "Un día el general me dio la explicación que necesitaba: "¿No ves que ellas han errado el camino? Quieren ser hombres. Es como si para salvar a los obreros yo los hubiera querido hacer oligarcas..." [Perón, 1953:266]. No hay duda de que las escasas alusiones discursivas al "feminismo" están colonizadas por inexorables fuentes patriarcales.

Pero el "antifeminismo" de Evita no exilia una genuina intuición sobre la exclusión de las mujeres en la vida pública. Tal como Valobra (2010) ha señalado, lejos de la maternalización obligada, ella contribuyó decididamente a quebrar la separación tajante de las esferas pública y privada al exigir la movilización de las mujeres para asegurar los desafíos de la construcción peronista. Sin duda, tal como he sostenido a menudo, el contrapunto entre las obligaciones domésticas y las responsabilidades de la arena política constituyen la clave de la ambigüedad de Evita que, rechazando al feminismo, pudo situarse en un plano excepcional de impulso a los derechos de las mujeres.

Cristina Fernández de Kirchner y género

La actual presidenta de la Argentina es un cuadro político emergente de las orientaciones *hacia la izquierda* que había adoptado buena parte del peronismo – especialmente de los segmentos jóvenes – entre los años 1960 y 1970 (Russo, 2011). Razones de espacio obligan a seleccionar aspectos de los términos en foco, y también a una síntesis de su biografía. Tanto ella como su marido, Néstor Kirchner, militaron en La Plata, ciudad en donde Cristina nació y en la que ambos estudiaban abogacía. A raíz de los mayores riesgos que comportaba esa ciudad universitaria por antonomasia,[7] ya en plena dictadura, el joven matrimonio decidió mudarse a Río Gallegos – de donde era oriundo Néstor –, aunque allí habían sido detenidos por un breve lapso en 1976. Resultó bastante común, durante el terrorismo de Estado, que se procuraran áreas del interior para habitar en el convencimiento de que en los grandes centros urbanos las fuerzas represivas actuaban con mayor contundencia y eficacia. No pertenecían a ninguna organización armada aunque entre sus amistades juveniles hubiera quienes habían optado por tales encuadramientos.

Con la recuperación democrática los Kirchner participaron de la denominada "renovación" del peronismo – corriente que se proponía superar la rémora más a la derecha que caracterizaba a parte de su dirigencia. A la carrera política de Néstor no le faltaron obstáculos, pero finalmente la línea interna que conducían – y en la que Cristina fue un ariete decisivo –, condujeron a que

---

[7] Se registró en La Plata un elevadísimo número de personas desaparecidas entre 1976-1983, tal vez en torno del 10% de las víctimas.

se impusiera primero como intendente de Río Gallegos (1987), y que algunos años después se tornara gobernador de Santa Cruz (1991). En una circunstancia inesperada – debido al bajo caudal de votos que obtuviera su candidatura, en torno del 22% – llegó a la presidencia en el 2003, en momentos en que apenas se superaba el clímax de la profunda crisis de 2001. Su gobierno fue un parte aguas por varias razones, entre las principales se cuentan la reestructuración de la deuda externa (el país había decretado el défault frente a su magnitud que comprometía más del 100% del PBI), el decisivo inicio de la redistribución de la renta – sobre todo mediante la transferencia de *ingresos condicionados* –,[8] la apuesta a políticas pro industriales, la recuperación del mercado interno, el mejoramiento de los salarios (y montos extraordinarios de resarcimiento a quienes eran despedidos), la recuperación de algunas empresas privatizadas, el fortalecimiento de los vínculos con los países de la región, y sobre todo la recuperación de la iniciativa del Estado para llevar adelante los juicios a los represores actuantes bajo el terrorismo de Estado.

Pero en la arena política se había puesto especialmente de relieve la figura de Cristina quien en 1989 había llegado a una banca provincial. En 1995 fue electa diputada en Santa Cruz y en muy diversas oportunidades se opuso a las iniciativas privatizadoras del presidente Menem con una retórica implacable que también la distinguía. Sus posiciones la condujeron a formar un bloque aparte del oficialismo y la proyectaron en la escena nacional al punto de que ella resultaba mucho más conocida que su esposo Néstor. En 1997 fue diputada nacional por Santa Cruz y en el 2001 volvió al Senado de la nación por la misma provincia. En 2005 – cuando su marido ya era presidente – ocupó nuevamente una banca en el

---

[8] Las políticas de "ingresos condicionados" que significan subsidios directos a los sectores sociales marginalizados, tienen en su mayoría, a las mujeres en América Latina como principal destinatarias. Ellas son quienes los administran y resultan responsables del cumplimiento de las condicionalidades, en particular educación y calendario de vacunas.

Senado, esta vez representando a la provincia de Buenos Aires. La iniciativa de candidatearla a la presidencia de la nación remontaba seguramente a reflexiones compartidas por la pareja en la que el desiderátum político era un aspecto central. En marzo de 2007, a propósito de la inauguración de la Plaza de las Mujeres en un sector de Puerto Madero,[9] Cristina ya estaba lanzada a esa candidatura. Participaban del acto numerosas mujeres pertenecientes de diversas organizaciones, aunque se trataba especialmente de militantes del Frente para la Victoria – así se denomina el espacio político hegemonizado por fracciones peronistas "progresistas" que condujeron a Kirchner a la primer magistratura. Cristina, con su habitual facilidad de palabra y su singular retórica, señaló que había que festejar el reconocimiento de las mujeres "aunque en lo personal no se compadecía con la idea del feminismo". De inmediato aclaró: "Nuestro papel es estar al lado de los hombres, ni adelante ni atrás, al costado juntos".[10] Esa declaración parecía contener las viejas prevenciones de la década 1940, y no pocas militantes que se reconocían feministas preferían no comentar este aspecto anacrónico de Cristina en momentos en que ya se plasmaba como candidata de lo que dio en llamarse "kirchnerismo". En algunos discursos de campaña volvió a repetir la frase, y no dejaba de sorprender que hubiera cierta ausencia de aggiornamento en materia de teoría sobre la diferencia sexual y las relaciones de género, porque es incontestable que nunca ha ocultado una cierta dilección intelectual, una disposición a la lectura histórica y sociológica. Por otra parte, Cristina acentuaba sin comedimientos las marcas formales del estereotipo, el convenio con "lo femenino" en materia de vestidos, peinado y maquillaje, circunstancia que

---

[9] Puerto Madero, la zona donde se erguían los antiguos docks, se transformó en un área revalorizada y de emprendimientos privados en la Ciudad de Buenos Aires. El entonces Concejo Deliberante en 1995 determinó que todas las calles y lugares públicos del nuevo barrio debían llevar nombres de mujeres, como forma de reparación a la condición femenina que casi no constaba en la nomenclatura de la ciudad.
[10] Notas tomadas por la autora, presente en el acto.

ha subrayado – "siempre me he pintado como una puerta", supo decir en entrevistas.

En octubre de ese año, accedió a la primera magistratura por un amplio margen de votos, cercano al 50%. En su discurso de asunción – en diciembre de 2007 –, dejó traslucir que las responsabilidades se le cobrarían más por su condición de mujer. Fue un gesto rápido, que sonó apenas como una insinuación de sus prevenciones. Unos meses más tarde, el 11 de marzo de 2008, se desataría un grave tsunami político a raíz de la Resolución nº 125, redactada por el entonces ministro de Economía Martin Lousteau. Dicha resolución aumentaba la cuota de retenciones a las exportaciones de soja hasta el 30%, aunque se establecían niveles de aplicación fluctuantes, de acuerdo con las circunstancias del mercado. La protesta de los productores rurales, a la sazón beneficiados con rentas extraordinarias debido al precio internacional alcanzado por el *commodity*, ascendió a escalas estremecedoras. Diversas clases de productores rurales llevaron adelante medidas de acción directa, aunque era acentuada la participación de los grupos más concentrados en las áreas sojeras de la región pampeana. Durante por lo menos tres meses fueron comunes los piquetes, los cortes de ruta, las manifestaciones airadas – algunas multitudinarias –, la amenaza de desabastecimiento (en algunos momentos concretada) y la suba de los precios, especialmente proveniente del sector ganadero. El clima político era de enorme preocupación, y pudo verse entonces a una Cristina irreductible, exasperante para quienes pensaban que podían torcer fácilmente el rumbo tomado. Sin duda, el gravamen estaba completamente justificado, pero la comunicación inicial careció de definición apropiada en materia de objetivos y de aplicaciones presupuestarias, obligando a la Presidenta a tener que dar explicaciones que estuvieron lejos de mitigar la hostilidad desatada. Aunque el Poder Ejecutivo estaba facultado constitucionalmente para decidir sobre retenciones, en medio de la bataola desatada – que para no pocos adherentes al kirchnerismo tenía visos destituyentes –,[11] Cristina decidió enviar el proyecto de ley al Congreso para legitimar de modo completo la iniciativa, aunque, insisto, el Ejecutivo tenía facultades. Es bien conocido que el trámite parlamentario fue exitoso en la Cámara Baja y resultó dramáticamente derrotado en el Senado merced al desempate producido, por el vicepresidente de la nación, Julio Cobos.[12]

Voy a centrarme especialmente en esta coyuntura pues creo que fue un antes y un después en materia de descomposición de las ya tumultuadas relaciones entre ciertos sectores medios y más elevados de la sociedad y el kirchnerismo, y sobre todo porque desde mi perspectiva, se consagraran las expresiones más desmedradas en materia de género. La hostilidad de que fue objeto Cristina a partir de la decisión sobre la renta agraria de 2008, se parangona – más de medio siglo mediante – con la dirigida a Eva Perón. Quienes disentían políticamente con los Kirchner distribuían diatribas por igual entre ambos cónyuges, pero los *idus* de 2008 llevaron a posiciones misóginas desquiciadas. Los insultos contra la presidenta sonaban en muy diversos escenarios, incluyendo medios de comunicación masivos y desde luego tenían un resuello mayor

---

[11] "Carta Abierta", importante organización de intelectuales adherentes a las políticas kirchneristas, no vaciló en denunciar de destituyente a la denominada Comisión de Enlace, que lideraba las acciones de los diferentes sectores agropecuarios en pugna.

[12] La sesión, que duró 18 horas y llegó a la madrugada del 17 de julio de 2008, fue un finiquito en la alianza establecido con algunos sectores de la UCR. Cobos, que procedía del radicalismo de la provincia de Mendoza y que había sido indicado por Néstor Kirchner para acompañar a Cristina, pasó a ser sinónimo de deslealtad aunque resultara aclamado por los intereses agrarios. Sus palabras en aquella ocasión, pronunciadas con enorme tensión, culminaron así: "La historia me juzgará, no sé cómo. Pero espero que esto se entienda. Soy un hombre de familia como todos ustedes, con una responsabilidad en este caso. No puedo acompañar y esto no significa que estoy traicionando a nadie. Estoy actuando conforme a mis convicciones. Yo le pido a la presidenta de los argentinos que tiene la oportunidad de enviar un nuevo proyecto que contemple todo lo que se ha dicho, todos los aportes que se han brindado, gente de afuera o aquí mismo. Que la historia me juzgue, pido perdón si me equivoco. Mi voto... Mi voto no es positivo... mi voto es en contra" (*Clarín*, 17 sept., 2008).

en las redes sociales – no puede sorprender la amplificación de estas últimas ya que es su principal características comunicacional. Los grafitis ofensivos se multiplicaron y las vejaciones más encarnizadas fueron los epítetos "puta" y "conchuda"[13] – tales las voces más repetidas, aunque la más brutal en la asimilación fue (y continúa siendo) "yegua". Una de las expresiones murales tuvo la siguiente articulación semiológica ligando prospectivas políticas y de género: "No te vayas con Chaves/andate CONCHUDA".

La presidenta se refirió a la situación planteada con los intereses del campo en un acto de apoyo a la medida transmitido por la cadena nacional. Recordó entonces:

> El 10 de diciembre, cuando por primera vez como Presidenta electa de todos los argentinos, en elecciones libres y democráticas, me dirigí a todos los argentinos y argentinas, tal vez algunos no recuerdan, les dije que por ser mujer me iba a costar más y no me equivocaba a las mujeres siempre todo nos ha costado más, pero también somos las mujeres las que jamás abandonamos nuestro puesto y nuestro lugar de lucha.[14]

Y en esa línea continuó:

> Escuché, también invocaciones, por no decir insultos, a mi condición de mujer, ustedes saben no necesito explicarlo, pero eso siempre nos pasa a todos las mujeres, se puede ser Presidenta de la República, jardinera, médica, que si tienen que criticarte y sos mujer lo hacen por el género, no por si sos buena Presidenta, mala Presidenta, buena jardinera o mala jardinera, es casi una capitis diminutio el género, pero bueno dolió.[15]

---

[13] En la Argentina, la expresión *conchuda* alude de modo directo a los genitales femeninos.
[14] Acto en Parque Norte, 27 de marzo de 2008. Fuente: Wikisource – Documentos Históricos.
[15] Ibid.

En ese discurso, uno de los más vehementes que pronunciara desde la asunción, la relación directa con su situación de género sonó convencional. Le faltaba una buena asesoría en la materia, y pareció incómodo que una figura de su talla intelectual reconociera de modo tan incauto, o al menos con tan pocas reservas, los agravios por su condición de mujer. Creo que a la enorme mayoría de las feministas que simpatizaban con las políticas kirchneristas, y que leían de modo correcto que la investida tenía el significado incontestable de la misoginia, manifestaron preocupación con sus manifestaciones que, en todo caso, debían haberle permitido realizar consideraciones más agudas sobre las asimetrías de los géneros de modo que pudiera sobrepasar la victimización solipsista. Sin embargo, otra lectura puede indicar que Cristina finalmente accedía a repensarse en la estera de la condición femenina, que había sacudido ciertas prevenciones acerca de *politizar la diferencia sexual*. No dudo de que algo de esto hubo, pues apenas unos días más tarde, en un acto masivo de apoyo realizado en la Plaza de Mayo el 1 de abril de 2008, cuando arreciaba el conflicto con los intereses agrarios – acto que se realizó bajo la consigna *Encuentro por la convivencia y el diálogo* –, un compacto coro de militantes entonaba cánticos deteniendo, de tanto en tanto, el encendido discurso de Cristina. Uno de los estribillos ligaba – con la intención de homenajearla por su bizarría –, el sintagma decisión/coraje/genitales masculinos, y fue entonces cuando ella interrumpió el vocinglerío hasta con un gesto corporal de disgusto que se patentizó en la negativa hecha con el brazo extendido: "Por favor, en nombre del género les pido que cambien esa consigna, acuérdense que tienen una compañera presidenta. Así que es hora de que actualicen consignas, compañeros".[16]

No puede pasarse por alto esa manifestación que comportaba una novedad en su régimen habitual de enunciados, como ocurrió en otras partes de su alocución de ese día. Véase:

---

[16] Discurso de Cristina Fernández de Kirchner, en Plaza de Mayo, 1 de abril de 2008. Fuente: Wikisource – Documentos Históricos.

Quiero decirles, argentinos y argentinas, hace apenas dos días que se cumplieron cien días desde que juré como presidenta de todos los argentinos y créanme, hermanos y hermanas, que nunca había visto en tan corto tiempo tantos ataques a un gobierno surgido del voto popular, nunca tantas ofensas, nunca tantos insultos. ¿Y por qué? Parece que sólo he cometido un pecado: haber sido votada por la mayoría de los argentinos en elecciones libres, populares y democráticas. Tal vez, además de ser votada, tenga otro pecado: el ser mujer, pero de los dos me siento orgullosa, de ser mujer, la primera que gobierna la República Argentina en nombre del voto popular.[17]

Y todavía agregó:

Como les dije el 10 de diciembre, sé que siendo mujer me va a costar un poco más, pero que no se confundan con mi aparente fragilidad, tengo ejemplos de mujeres que vencieron a lo que ningún hombre podía vencer. Allí están, a un costado, con sus pañuelos blancos en la cabeza, ellas son el ejemplo de que las mujeres, con objetivos, con ideales y con valentía, son capaces de vencer las adversidades más terribles.[18]

La referencia a la Madres y Abuelas de Plaza de Mayo – que casi nunca se han ausentado de sus expresiones –,[19] tenía el significado contundente de poner en evidencia no sólo la fortaleza de carácter, sino el arraigo de sus convicciones. No puede discutirse la identificación de Cristina con quienes resistieron a la dictadu-

---

[17] Ibid.
[18] Ibid.
[19] Como consecuencia de la política de Derechos Humanos del kirchnerismo, de la decidida acción para que estimular los juicios de quienes cometieron crímenes de lesa humanidad durante el periodo del terrorismo de Estado, dos agrupaciones distintivas, Madres de Plaza de Mayo – liderada por Hebe de Bonafini – y Abuelas de Plaza de Mayo, a cuyo frente está Estela de Carloto, además de otras organizaciones afines, se han alineado de modo expreso con los gobiernos de Nestor Kirchner y de Cristina F. de Kirchner.

ra, y de modo exponencial con esos grupos de mujeres.[20] Tengo la impresión de que las condiciones severas de la coyuntura reverberaron en su subjetividad como un auténtico incardinamiento, se revelaron como una profunda conmoción de los desafíos de su condición de género. El conflicto desatado por la resolución 125 fue, incontestablemente, el hecho más acuciante vivido durante el ciclo Kirchner,[21] y lejos de significar una mengua de su gravitación o un apocamiento de su capacidad de iniciativa, resultó a la postre un acicate.

Aunque la iniciativa redistributiva fue derrotada, lo cierto es que para el imaginario representado por los intereses "del campo" – como se suele enunciar en nombre de una abstracta articulación socio-espacial –, que resistió a la medida tildándola de "chavista" y que denunciaba a las intervenciones del gobierno como "socialistas autoritarias" – cuando no "comunistas" –, el registro sobreviviente parece haberle dado el triunfo a la "yegua". La investida, bajo esta imprecación zoológica, apenas se ha morigerado desde el quiebre de marzo de 2008, más allá del desconcierto que ha sumido a la oposición toda vez que el gobierno de Cristina ha redoblada la apuesta en dimensiones impensables para el peronismo de medio siglo atrás, como las leyes de *matrimonio igualitario* – que consagra el derecho a la conyugalidad de las personas del mismo sexo –, y la ley de *identidad de género* que permite adoptar la identidad subjetiva con independencia de los signos anatómicos, norma singular no sólo en América Latina. Cristina hizo un acto, a mi juicio conmovedor, el 2 de julio de 2012 para entregar los nuevos documentos de identidad a un grupo de personas travestis y a los

---

[20] Los cálculos sobre el "uso funcional" de los derechos humanos por parte del kirchnerismo no resisten un examen riguroso y más despojado.
[21] El segundo hecho de enorme magnitud, pero sin dudas más circunscripto en materia de intereses corporativos, es la Ley de Medios Audiovisuales, cuya aplicación ha podido ser resuelta en noviembre de 2013 – luego de cuatro años de sancionada –, a partir del fallo de la Suprema Corte de Justicia de la Nación que ha declarado constitucional los artículos cuestionados por el multimedios *Clarín* – poderoso grupo comunicacional detractor del gobierno de Cristina Fernández de Kirchner.

niños y niñas nacidos en parejas de madres lesbianas. Se la veía emocionada y entre otras cuestiones señaló: "Me siento orgullosa de ser vanguardia". Frente a una platea repleta de militantes LGTTB y de parejas homosexuales con sus hijos – entre los asistentes además estaba el juez español Baltasar Garzón, Estela Carloto, la histórica dirigente de Abuelas, y un grupo de hijos restituidos gracias a su acción –, la presidenta rechazó el término "tolerancia" por impertinente. Enfatizó que resultaba pasmoso no reconocer a los nuevos derechos frente al cambio de los tiempos. Desde luego, no dejó de mencionar varias veces a su marido quien, como es sabido, falleció de modo repentino en octubre de 2010 aumentando notablemente las adhesiones populares. Recordó el impulso decisivo que aquel había dado al matrimonio igualitario. Y en una clara alusión a las razones de su muerte prematura, se refirió a las crudas circunstancias que había tenido que enfrentar con esa muerte, a las decisiones gubernamentales, a los agravios, pero también a las vidas de quienes habían debido soportar toda suerte de discriminaciones por su sexualidad, Cristina se refirió al "desgaste", y con una metáfora que dignificaba esa dura experiencia sostuvo: "Es preferible estar desgastada que vivir como una flor o una mariposa, sin haber logrado nada!"[22] El aplauso fue sostenido y resultaron vibrantes las aclamaciones.

Conclusiones

El contexto ideológico y político cercano a Eva Perón, las ideas de su marido y sus propias concepciones resultaron esquivos a los principios feministas. Su interpretación discursiva no varió el cauce principal de los preceptos patriarcales, como en líneas generales ocurrió con los regímenes populistas del siglo XX, aunque

---

[22] Ver "Cristina entrega DNI a personas trans". Disponible en: <www.youtube.com/watch?v=FUDgPxJiYL0>. Acceso en: dic. 2014.

se constata el avance de aquellos en materia de derechos políticos.[23] Pero su propia experiencia "desmadrada" para los cánones del estereotipo, los antecedentes "morales" y la actuación pública agonística que suscitaron notas sustantivas de la oposición antiperonistas, unido a la extraordinaria movilización de mujeres que se le debe – y no sólo de los estratos populares –, poniendo en jaque a los mandatos domésticos, deben contemplarse como características peculiares del populismo argentino. La ambigüedad valorativa entre lo público y lo privado, entre la exorbitante demanda de la arena política y el compromiso atávico con la cuenca familiar, resultan diástole y sístole en la mayor figura femenina de la historia argentina del siglo XX. Evita hizo un camino fugaz pero incandescente en un momento en que, si no faltaba la prédica feminista, sus manifestaciones estaban más próximas de sostener la universalidad democrática, amenazada por el fascismo, que de insistir en la agenda histórica de los derechos de las mujeres. Evita, en todo caso, estuvo obligada a triangular su fulgor y las devociones populares para sostener la figura del marido, fue una agente vicaria de su causa. Las consagraciones que se le dirigieron no pueden ser explicadas fuera de la contundencia y de la eficacia del general Juan. D. Perón, no se interpreta el papel de Evita fuera de las circunstancias vinculantes con esa figura masculina regente.

Hay allí una diferencia abrumadora con Cristina Fernández de Kirchner, quien se hizo de un trayecto militante propio y se afianzó como cuadro político de modo absolutamente paralelo al marido, Néstor Kirchner. Alguna vez he sostenido[24] que de modo contrario a lo que parte de la oposición sostenía – en tren de opacar la decisión de hacerla candidata presidencial en el 2007 –, ella había resultado crucial en la construcción de la carrera del marido. La proyección de Cristina era significativamente mayor que la de Néstor cuando

---

[23] Se debe a Vargas el sufragio femenino (1933), del mismo modo que al peronismo (1947). Pero en México, Cárdenas no promulgó la ley correspondiente en 1936 aunque en su campaña la había prometido.

[24] Suplemento del diario *Página 12*, "Las 12", nov. 2010.

fue representante en el Congreso, donde su voz disidente con las políticas neoliberales del presidente Menem tenía un resuello mayor que la del gobernador de Santa Cruz. Cristina, además, manifestó una *avidez reflexionada en pro de la autonomía* que, en cualquier caso, se asimilaba a las jóvenes de su generación, las que irrumpieron en la década 1960 y 1970 proclamando más dominio de sí y con más conciencia de sus posibilidades aunque no fueran feministas (Barrancos, 2008; Cossa, 2010). La incorporación masiva de las muchachas a la militancia política radicalizada habla a las claras de las diferencias entre los escenarios. Sorprende, sin embargo, que no se apegara al modelado teórico feminista, y que hasta lo rechazara; algunas veces confesó – arrepentida – que en 1991 no había apoyado la ley de cupo femenino[25] pues pensaba entonces que eran los méritos lo único que hacía falta para hacer carrera política. Luego de esas revisiones profundas, la perspectiva seguramente se abrió, pero conjeturo que la crisis planteada con los intereses agrarios en 2008, a poco de asumir como presidenta y dispuesta a profundizar los cambios que había iniciado su marido, constituyeron un antes y un después en sus percepciones, su sensibilidad y sus sentimientos. Las características del ataque a sus propuestas, pero esencialmente a su condición de género, que hicieron temer por la propia estabilidad del régimen democrático, la condujeron a un espiral de resignificaciones de sí. Sus enemigos viscerales no saben, seguramente, cómo reflectan los retos a la dignidad cuando se trata de cuerpos femeninos indóciles, de mujeres decididas, determinadas, convencidas de su derrotero. Esto no puede discutirse negligenciando las reglas del distanciamiento, aunque siempre hay un riesgo de ofuscamiento en la política y en la historiografía, ya que la primera atraviesa a la segunda, pero no puede pasarse por alto que ha sido la cantera del peronismo la más pródiga en cierta

---

[25] Se trata de la reforma electoral sancionada ese año que garantiza un piso mínimo de 30% de participación de mujeres en las listas a candidaturas representacionales. La Argentina ha sido pionera en esa medida de acción positiva que han emulado varios países de la región.

feminización de la política en la segunda mitad del siglo pasado. He ahí un cóncavo común en las indiciaciones generizadas de Evita y Cristina, porque también le son comunes los aires de radicalidad de los proyectos en los que ambas se enmarcan.

REFERÊNCIAS

ABOY CARLÉS, Gerardo. *Repensando el populismo*. Washington, DC: UNGSM, 2001. (Ponencia preparada para el XXIII Congreso Internacional Latin American Studies Association. Disponible en: <http://lasa.international.pitt.edu/Lasa2001/AboyCarlesGerardo.pdf>. Acceso en: 30 mar. 2015.)

BARRANCOS, Dora. *Inclusión/exclusión*: historia con mujeres. Buenos Aires: FCE, 2002.

___. Debates por el sufragio femenino. In: BIAGINI, Hugo; ROIG, Arturo Andrés. *El pensamiento alternativo en la Argentina del siglo XX*: identidad, utopía, integración (1900-1930). Buenos Aires: Biblos, 2004.

___. *Mujeres en la sociedad argentina*: una historia de cinco siglos. Buenos Aires: Sudamericana, 2008.

___. América Latina: memoria, identidad y retos para el futuro. In: CONGRESO CEISAL, VII., 2013, Oporto. *Anales...* Oporto: Ceisal, 2013. (Conferencia inaugural).

BARRY, Carolina. *Evita capitana*: el Partido Peronista Femenino, 1949-1955. Buenos Aires: Eduntref, 2009.

BIANCHI, Susana; SANCHÍS, Norma. *El Partido Peronista Femenino*. Buenos Aires: Ceal, 1988.

CARMAGNANI, Marcello. *Estado y sociedad en América Latina, 1850-1930*. Barcelona: Crítica, 1984.

CÓMO FUE el momento de mayor tensión, cuando Cobos emite su voto. *Clarín*, Buenos Aires, 17 sept. 2008. Disponible en: <http://edant.clarin.com/diario/2008/07/17/um/m-01717087.htm>. Acceso en: 29 mar. 2015.

COSSA, Isabella. *Pareja, sexualidad y familia en los años sesenta*. Buenos Aires: Siglo XXI, 2010.

DI TELLA, Torcuato S. Populismo y reforma en América Latina. *Desarrollo Económico*, n. 16, p. 321-425, 1965.

___. Populismo y reformismo. In: GERMANI, Gino et al. *Populismo y contradicciones de clase en Latinoamérica*. 2. ed. México: Era, 1977. p. 38-82. V. 21 de Serie Popular Era.

DIX, Robert. Populism: authoritarian and democratic. *Latin American Research Review*, Pittsburgh, v. 20, p. 29-52, 1985.

DORNBUSH, Rudiger; EDWARDS, Sebastián (Ed.). *Macroeconomía del populismo en la América Latina*. México, DF: Fondo de Cultura Económica, 1992.

DUJOVNE ORTIZ, Alicia. *Eva Perón, la biografía*. Buenos Aires: Aguilar, 1995.

GERMANI, Gino. *Política y sociedad en una época de transición*. Buenos Aires: Paidós, 1968.

___. Democracia representativa y clases populares. In: ___ et al. *Populismo y contradicciones de clase en Latinoamérica*. 2. ed. México: Era, 1977. p. 12-37. V. 21 de Serie Popular Era.

GONZALEZ, Osmar. *Los orígenes del populismo en el Perú*: el gobierno de Guillermo E. Billinghurst, 1912-1914. Lima: Mundo Nuevo, 2005.

GUY, Donna. Las mujeres y la constuccíon del Estado de Bienestar. Caridad y criación de derechos en Argentina. Buenos Aires: Prometeo Libros, 2011.

IANNI, Octavio. Populismo y relaciones de clase. In: GERMANI, Gino et al. *Populismo y contradicciones de clase en Latinoamérica*. 2. ed. México: Era, 1977. p. 38-82. V. 21 de Serie Popular Era.

IPOLA, Emilio de; PORTANTIERO, Juan Carlos. Lo nacional popular y los populismos realmente existentes. In: VILAS, Carlos (Comp.). *La democratización fundamental*. México, DF: Consejo Nacional para la Cultura y las Artes, 1994. p. 83-150.

LACLAU, Ernesto. *Política e ideología en la teoría marxista*: capitalismo, fascismo, populismo. España: Siglo XXI, 1978.

___. *La razón populista*. Buenos Aires: Fondo de Cultura Económica, 2005.

LÖWY, Michael. Transformación del populismo en A. Latina. *Revista Utopias del Sur*, Buenos Aires, año II, n. 3, p. 5-7, 1989.

MC GUEE DEUTSCH, Sandra. Desafiando al antisemitismo y a la derecha: la participación de las mujeres judías en grupos antifascistas en la Argentina, 1935-1945. In: CONGRESO INTERNACIONAL DE INVESTIGACIÓN DE LAJSA, 13., 2007, Buenos Aires. *Anales...* Buenos Aires: Latin American Jewish Studies Association (LAJSA), 2007.

NAVARRO, Marysa. *Evita*. Buenos Aires: Corregidor, 1981.

PERÓN, Eva. *La razón de mi vida*. Buenos Aires: Edición Escolar Peuser, 1953.

___. *Discursos completos*: 1946-1948. San Isidro: Megafón, 1985.

RAMACIOTTI, Kartina; VALOBRA, Adriana (Comp.). *Generando el peronismo*: estudios de cultura, política y género (1946-1955). Buenos Aires: Proyecto Editorial, 2004.

RUSSO, Sandra. *La presidenta*: historia de una vida. Buenos Aires: Sudamericana, 2011.

VALOBRA, Adriana. *Del hogar a las urnas*: recorridos de la ciudadanía política femenina argentina, 1946-1955. Rosario: Prohistoria, 2010.

VIGUERA, Aníbal. Populismo y "neopopulismo" en América Latina. *Revista Mexicana de Sociología*, México, DF, año LV, n. 3, p. 49-66, jul./sept. 1993.

WEFFORT, Francisco. *Populismo, marginalización y dependencia*: ensayo de interpretación sociológica. San José: Centroamericana, 1973.

WINOCUR, Marcos. El populismo en América Latina. In: ALTMAN, Werner et al. *El populismo en América Latina*. México, DF: Unam, 1983. P. 31-42. Volume 7 de Nuestra América.

Estado y trabajadores en Argentina, 2003-2011: aportes para el análisis de cambios y continuidades

VICTORIA BASUALDO

> El rechazo de la ruptura radical no nos obliga a optar por la continuidad. [...] Cuando se examina los acontecimientos a través del prisma ruptura/continuidad, uno no puede quedar satisfecho con la afirmación "hubo ruptura (o continuidad)". El empleo de esos términos nos obliga, so pena de interrumpir nuestro razonamiento a mitad de camino, a precisar lo que ha cesado de existir y lo que persiste.
>
> Nun-Ingerflom (2006:141-142)

Este capítulo tiene el objetivo de contribuir al análisis de las transformaciones recientes en América Latina durante la última década, y específicamente respecto al debate sobre si implicaron un cambio respecto al neoliberalismo imperante en la década previa, y en caso afirmativo, en qué medida. Con el objetivo de realizar una contribución específica y acotada, nos detendremos en algunos aspectos vinculados con una dimensión clave: la evolución de una serie de variables y procesos vinculados con la clase trabajadora en la Argentina en la etapa de la post-convertibilidad, desde 2003 hasta 2011. El artículo se centra, en primer lugar, en el análisis de algunas variables importantes del mercado de trabajo, y analiza la información disponible sobre la evolución de la sindicalización, la negociación colectiva, la conflictividad laboral y la organización sindical de base en los últimos años. Partiendo de la afirmación de que el descenso del desempleo y los cambios en el mercado de trabajo fueron muy significativos, el artículo se detiene en otros fenómenos como el trabajo no registrado, los impactos de la tercerización, la flexibilización y la precarización laboral, y de la extranjerización económica y su impacto sobre las relaciones laborales, subrayando la importancia de visualizar las fuertes heterogeneidades existentes en el seno de la clase trabajadora. Finalmente, las conclusiones presentan algunas reflexiones sobre todo este proceso, señalando la importancia de desarrollar una perspectiva compleja que preste atención tanto a los cambios como a las líneas de continuidad para elaborar una agenda de desafíos pendientes.

En un contexto de fuertes transformaciones políticas y económicas en América Latina, existe un intenso debate sobre la caracterización de los gobiernos de Néstor Kirchner (2003-2007) y de Cristina Fernández de Kirchner (2007-2011), y en particular respecto de si, y hasta qué punto, puede considerarse que se produjo un cambio *estructural* (de rumbo), tanto en lo que se refiere a las políticas estatales, como en lo que se refiere a las transformaciones en la estructura económica y social, respecto a la etapa previa caracterizada por el predominio del neoliberalismo. Para contribuir en este sentido, nos detendremos aquí en una serie de políticas y variables vinculadas con la evolución de la clase trabajadora, cuyo poder, niveles de vida y formas de lucha y organización habían experimentado transformaciones regresivas de importancia desde mediados de los años 1970 en adelante.

Más allá de los numerosos ejes de debate sobre la etapa de la post-convertibilidad, existe acuerdo respecto de que este período se caracterizó por un crecimiento de la economía en su conjunto a tasas muy altas – en torno al 8% anual promedio – y por la reactivación de la producción industrial a un ritmo de crecimiento promedio superior al del producto bruto interno (PBI). Sin embargo, hay controversias respecto de si existen o no cambios en los motores de este crecimiento económico, sobre la importancia de la producción agropecuaria para la exportación (particularmente la producción sojera, y sus implicancias ecológicas, ambientales, sociales y productivas), y el grado de influencia de los precios internacionales en la evolución económica en esta etapa, así como las discusiones sobre si se ha superado en esta etapa la histórica restricción externa, y sobre el peso de otras actividades económicas como los servicios y construcción, que aunque con mucha menor visibilidad que la producción industrial, también traccionaron el crecimiento en este período.

En cualquier caso, el crecimiento industrial es particularmente destacable si se repara en que, luego de más de cuarenta años de crecimiento y expansión – entre 1930 y 1970 –, el sector industrial había sufrido una reestructuración y un retroceso significativo en su participación en el PBI desde mediados de la década de 1970 y particularmente durante la segunda ola de reformas estructurales de la década de 1990. Al mismo tiempo, los análisis más interesantes y complejos sobre la estructura económica en la post-convertibilidad muestran que la reactivación industrial, si bien se plasmó en tasas muy altas de crecimiento (especialmente hasta el año 2008), no implicó un aumento significativo de la participación de este sector en el PBI, no fue producto de un proyecto de industrialización planificado y consciente, ni trajo aparejado un cambio sustantivo en la composición interna ni en el nivel de integración de la industria.[1] Adicionalmente, desde distintas contribuciones académicas se ha enfatizado que, en un marco de creciente concentración económica y centralización del capital, se ha consolidado la presencia de empresas extranjeras, en su mayoría transnacionales, en la economía en su conjunto y particularmente en la cúpula empresarial, lo que tuvo complejas implicancias en términos económicos.[2]

En el marco de las varias líneas de debate abiertas cabe resaltar como uno de los datos más significativos de la etapa los cambios

---

[1] Véase, por ejemplo Azpiazu y Schorr (2010); Santarcángelo (2013); Basualdo (2011); Pnud (2012). entre otros.
[2] Véase, por ejemplo, Azpiazu, Schorr y Manzanelli (2011).

en las principales variables ocupacionales a lo largo de la vigencia del Plan de Convertibilidad, cuyos rasgos centrales habían sido el estancamiento del empleo total y la caída del trabajo asalariado registrado. Mientras que en el primer trimestre de 2003, antes de la asunción de Néstor Kirchner, en el país había cerca de 12 millones de trabajadores ocupados, ocho años después, en el primer trimestre de 2011 había casi 17 millones de ocupados, lo que implica que se crearon cerca de 5 millones de puestos de trabajo netos.[3] Estos resultados contrastan muy fuertemente con lo sucedido durante la década de vigencia de la convertibilidad, ya que entre 1991 y 2001 sólo habían creado 200.000 puestos de trabajo netos.[4]

El incremento en el nivel de empleo implicó una fuerte reducción de la tasa de desocupación, que pasó de un nivel máximo del 24,8% en mayo de 2002 al 7,4% en el primer semestre de 2011. La mejora en el empleo pleno supuso una aguda contracción de la tasa de subocupación, que pasó de un máximo del 18,9% de la población económicamente activa en octubre de 2002 al 8,6% en el segundo semestre de 2010, al tiempo que durante el primer trimestre de 2011 esta medición alcanzó el 8,2%.[5] Estos indicadores reflejan el que constituye quizás el cambio social y económico más relevante de este período con profundas implicancias económicas y sociales, dado el efecto disciplinador que habían tenido los altos niveles de desocupación en los años 90 al impactar muy fuertemente sobre las posibilidades de organización y movilización de los trabajadores, los niveles salariales y sobre las relaciones laborales.

Estos cambios en el mercado de trabajo se vieron acompañados por transformaciones en las dos grandes vertientes de las relaciones laborales: las dinámicas de la negociación y el conflicto.

---

[3] Datos del Ministerio de Trabajo de la Nación citados en página 12, 17 jun. 2011. Disponible en: <www.pagina12.com.ar/diario/economia/2-170268-2011-06-17.html>. Acceso en: dic. 2014.
[4] Los datos sobre la evolución del mercado de trabajo provienen del estudio "El mercado de trabajo en la posconvertibilidad" (Cifra-CTA, 2011).
[5] Ibid.

En términos de la primera, uno de los cambios significativos de los últimos años fue la profundización y ampliación de la negociación colectiva. En 2010 se registraron 2038 convenios y acuerdos colectivos, la cifra más elevada desde la restauración de este mecanismo en 1988.[6] Esta revitalización se manifestó en todos los niveles: en la reapertura de unidades de negociación por actividad, en las negociaciones de empresa y en las nuevas instancias de negociación que surgieron impulsadas por el crecimiento económico.

Por otra parte, se incrementó sistemáticamente el número de trabajadores cubiertos por las negociaciones colectivas, cuyo total se elevó de 3 a 5 millones de asalariados entre 2003 y 2010. En términos relativos, se estima que durante ese período el porcentaje de trabajadores registrados del sector privado comprendidos en los convenios colectivos se ha mantenido estable en el orden del 83%.[7] El propio mecanismo de cobertura de los convenios, que se aplica tanto a los trabajadores sindicalizados como a los no sindicalizados, operó como medio de difusión de las normas. Al mismo tiempo, se observa una convergencia entre los salarios de convenio y los efectivamente abonados por las empresas, lo cual redujo la individualización de la relación salarial y produjo avances a favor de los mecanismos de negociación colectiva.

Estos avances tuvieron lugar, al mismo tiempo en un contexto de incremento de la conflictividad laboral, tanto en términos de la cantidad de conflictos con paro, que exhibieron un incremento del 22%, como de la cantidad de huelguistas participantes, que pasaron de 1.339.121 en 2006 a 1.652.248 en 2010 (un aumento del 23%), así como en términos de jornadas no trabajadas, que pasaron de 6.313.232 en 2006 a 6.563.639 en 2010 (un alza del 3%). Es particularmente importante destacar que dos de cada tres conflictos laborales en 2010 (67%) se produjeron en los lugares de trabajo, lo que evidencia la gran actividad y movilización en

---

[6] Véase OIT (2011:1).
[7] Ibid., p. 2-3.

este nivel de organización durante todo el período.[8] Al mismo tiempo, el siguiente cuadro sintetizando la evolución de los conflictos con paro entre 2006 y 2010 muestra que se evidenció un incremento del conjunto del 22% entre puntas, traccionado por el alza en los conflictos tanto en el lugar de trabajo, como en aquellos a nivel de rama de actividad nacional (al tiempo que los conflictos al nivel de rama de actividad local mostraron un leve descenso entre puntas).

Cabe examinar, en vinculación con estas dos líneas de acción, el nivel de sindicalización, ya que se lo considera una variable clave para caracterizar la situación de los trabajadores y sus organizaciones. Los datos disponibles sobre la evolución sindical en las empresas (véase el siguiente cuadro) muestran un avance entre 2005 – cuando el total de compañías con afiliados era del 56,2% – y 2008 – cuando el 62,7% de las empresas contaban con afiliados sindicales. El análisis por tamaño muestra que la presencia de afiliados es mayor en las firmas más grandes. Aunque se evidencia un ligero retroceso entre 2005 y 2008, alrededor del 80% de estas cuenta con afiliados sindicales. En el caso de las pequeñas y medianas, si bien la presencia de afiliados es menor en términos relativos, también se observan avances entre 2005 y 2008.

Si se analiza la información disponible en la Encuesta de Indicadores Laborales sobre la tasa de afiliación de los asalariados registrados, se observa que esta alcanzó el 37,7% en 2008, un nivel

---

[8] Cabe destacar que, a pesar de que los conflictos en los establecimientos laborales son los más numerosos, durante 2010 tuvieron más peso los conflictos en la rama nacional, por la cantidad de huelguistas involucrados, seguidos por los de la rama local. Al mismo tiempo, si se examina la cantidad de jornadas individuales no trabajadas por paro en 2010, el nivel de agregación más importante en términos de incidencia es el de la rama local, seguido por la nacional. Ello implica que, si bien los conflictos en los lugares de trabajo son la mayoría, involucran una reducida cantidad de huelguistas e implican una menor cantidad de jornadas no trabajadas por paro en comparación con los conflictos producidos en las ramas local y nacional. Véase el informe de la Dirección de Estudios de Relaciones del Trabajo, "Los conflictos laborales en el 2010: principales resultados" (MTEySS, ene. 2011).

similar al registrado en 2005 (37,2%) y 2006 (39,7%).[9] Como afirman algunos analistas, la estabilidad de la afiliación sindical puede valorarse en contraste con la declinación de la sindicalización en los Estados Unidos y la Unión Europea.[10] Sin embargo, también es necesario destacar la importancia de lograr mayores avances en esta materia, lo cual resulta especialmente relevante cuando se considera que estos niveles de afiliación se miden en relación con los trabajadores registrados del sector privado, en tanto que los cálculos disponibles sobre la totalidad de los trabajadores ocupados, cualquiera sea su realidad laboral, muestran, en cambio, un nivel de sindicalización del orden del 20 al 25%.[11]

Otro aspecto a abordar es la evolución de la representación sindical de base, una dimensión de gran peso histórico en la Argentina, que se plasmó en la presencia de delegados, comisiones internas y cuerpos de delegados en los lugares de trabajo.[12] Con respecto a esta franja de la representación sindical, en 2008 el 14,2% de las empresas declaró contar con al menos un delegado gremial. Este porcentaje, si bien resulta algo superior al 12,4% de 2005 y 2006, indica claramente que, en la actualidad, la organización sindical en los establecimientos laborales se encuentra restringida a una porción muy limitada del total de empresas.

Este indicador presenta, sin embargo, diferencias sustanciales en función del tamaño de las compañías: en las grandes, la representación sindical es más frecuente que en las pequeñas y medianas, lo cual determina que, en ese tramo, la cantidad de empresas con delegados resulte sustancialmente superior. En las de

---

[9] Agradezco a Héctor Palomino y a todo el equipo de la SSPTyEL por el acceso a un conjunto de estadísticas e informes elaborados por dicho equipo del MTEySS que se citan aquí. Se sigue aquí el informe sobre la "Evolución de los datos del Módulo de Relaciones Laborales de la EIL (2005-2008)" (MTEySS, 2009). Para una explicitación metodológica sobre el Módulo de Relaciones Laborales de la Encuesta de Indicadores Laborales (EIL), véase Trajtemberg et al. (2005).
[10] Véase Palomino y Gurrera (2011).
[11] Véase Basualdo (2008).
[12] Véase Novick (2001); Azpiazu, Schorr y Basualdo (2010).

menor tamaño (menos de 50 ocupados), el porcentaje de firmas con delegados en el último año disponible fue del 8,5%; en las medianas (entre 50 y 200 ocupados), del 31% y en las grandes (200 y más ocupados), del 63,3%. En este último estrato, pudo observarse una evolución positiva en los últimos años, ya que la cantidad de grandes empresas con delegados gremiales en 2005 y 2006 había sido del orden del 52,5 y el 61,1% respectivamente.

El análisis de la representación sindical en el lugar de trabajo es clave también debido a su incidencia en la tasa de afiliación. Varios autores han destacado, para distintos períodos históricos, que su existencia ejerce un fuerte incentivo hacia la afiliación sindical.[13] Las tres mediciones correspondientes al módulo de relaciones laborales de la Encuesta de Indicadores Laborales (EIL) del Ministerio de Trabajo, Empleo y Seguridad Social (MTEySS) para los años 2005, 2006 y 2008, revelan que la tasa de afiliación sindical es más alta en las empresas en las que se verifica la presencia de delegados, en comparación con las que carecen de ella. En 2008, la tasa de sindicalización en las empresas que contaban con delegados ascendió al 49,4%, mientras que en las firmas sin delegados fue del 30,3%. Además, la proporción de trabajadores sindicalizados en empresas con presencia de delegados es más alta entre las que cuentan con mayor dotación de personal.

Otros estudios han señalado que la proporción de personal con cobertura de convenios colectivos de trabajo es mayor en las empresas que cuentan con delegados sindicales. Hacia 2008, la proporción de empleados bajo convenio en empresas con representación sindical fue del 84,8%, mientras que esa proporción en las empresas sin delegados fue del 78%. Además, cuando se considera la dotación de personal, las empresas más pequeñas y con delegados muestran una proporción más alta de empleados bajo convenio. Esta relación entre la presencia de representación sindical y cobertura de la negociación colectiva se ha mantenido en las

---

[13] Véase, por ejemplo, Doyon (1984); Marshall y Perelman (2004); Basualdo (2010).

tres mediciones del Módulo de Relaciones Laborales elaborado por el Ministerio de Trabajo, lo que apoya la idea de que la existencia de delegados es crucial para favorecer el normal cumplimiento de los convenios colectivos de trabajo.[14]

Durante este período se desarrollaron además una serie de políticas públicas que marcaron una distinta intervención en el mercado de trabajo y las relaciones laborales. En estos años se produjo la revitalización del Consejo del Salario Mínimo Vital y Móvil (que después de haber estado sin funcionar durante la década de 1990 se reinstaló en 2004), se puso en funcionamiento la Comisión Nacional de Trabajo Agrario y se estructuró la Paritaria Nacional Docente en 2005, entre otros cambios importantes.[15] Otras políticas relevantes y de gran impacto, que no podemos examinar en profundidad en este trabajo, fueron la Asignación Universal por Hijo y la estatización del sistema de jubilaciones y pensiones, que favorecieron una tendencia progresiva en la distribución del ingreso.

En este contexto, el salario mínimo, vital y móvil se incrementó en términos reales y llegó a expresar, en 2010, un poder adquisitivo un 114% superior al de 2001. Desde 2007, sin embargo, los aumentos reales han sido significativamente más limitados, lo cual se verifica en el hecho de que el salario mínimo, vital y móvil de 2010 fue sólo un 4,7% superior al de 2007.[16] El tema de la distribución funcional del ingreso, que refleja la participación de los salarios y los beneficios en el PBI, aunque muy relevante, es objeto de controversia no sólo por discusiones metodológicas clásicas, sino también debido a los cambios producidos en fuentes de información fundamentales para este tema como resultado de

---

[14] Véase el informe sobre la "Evolución de los datos del Módulo de Relaciones Laborales de la EIL – 2005-2008" (MTEySS, SSPTyEL, 2009).
[15] Para un análisis de las características de estas instancias tripartitas en la Argentina y una comparación con otros países de América Latina véase Etchemendy (2011). Ver también Neffa et al. (2010).
[16] Cifra-CTA. DT n° 10, jul. 2011.

la intervención llevada adelante por el poder político en el Instituto Nacional de Estadística y Censos (Indec).[17] En el siguiente gráfico se incluyen los datos de tres series de estimaciones de la distribución funcional del ingreso, en los años finales de la etapa de la convertibilidad y los de la post-convertibilidad. En primer lugar, se presenta la estimación oficial realizada por el Ministerio de Economía sobre la base de una nueva metodología, que abarca el período 1993-2008. En segundo lugar, una estimación realizada por el Centro de Investigación y Formación de la República Argentina (Cifra), vinculado a la Central de Trabajadores de la Argentina (CTA).[18] Finalmente, se muestra una estimación realizada por el Área de Economía y Tecnología de Flacso.

A pesar de sus diferencias metodológicas, estas estimaciones coinciden en que, en el año 2003, se registró la participación más baja de los asalariados en el ingreso y, en términos de tendencia, todas muestran una evidente curva ascendente desde ese momento.[19] Aunque cada una de ellas evidencia distintos niveles de participación, tanto en la década de 1990 como en la actualidad, las estimaciones del AEyT de Flacso y de Cifra coinciden en que en 2010 la participación de los asalariados se habría situado entre los 38 y los 40 puntos del ingreso nacional, lo que representa una importante recuperación. Esta mejora

---

[17] Véase Idas y vueltas en las políticas sociales: el protagonismo de la pobreza en la agenda política (2010).
[18] Luego de las elecciones generales del 23 de septiembre de 2010, la CTA se dividió en dos sectores: uno conducido por el secretario general de la Asociación de Trabajadores del Estado (ATE), Pablo Micheli, y otro encabezado por el secretario general de la Central de Trabajadores de la Educación de la República Argentina (Ctera), Hugo Yasky. Cifra se encuentra vinculado a la fracción conducida por Yasky.
[19] La metodología de estimación realizada por el Ministerio de Economía se encuentra disponible en <www.mecon.gov.ar/peconomica/basehome/infoeco.html>, en tanto que la metodología aplicada para la estimación de Cifra figura en "El nuevo patrón de crecimiento y su impacto sobre la estructura distributiva" (DT nº 9, Buenos Aires, mar. 2011). Por otra parte, la metodología aplicada por el AEyT de Flacso puede consultarse en Basualdo (2008). Respecto de esta última, cabe señalar que, para estimar el salario entre 2007 y 2010, se utilizó el IPC elaborado por el Indec.

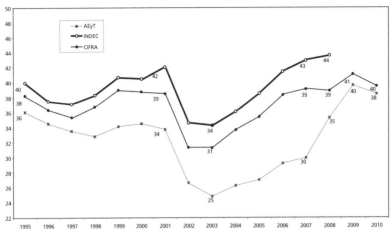

FIGURA 1 Estimaciones sobre la participación de los asalariados en el ingreso – 1995-2010 (en % del PBI)

Fuente: Elaboración Área de Economía y Tecnología (AEyT) sobre la base de la información de Ministerio de Economía, Indec, Cifra y Centro de Estudios Legales y Sociales (CELS).

es registrada en ambas series como producto de un proceso de alza paulatina, aunque en el último año la tendencia se revierte parcialmente, debido al impacto del proceso inflacionario sobre los salarios.

Este breve y sintético análisis de distintos aspectos vinculados con la organización y situación de la clase trabajadora permite detectar avances en varias cuestiones importantes en los últimos años. Sin embargo, para una caracterización cabal sobre este tema sería fundamental avanzar hacia un estudio de la etapa de la post-convertibilidad desde una mirada de largo plazo. Esto constituye aún una asignatura pendiente, ya que una gran parte de la información analizada, o bien no se encuentra disponible para etapas anteriores, o bien resulta de difícil compatibilización con los datos existentes. La elaboración de series históricas de información estadística para temas centrales como el nivel de sindicalización (tanto global como de cada una de las actividades económicas), los niveles de organización en el lugar de trabajo o distintos indicadores vinculados con conflictividad laboral, entre otros, sería fundamental para, en articulación con las series históricas de los principales indicadores de mercado de trabajo, poder evaluar con mayor profundidad los logros y desafíos de la etapa actual.[20] Esta operación sería además clave si se considera que el análisis de la evolución en la última década toma como punto de partida ineludible la coyuntura de 2001-2003, en la que, por los efectos de la crisis varios de los indicadores laborales alcanzaron los peores registros en la historia argentina.

Una segunda operación imprescindible para avanzar hacia una mirada más compleja de los logros y desafíos de esta etapa sería la articulación de estos datos globales sobre la clase trabajadora y el mercado de trabajo con análisis de sectores, fracciones y problemáticas específicas que permitan iluminar las heterogeneidades existentes en distintos niveles, vinculados no sólo con los ingresos, sino con las posibilidades de organización, condiciones de trabajo y de vida, y el acceso a derechos laborales y sociales, entre otros. La detección, estudio y cuantificación de estas heterogeneidades, que pueden resultar invisibles en los panoramas generales y los datos globales, constituye un punto de partida fundamental para toda evaluación de las asignaturas pendientes en la actualidad.

Para contribuir con esta tarea desarrollaremos aquí un análisis sintético de tres problemáticas que ilustran algunos de los complejos desafíos que enfrentan distintos sectores de la clase trabajadora en la actualidad. En primer lugar, nos detendremos en la persistencia de altos niveles de empleo no registrado, que constituye una fuente central de heterogeneidad en el seno de la clase trabajadora. En segundo lugar, abordaremos la problemática

---

[20] Ver Marshall y Perelman (2004) para una interesante discusión metodológica sobre la tasa de sindicalización y su evolución histórica. Para ver un enfoque comparativo de este tema consúltese Marshall (2006).

de la tercerización, que constituye otro disparador de heterogeneidades incluso entre los trabajadores registrados. Finalmente, analizaremos una problemática específica: los posibles impactos en las relaciones laborales del proceso de extranjerización de la economía que se consolidó en este período. El análisis de estos tres fenómenos, que no alcanza a reflejar el conjunto de asignaturas pendientes, constituye al menos un avance para ilustrar el amplio arco de problemáticas vinculadas con la clase trabajadora que merecen una aproximación sistemática y profunda, incluyendo no sólo las distintas modalidades de contratación y sus niveles de ingreso, sino también sus condiciones de trabajo, de vida y sus derechos a la organización.

En primer lugar, debemos retomar los indicadores del mercado de trabajo, que mostraban un descenso importante de la desocupación a partir de la creación de millones de puestos de trabajo, una gran cantidad de ellos registrados (cerca de tres millones de puestos de trabajo), lo cual permitió una contracción del peso del empleo no registrado sobre el empleo total. La proporción de trabajos asalariados no registrados se había expandido significativamente en los años noventa: entre 1995 y 2001 pasó de representar el 26% del total de ocupados y el 36,5% de los asalariados, al 30,8 y el 42,6%, respectivamente.[21]

Frente a ello, en 2010, el empleo asalariado no registrado había disminuido al 26,9% de los ocupados y al 35,1% de los asalariados. Entre 2001 y 2010, se verificó además una reducción relativa de las ocupaciones no asalariadas y un aumento del peso del empleo asalariado sobre el total. Estos datos implican que, en los últimos años, pudo revertirse el legado de informalización, pero sólo en forma parcial, con mejoras que resultan insuficientes para garantizar la aplicación de los derechos laborales al conjunto de la clase trabajadora ya que, a pesar de la importante reducción, los niveles actuales de trabajo no registrado son similares a los de mediados de la década de 1990.

---

[21] Cifra-CTA. DT nº 10, jul. 2011.

Estos datos, que muestran un avance importante explicitan también que, aún después de estos años de crecimiento económico, caída de la desocupación y progresivo incremento del empleo registrado, uno de cada tres trabajadores tiene una ocupación no registrada o empleo "en negro". Es fundamental destacar que este fenómeno no se restringe únicamente a los establecimientos más pequeños. De acuerdo con la información disponible para el año 2006, en empresas de 6 a 40 ocupados, los trabajadores no registrados constituían el 35,4% del total, mientras que en las empresas de más de 40 ocupados eran el 11,1% de los asalariados, lo cual demuestra que, si bien el empleo no registrado se concentra fundamentalmente en los establecimientos de menor tamaño, se extiende también, aunque en menor medida, a empresas medianas como grandes (Cenda, 2006:5).

Estos datos adquieren relevancia al considerar que los trabajadores con empleos no registrados no tienen garantizado el acceso a sus derechos básicos, como los aportes para la futura jubilación, la cobertura de la salud, el seguro en caso de enfermedad o accidente, la indemnización por despido, las vacaciones o el aguinaldo, aspectos que quedan librados a la discrecionalidad del empleador. Al mismo tiempo, este tipo de empleo implica una inseguridad mucho mayor de la continuidad del puesto de trabajo y del nivel salarial, notablemente acentuada por la ausencia de una vinculación contractual explícita entre las partes. Las diferencias salariales registradas en el cuarto trimestre de 2010 muestran que, mientras el salario de bolsillo promedio de los asalariados registrados era de 3.045 pesos, el de los asalariados no registrados ascendía a sólo 1.311 pesos.[22] Al mismo tiempo, entre los trabajadores no registrados tienen mucha mayor incidencia fenómenos como la subocupación o la sobreocupación. Todo esto acarrea profundas consecuencias sobre las condiciones de

---

[22] Cifra-CTA. DT n° 10, jul. 2011. Para un análisis de la desigualdad salarial véase Cortés y Groisman (2005).

vida de este sector de la población, como lo manifiestan los datos disponibles para 2006: el 40,7% de los hogares cuyo jefe era un asalariado no registrado estaba bajo la línea de pobreza, mientras que este porcentaje era mucho menor en los hogares cuyos jefes eran trabajadores registrados (11%) (Cenda, 2006:6).

Otro fenómeno con gran impacto sobre el conjunto de la clase trabajadora es el legado de flexibilización y precarización laboral que afecta la calidad de los empleos y de la vida, así como las posibilidades de organización, y en particular el fenómeno de la tercerización, también denominada "subcontratación", "externalización", "descentralización" o, en inglés, *outsourcing*, que ha adquirido una creciente centralidad a partir de la crisis del modelo fordista de mediados de los años 1970.[23] En el contexto de transformaciones del capitalismo global, las elites empresarias sostuvieron que debían adaptar su gestión a un escenario cada vez más inestable y competitivo, y así propiciaron la adopción de formas de organización basadas en la segmentación de los procesos de producción y la colaboración entre organizaciones empresariales supuestamente independientes unas de otras.

En estas nuevas formas de organización empresarial pueden identificarse tres rasgos principales: la fragmentación y externalización de actividades que anteriormente formaban parte de un mismo proceso de producción; la utilización de empresas especializadas o de proveedores externos para su ejecución, y la coordinación de todos ellos por parte de la firma principal, que, a pesar de la disgregación del ciclo productivo, mantiene así el control de todo el proceso. Esta transformación de los paradigmas organizativos empresariales fomentó un efecto de disociación entre, por un lado, la configuración jurídica de la parte empleadora – que aparece desdibujada ante la existencia de varios sujetos dotados cada uno de personalidad jurídica independiente – y, por otro

---

[23] La principal fuente para el análisis de los distintos aspectos y características de la tercerización ha sido Uriarte y Colotuzzo (2009).

lado, su articulación económica, que aún continúa respondiendo a un proyecto económico unitario. La consecuencia más importante de ello en el ámbito laboral es, sin lugar a duda, que desaparece o se enturbia la coincidencia entre empleador y empresa, desdibujándose la figura del empleador, al tiempo que se fragmenta y divide el colectivo de trabajadores.

En la Argentina, así como en otros países de América Latina, la expansión de la tercerización se produjo en la década de 1990, en un contexto de crecimiento exponencial de la desocupación y de fuerte ofensiva contra los derechos de los trabajadores, que retomó y profundizó el legado de las políticas represivas y económicas de la última dictadura militar (1976-1983). El crecimiento de las políticas de tercerización se combinó entonces con el efecto de las reformas laborales, que promovieron una profunda flexibilización y precarización de las condiciones de trabajo, y con el proceso de reestructuración laboral que promovió la privatización de las empresas públicas.

La tercerización acarrea un conjunto de consecuencias para los trabajadores. Una de ellas es la ausencia de protección adecuada que suelen padecer, en comparación con los trabajadores de planta. A causa de las ambigüedades que existen en la definición de la naturaleza jurídica del empleo en régimen de subcontratación, los trabajadores bajo este régimen se encuentran con frecuencia ante un completo vacío legal, desprovistos de la protección que proporciona la legislación laboral o, en el mejor de los casos, incluidas en un régimen de menores derechos.[24]

En materia salarial, la remuneración percibida por los trabajadores en régimen de subcontratación es, en casi todos los casos, inferior a la de los trabajadores permanentes. Es más, generalmente, la reglamentación sobre salarios mínimos – cuando existe – puede no ser aplicable cuando se entiende que se trata de trabajadores por cuenta propia. En muchos casos, tampoco

---

[24] Uriarte y Colotuzzo (2009:89).

reciben la misma remuneración que los convenios colectivos señalan para los trabajadores que están directamente empleados. Por otra parte, el empleo de los subcontratados es menos seguro que el de aquellos que pertenecen a la planta de personal de la empresa madre. Las jornadas suelen ser más largas para quienes desempeñan funciones en régimen de subcontratación debido a que su remuneración se basa en lo que producen y generalmente está vinculada a labores específicas. Asimismo, suelen estar excluidos del ámbito de aplicación de las normas que conceden los distintos beneficios laborales.

La ambigüedad de las responsabilidades en el cumplimiento de las condiciones laborales, sumada a la presión del trabajo y a la ausencia de políticas activas de formación, en muchos casos convierte al régimen de subcontratación en una zona de alto riesgo en términos de accidentes laborales y enfermedades profesionales. Además, por la propia naturaleza de la relación, las tasas de sindicalización entre los trabajadores subcontratados son a menudo mucho más bajas que las verificadas entre los permanentes.

Finalmente, cabe destacar que el fenómeno de la tercerización tiene consecuencias no sólo sobre quienes resultan directamente afectados por este tipo de régimen laboral, sino también sobre el conjunto de la clase trabajadora. La segmentación y el fraccionamiento de este colectivo entre un núcleo duro privilegiado y otro en inferioridad de condiciones debilitan la fuerza y las posibilidades de organización del conjunto de los trabajadores en las empresas, las ramas de actividad y la economía en su conjunto. Esta fragmentación promueve situaciones en las cuales – en el mejor de los casos – cada grupo cuenta con diferentes representaciones sindicales, y en otras ocasiones – el peor de los marcos – algunos se encuentran sindicalizados y otros no. Con frecuencia, cuando se contrata a trabajadores por agencia, estos suelen pasar de sindicato en sindicato en sus diferentes trabajos, o directamente no están protegidos por ninguna organización, durante parte o en la totalidad de su inserción laboral. Estas diferentes formas de subcontratación también implican una transferencia de riesgos de las empresas a los trabajadores, y profundizan la precarización de sus condiciones de trabajo y de vida.

No es de extrañar, entonces, que una parte importante de la conflictividad laboral actual esté estrechamente relacionada con la profunda desigualdad en las condiciones de las distintas fracciones de la clase trabajadora. De hecho, la tercerización constituye un núcleo central recurrente en una gran cantidad de procesos de organización y lucha de los trabajadores de una amplia gama de sectores y actividades productivas.[25] Esto se puso de manifiesto muy claramente en el caso emblemático del asesinato del militante del Partido Obrero, Mariano Ferreyra, el 20 de octubre de 2010, por parte de un grupo de choque del sindicato de la Unión Ferroviaria, en el transcurso de una movilización de trabajadores tercerizados del ferrocarril en demanda de su incorporación como trabajadores de planta. Este caso evidenció claramente no sólo las desigualdades de condiciones entre tercerizados y trabajadores de planta, sino también el papel protagónico que asumieron algunas organizaciones y dirigentes sindicales en la expansión y consolidación de este proceso.[26]

Finalmente, existen otros fenómenos, vinculados con tendencias económicas de la post-convertibilidad, que parecen haber profundizado algunas de las tendencias más regresivas en materia de relaciones laborales y organización sindical que afectan también a sectores de los trabajadores registrados, incluso a aquellos de medios y altos ingresos, como el proceso de extranjerización que se consolidó en el marco de la cúpula empresarial. Algunos análisis económicos y una encuesta realizada en 2009 por el Ministerio de Trabajo sobre empresas multinacionales en la Argentina, per-

---

[25] Véanse, entre otros, Soul y Martínez (2009); Lenguita (2011); Maceira (2011).
[26] Véase Cels (2012).

miten una aproximación preliminar a sus posibles alcances en términos de las relaciones laborales y de organización sindical.[27]

En términos generales, los autores encuentran que la política gerencial hacia el sindicato revela un sesgo fuertemente unilateral entre las firmas de la muestra (73%), y sólo una baja proporción de los casos estudiados (9%) atestigua una práctica negociadora en cuestiones de salarios y categorías profesionales.[28] Si se considera el país de origen del capital, la política gerencial de tipo unilateral tiene un peso muy importante entre las firmas cuyas casas matrices se localizan en los Estados Unidos (80%) y un peso algo menor entre las europeas (74%). En las firmas latinoamericanas, que – como ya se destacó – mostraban una mayor adaptación al sistema de relaciones laborales, la posición frente a los sindicatos divide al grupo en dos: la mitad de ellas adopta una actitud unilateral para decidir condiciones de trabajo, mientras que la otra mitad asume una política consultiva y negociadora.

En suma, aun cuando se produce un proceso de adaptación de estas empresas a las regulaciones y prácticas locales, la información disponible parece indicar la importancia de examinar las posibilidades de que exista también una influencia inversa, esto es, que las acciones y prácticas empresariales contribuyan a reforzar las prácticas laborales más regresivas en el ámbito nacional. Este tema es particularmente relevante cuando se consideran algunas de las conclusiones provenientes de un estudio sobre la extranjerización, a partir del análisis de las 500 empresas más grandes del país,

---

[27] Véase Palomino y Gurrera (2011).
[28] Palomino y Gurrera (2011) encuentran que el tipo de vínculo con el sindicato parece estar fuertemente asociado con tres variables estructurales: tamaño, actividad económica y país de origen del capital. Esta asociación es particularmente significativa para los casos de actividad económica y tamaño. La política gerencial unilateral predomina entre las firmas de servicios y comercio, así como entre las firmas de menos de 100 trabajadores. Entre las firmas de servicios que muestran este tipo de prácticas figuran: las consultoras de personal, servicios de postventa, servicios financieros, logística, transporte internacional, telecomunicaciones e informática.

que vinculan la extranjerización con otros fenómenos regresivos. Entre las conclusiones de su investigación, Azpiazu, Schorr y Manzanelli destacan que el rendimiento productivo de los asalariados empleados en las empresas extranjeras fue un 38,1% más elevado que el de la cúpula en su conjunto. Asimismo, la participación de los salarios en el valor agregado en las compañías controladas por inversores foráneos (16,2%) fue muy inferior a la verificada en las asociaciones entre empresas locales y extranjeras (24,8%) y, más aún, en las empresas nacionales (37,2%), al tiempo que el superávit bruto de explotación por ocupado en las extranjeras fue 4,1 veces más elevado que en las controladas por accionistas locales, y 2 veces superior que el verificado en las asociaciones.[29] En suma, estos autores afirman que en el ámbito de las líderes controladas por inversores extranjeros se manifestó una distribución del ingreso mucho más regresiva que en el resto de las grandes firmas; es decir que las empresas extranjeras se apropiaron de una mayor porción relativa del producto generado por los asalariados.

Resulta interesante complementar esta evidencia cuantitativa con estudios cualitativos. Una serie de trabajos sobre las estrategias patronales y las respuestas de los trabajadores muestran que Wal-Mart intentó impulsar en la Argentina la misma política de relaciones laborales que aplica en Estados Unidos y que tiene como eje central el ataque a la organización sindical.[30] Un manual confidencial de la empresa, dirigido a sus supervisores y gerentes

---

[29] Véase Azpiazu, Schorr y Manzanelli (2011).
[30] Véanse Medina (2007:683-727, 2011). Esta autora enfatiza que la persecución empresaria contra la organización de los trabajadores en el lugar de trabajo fue además facilitada por el tipo de dinámica interna del Sindicato de Empleados de Comercio (SEC), que se caracterizó históricamente por la falta de representación o la sub-representación en los lugares de trabajo, la fuerte verticalización y jerarquización de las relaciones en el interior del sindicato, todo esto vinculado además con una concepción de que la función del sindicato sería la de proveer servicios y conciliar intereses entre patronales y trabajadores. Al igual que en el caso de la Unión Ferroviaria analizado en el apartado precedente, se pone de manifiesto la necesidad de analizar el papel de estas organizaciones sindicales en obstaculizar la organización de los trabajadores. Ver Medina (2009).

de recursos humanos, explicita claramente que "mantener a la empresa libre de sindicatos es una tarea de tiempo completo a la que debe dedicar esfuerzo, energía, fervor y una gran atención durante los 365 días del año". Se agregaba, asimismo, una lista de "cinco conceptos centrales para mantenernos libres de sindicatos", que incluyen la afirmación de que las prácticas antisindicales no son "una tarea sucia", sino algo de lo que se debe sentir "orgullo". Además, se promueve entre los empleados jerárquicos la idea de que los "asociados" (manera en la que denominan a los trabajadores) "no votan a favor de un sindicato, votan contra el *management*". Por último, se afirma que el "secreto" para lograr el objetivo de eliminar a los sindicatos – que "son como el agua o la electricidad, persiguen el camino del menor esfuerzo" – es la "eliminación interna de problemas", por lo que una política de creación de obstáculos es la mejor manera de mantener a los sindicatos alejados del espacio empresarial.[31]

Esta tradición antisindical no es privativa del caso extremo de Wal Mart, sino que también estuvo presente en Kraft Foods y Praxair, entre otros, donde los intentos de organización de los trabajadores fueron enfrentados con agresivas políticas patronales antisindicales.[32] Estos casos, en conjunción con los datos disponibles, que muestran la debilidad de la representación de los trabaja-

---

[31] En los trabajos se analiza una amplia gama de políticas tendientes a la invisibilización de la relación laboral y a la promoción de la idea de que la empresa es una "gran familia" de "puertas abiertas" (lo que se inculca a través de cánticos y eslóganes que se repiten diariamente), así como otras destinadas al control y la vigilancia de los trabajadores, el seguimiento de sus actividades a través de videocámaras, la evaluación de su desempeño a partir de mecanismos como el "Mistery Shopper", que los evalúa sin explicitar su presencia, todo lo cual se suma a la supervisión permanente del personal jerárquico. Además, se promueve una "cultura de la disposición permanente" por parte de los trabajadores, basada en un discurso de exaltación del cliente, que sostiene como principios "la satisfacción garantizada", "la hospitalidad agresiva" y la idea de que "el cliente es el verdadero jefe". Véase Medina (2007).
[32] Sobre el proceso de organización sindical de base en Praxair, véase Arecco, Cabaña y Vega (2009) y sobre el caso de Kraft, Varela y Lotito (2009). Véase también Azpiazu y Schorr (2010).

dores en las empresas multinacionales radicadas en la Argentina (en forma acentuada en las de origen norteamericano), el marcado predominio del sesgo unilateral en la política gerencial hacia el sindicato así como una distribución del ingreso mucho más regresiva que en el resto de las grandes firmas, sugieren que es fundamental realizar un seguimiento y estudio exhaustivo del impacto de la extranjerización económica en lo que se refiere a la profundización de prácticas regresivas en materia de relaciones laborales.

A modo de conclusión

El presente análisis sobre cambios y continuidades en el período 2003-2011 en lo que se refiere a políticas públicas, transformaciones en el mercado de trabajo y distribución del ingreso, así como en cuanto a distintos aspectos vinculados con la organización sindical, la negociación colectiva y la dinámica de conflicto, parece señalar que las caracterizaciones globales y unidireccionales no parecen resultar útiles para la comprensión de la complejidad de los procesos históricos, sus tensiones, contradicciones y desafíos. Retomando los interrogantes planteados al comienzo de la ponencia, puede afirmarse que si bien un núcleo importante de las políticas implementadas implicó un cuestionamiento de los preceptos neoliberales previamente predominantes, pueden detectarse al mismo tiempo prácticas, políticas y fenómenos de gran importancia, de gran desarrollo durante el neoliberalismo que no han sido suficientemente cuestionados ni modificados. Sólo una mirada crítica y compleja, que no busque concluir en una caracterización tajante y absoluta, permitirá un punto de partida sólido, y como se desprende de este texto resulta fundamental tener en cuenta no sólo las grandes líneas de política estatal, sino también las transformaciones de la estructura económica y social, los cambios en la composición, papel y estrategias de la elite empresarial, así como las líneas de acción, negociación y protesta de las organizaciones sindicales y los trabajadores. De entre las muchas líneas abiertas aquí, probablemente la organización de los trabajadores en sus establecimientos laborales podría tomarse como un eje central de análisis y diseño de políticas en el que confluyen muchas de estas problemáticas, no sólo porque una revitalización de la organización sindical de base podría colaborar con la organización y unificación de esta clase trabajadora fuertemente heterogénea, sino también por el papel que esto cumpliría en la disputa por la distribución del ingreso, y por sus posibles impactos en función de reconstituir una dinámica sindical potente y representativa a la vez.

REFERÊNCIAS

ARECCO, Maxi; CABAÑA, Alfredo; VEGA, José. Nuestra comisión interna. *La organización de los trabajadores de Praxair*. Buenos Aires, SPIQyP-Taller de Estudios Laborales, 2009.

AZPIAZU, Daniel; SCHORR, Martín. La difícil reversión de los legados del neoliberalismo; la recuperación industrial en la Argentina de la posconvertibilidad. *Nueva Sociedad*, Buenos Aires, n. 225, p. 31-47, ene./feb. 2010. Disponible en: <www.nuso.org/upload/articulos/3671_1.pdf>. Acceso en: 29 nov. 2013.

___; ___; BASUALDO, Victoria. *La industria y el sindicalismo de base en la Argentina*. Buenos Aires: Cara o Ceca, 2010.

___; ___; MANZANELLI, Pablo. *Concentración y extranjerización*: la Argentina en la posconvertibilidad. Buenos Aires: Capital Intelectual, 2011.

BASUALDO, Eduardo. La distribución del ingreso en la Argentina y sus condicionantes estructurales. In: CELS. *Informe 2008*: Derechos humanos en Argentina. Buenos Aires: Siglo XXI, 2008. p. 307-326.

___. *Sistema político y modelo de acumulación*: tres ensayos sobre la Argentina actual. Buenos Aires: Cara o Ceca, 2011.

BASUALDO, Victoria. *Labor and structural change*: shop-floor organization and militancy in Argentine industrial factories (1943-1983). Dissertação (Ph.D.) – Columbia University, New York, 2010.

CENTRO DE ESTUDIOS LEGALES Y SOCIALES. *Informe Anual 2012*. Buenos Aires: Siglo XXI, 2012. Disponible en: <www.cels.org.ar/common/documentos/Informe2012.pdf>. Acceso en: jul. 2014.

CENTRO DE ESTUDIOS PARA EL DESARROLLO ARGENTINO (CENDA). *Informe trimestral nº 9*: El trabajo en Argentina – condiciones y perspectivas. Buenos Aires: Cenda, invierno 2006.

CENTRO DE INVESTIGACIÓN Y FORMACIÓN DE LA REPÚBLICA ARGENTINA (CIFRA-CTA). *DT nº 10*: El mercado de trabajo en la posconvertibilidad. Buenos Aires, Cifra-CTA, jul. 2011. Disponible en: <www.centrocifra.org.ar/docs/CIFRA%20-%20DT%2010%20-%20Mercado%20de%20trabajo.pdf>. Acceso en: dic. 2014

CORTÉS, Rosalía; GROISMAN, Fernando. Notas sobre la desigualdad salarial en dos períodos de recuperación del crecimiento económico: 1997-1998 y 2003-2004. In: CONGRESO NACIONAL DE ESTUDIOS DEL TRABAJO, 7., 2005, Buenos Aires. *Anales*... Buenos Aires: ASET, 2005. Disponible en: <www.aset.org.ar/congresos/7/03004.pdf>. Acceso en: 10 oct. 2013.

DOYON, Louise. La organización del movimiento sindical peronista, 1946-1955. *Desarrollo Económico*, Buenos Aires, v. 24, n. 94, p. 203-234, jul./sept. 1984.

ETCHEMENDY, Sebastián. *El diálogo social y las relaciones laborales en la Argentina, 2003-2010*: Estado, sindicatos y empresarios en perspectiva comparada. OIT, 2011. Disponible en: <www.oit.org.ar/documentos/dialogo_social.pdf>. Acceso en: 20 oct. 2013.

IDAS Y VUELTAS en las políticas sociales: el protagonismo de la pobreza en la agenda política. In: CENTRO DE ESTUDIOS LEGALES Y SOCIALES (CELS). *Informe 2010*: Derechos humanos en Argentina. Buenos Aires: Siglo XXI, 2010. p. 223-262.

LENGUITA, Paula. Revitalización desde las bases del sindicalismo argentino. *Nueva Sociedad*, Buenos Aires, n. 232, p. 137-149, mar./abr. 2011. Disponible en: <www.nuso.org/upload/articulos/3767_1.pdf>. Acceso en: 2 oct. 2013.

MACEIRA, Verónica. Orientaciones relativas a la organización sindical y la acción colectiva entre trabajadores argentinos. *Revista Perfiles Latinoamericanos*, México, DF, v. 19, n. 38, p. 145-171, 2011. Disponible en:<www.scielo.org.mx/pdf/perlat/v19n38/v19n38a6.pdf>. Acceso en: 5 jul. 2013.

MARSHALL, Adriana. Efectos de las regulaciones del trabajo sobre la afiliación sindical: estudio comparativo de Argentina, Chile y México. *Cuadernos del IDES*, Buenos Aires, n. 8, p. 1-31, abr. 2006. Disponible en: <http://ides.org.ar/wp-content/uploads/2012/03/cuadernos8_Marshall.pdf>. Acceso en: 5 dic. 2013.

___; PERELMAN, Laura. Sindicalización: incentivos en la normativa sociolaboral. *Cuadernos del IDES*, Buenos Aires, n. 4, p. 1-38, ago. 2004. Disponible en: <http://ides.org.ar/wp-content/uploads/2012/03/Cuaderno4_Marshall_Perelman.pdf>. Acceso en: 10 dic. 2013.

MEDINA, Paula Abal. El destierro de la alteridad: el caso Wal-Mart Argentina. *Revista Mexicana de Sociología*, México, DF, v. 69, n. 4, p. 683-727, oct./dic. 2007. Disponible en: <www.re-dalyc.uaemex.mx/pdf/321/32112602004.pdf>. Acceso en: 10 oct. 2012.

___. El "modelo" del Sindicato de Empleados de Comercio. Buenos Aires: Central de Trabajadores de la Agentina, 2009. Disponible en: <http://archivo.cta.org.ar/El-Modelo-del-Sindicato-de.html>. Acceso en: 2 nov. 2010.

___. Resistencia sindical en el lugar imposible: los delegados de Wal Mart Avellaneda. In: MENÉNDEZ, Nicolás Diana. *Colectivos resistentes*: procesos de politización de trabajadores en la Argentina reciente. Buenos Aires: Imago Mundi, 2011. p. 19-74.

MINISTERIO DEL TRABAJO, EMPLEO Y SEGURIDAD SOCIAL (MTEySS). Subsecretaría de Programación Técnica y Estudios Laborales (SSPTyEL). *Evolución de los datos del Módulo de Relaciones Laborales de la EIL (2005-2008)*. Buenos Aires: SSPTyEL-MTEySS, 2009.

___. *Los conflictos laborales en el 2010*: principales resultados. Buenos Aires: SSPTyEL-MTEySS, ene. 2011.

NEFFA, Julio César et al. Modelos productivos y sus impactos sobre la relación salarial. Reflexiones a partir del caso argentino. In: TOLEDO, Enrique de la Garza; NEFFA Julio César (Comp.). *Trabajo y modelos productivos en América Latina*: Argentina, Brasil, Colombia, México y Venezuela luego de las crisis del modo de desarrollo neoliberal.: Buenos Aires: Clacso, 2010. p. 261-374.

NOVICK, Marta. Nuevas reglas del juego en Argentina, competitividad y actores sindicales. In: TOLEDO, Enrique de la Garza (Comp.). *Los sindicatos frente a los procesos de transición política*. Buenos Aires: Clacso-ILAS, 2001. p. 25-46.

NUN-INGERFLOM, Claudio Sergio. Cómo pensar los cambios sin las categorías de ruptura y continuidad: un enfoque hermenéutico de la revolución de 1917 a la luz de la historia de los conceptos. *Res Publica: Revista de Filosofía Política*, Madrid, n. 16, p. 129-152, 2006.

ORGANIZACIÓN INTERNACIONAL DEL TRABAJO (OIT). *La revitalización de la negociación colectiva en la Argentina*. Buenos Aires: OIT, 2011. Disponible en: <www.oit.org.ar/documentos/negociacion_colectiva.pdf>. Acceso en: jul. 2014.

PALOMINO, Héctor; GURRERA, María Silvana. La adaptación de las firmas multinacionales al sistema de relaciones laborales: la autonomía de las filiales argentinas y la presencia sindical en los lugares de trabajo. In: NOVICK, Marta; PALOMINO, Héctor; GURRERA, María Silvana (Coord.). *Multinacionales en la Argentina*: estrategias de empleo, relaciones laborales y cadenas globales de valor. Buenos Aires: MTEySS, 2011. p. 159-192.

PROGRAMA NACIONES UNIDAS PARA EL DESARROLLO (PNUD). *La Argentina del largo plazo*: crecimiento, fluctuaciones y cambio estructural. Buenos Aires: Pnud, 2012.

SANTARCÁNGELO, Juan. Crecimiento económico y desigualdad del ingreso. *Revista Coyuntura Económica*, Bogotá, v. 43, n. 1, p. 179-198, 2013.

SOUL, Julia; MARTÍNEZ, Oscar. La lucha del movimiento obrero contra las estrategias empresarias de división y precarización de los trabajadores. In: CONGRESO INTERNACIONAL DE EL ASOCIACIÓN LATINOAMERICANA DE SOCIOLOGÍA (ALAS), 27., 2009, Concepción. *Anales*... Disponible en: <www.tel.org.ar/spip/descarga/precarizacionjsom.pdf>. Acceso en: 15 dic. 2010.

TRAJTEMBERG, David et al. Encuesta de relaciones laborales. In: CONGRESO NACIONAL DE ESTUDIOS DEL TRABAJO, 7., 2005, Buenos Aires. *Anales*... Buenos Aires: Aset, 2005. Disponible en: <www.aset.org.ar/congresos/7/07005.pdf>. Acceso en: 3 mar. 2010.

URIARTE, Oscar Ermida; COLOTUZZO, Natalia. *Descentralización, tercerización, subcontratación*. Lima: OIT, 2009. Proyecto FSAL. Disponible en: <www.ilo.org/wcmsp5/groups/public/—ed_dialogue/—actrav/documents/meetingdocument/wcms_161337.pdf>. Acceso en: 2 jul. 2011.

VARELA, Paula; LOTITO, Diego. La lucha de Kraft-Terrabusi: comisiones internas, izquierda clasista y "vacancia" de representación sindical. *Conflicto Social*: revista del Programa de Investigaciones sobre Conflicto Social, Buenos Aires, p. 256-291, 2009.

A participação popular, o nacional-estatismo e os governos progressistas no Equador e na Venezuela

FELIPE ADDOR

Introdução

O objetivo deste capítulo é trazer uma reflexão contemporânea sobre o contexto político dos governos progressistas na América Latina e a importância da participação popular, particularmente a partir das experiências da Venezuela e do Equador. A busca pela construção de outro sistema democrático que permita maior aproximação entre sociedade e Estado é um dos grandes desafios da política contemporânea. A incapacidade do modelo democrático hegemônico de enfrentar os conflitos e de atender às necessidades reais de grande parte das populações fortaleceu a tese de que o modelo de democracia representativa baseada apenas no voto não é suficiente para dar conta das complexas demandas sociais que se apresentam na contemporaneidade latino-americana. Diante dessa realidade, proliferam movimentos que buscam consolidar experiências de participação popular e governos democráticos, que tentam trazer o cidadão para a reflexão e a intervenção nas políticas públicas, inserindo-o no processo de tomada de decisão.

Neste capítulo, apresentarei duas experiências de governo local que lograram práticas participativas consolidadas e que são resultado de movimentos políticos de âmbito nacional. Os casos servirão como subsídio para uma reflexão sobre o contexto político atual dos dois países e as características dos governos progressistas vigentes. Refletindo a partir do conceito de nacional-

-estatismo, discorro sobre como as experiências de transformação em âmbito nacional em andamento logram promover (ou não) uma transformação do sistema democrático tradicional e uma mudança na atuação política da população.

A prática democrática participativa em Cotacachi, Equador

> Si algo nos ha enseñado la historia de los fracasos populares es que no necesitamos ni amorosos asistencialistas ni sabios ventrílocuos que hablen en vez nuestro.
>
> Luis Andrango (2010:35)

Cotacachi foi apenas uma das experiências de governo resultantes do processo de construção do movimento social contemporâneo mais forte do Equador: o movimento indígena equatoriano (MIE). Desde a década de 1960, o MIE vem se estruturando a partir da criação de organizações nacionais que fazem a interface entre organizações sociais e governo (Conaie, Fenocin, Feine).[1] Após tornar-se o principal movimento social do país, a partir do Levantamiento de 1990, o MIE decide, em 1995, entrar na disputa político-eleitoral através do movimento Pachakutik. Nesse contexto, além da atuação no âmbito nacional,[2] os indígenas assumem, em governos locais, a bandeira da gestão participativa, promovendo novas práticas democráticas. Entre eles, destaca-se a experiência do *cantón* Cotacachi, na província de Imbabura.

---

[1] Confederación de Nacionalidades Indígenas del Ecuador (Conaie), Federación Nacional de Organizaciones Campesinas, Indígenas y Negras (Fenocin), Consejo de Pueblos y Organizaciones Indígenas Evangélicas de Ecuador (Feine).

[2] O Pachakutik teve papel relevante na derrubada de dois presidentes – Abdalá Bucaram (1997) e Jamil Mahuad (2000) – e chegou ao poder, em 2002, quando articulou-se com outros partidos em torno da candidatura de Lucio Gutiérrez. Entretanto, o abandono das propostas progressistas por parte do presidente levou a uma conturbada saída do Pachakutik do governo, resultando em uma grande divisão interna e na perda de legitimidade do movimento frente à sociedade.

No século XX, Cotacachi apresentou, até a década de 1970, grande concentração de terras e intensa exploração dos indígenas.[3] Uma série de fatores[4] alterou o contexto político-econômico local e as comunidades indígenas formaram a Unión de Organizaciones Campesinas e Indígenas de Cotacachi (Unorcac), que tornou-se o grande bastião da luta indígena e uma das organizações de segundo grau mais sólidas do país.

Ortiz (2004) dividiu a história do movimento indígena *cotacacheño* em três. A primeira, 1970-1981, período de *"formación de la ciudadanía indígena"*, de luta pelos direitos civis. A segunda, 1980-1996, de luta por *"derechos politicos y sociales"*, priorizando questões como educação indígena, infraestrutura, apoio a atividades produtivas e seguridade social. A terceira fase, 1996-2002, traz temas como a saúde indígena, os recursos naturais, a participação política (Ortiz, 2004:79-80). É sobre esse terceiro período que nos debruçaremos, analisando a experiência democrática participativa iniciada a partir da eleição de Auki Tituaña para prefeito de Cotacachi.

Entrada dos indígenas no governo e a democracia participativa

Eleito em 1996, a partir de uma rara articulação entre Unorcac/Fenocin e Pachakutik/Conaie, Auki Tituaña deu início a um processo participativo, baseado no fortalecimento das organizações

---

[3] Cotacachi tem cerca de 40 mil habitantes e 80% da população vivendo em áreas rurais. Possui uma parte andina, com altitude chegando a 4.500 metros, e uma região subtropical, que chega a 200 metros de altitude. A população *cotacacheña* é dividida entre *mestizos* (cerca de 60%) e indígenas (cerca de 40%), contando ainda com uma pequena população afroequatoriana. A principal atividade econômica é a agropecuária, mas também possui atividades relevantes de artesanato (principalmente o couro) e turismo (Ortiz, 2004).
[4] A Ley de las Comunas, 1937, que formalizou as comunidades indígenas, as leis de Reforma Agrária (1963 e 1974), o combate às práticas subordinadoras da Igreja (Guerrero, 1998), o fortalecimento da questão da educação bilíngue (Ortiz, 2004:66).

sociais de base, no intercâmbio entre as três zonas do *cantón* e na consolidação de espaços públicos. Um mês após sua posse, Auki convocou uma primeira Asamblea de Unidad Cantonal de Cotacachi (AUCC), buscando definir diretrizes para o desenvolvimento do *cantón*. Esse primeiro encontro funcionou, na realidade, como catalisador de um processo que consistia em três grandes fases: diagnóstico socioeconômico das comunidades; planejamento de atividades; execução. O produto desse trabalho foi o subsídio necessário para a II AUCC, realizada em 1997, quando se concluiu o principal documento do processo: o Plan Participativo de Desarrollo Cantonal.[5] O *plan* tornou-se a carta magna que orientou as *asambleas* subsequentes e as atividades de planejamento e execução do processo participativo. Pela demanda de continuidade dos trabalhos, a AUCC tornou-se uma organização articuladora da democracia participativa do município. Para fazer o acompanhamento das atividades previstas nos planejamentos, foi criado o Comité de Desarrollo y Gestión (CDG), um órgão executivo da AUCC, e os *comités temáticos*, grupos formados por sociedade civil e governo com foco em áreas específicas: saúde, educação e cultura, ambiente, artesanato, agropecuária, turismo.

A reeleição[6] de Auki, em 2000, permitiu a inserção de um novo mecanismo de participação: o *presupuesto participativo* (PP), trazido a partir da troca com outras experiências, particularmente a de Porto Alegre. Para Cameron (2003:329-330), embora a prática de orçamentos participativos tenha se espalhado por muitos governos locais, poucos tinham, efetivamente, um espaço democrático de tomada de decisão, como era o caso de Cotacachi.

---

[5] Ao longo de 1997 foram realizadas 127 oficinas em todo o município.

[6] Dessa vez, venceu com uma ampla vantagem, beirando os 70% de votação (Ortiz, 2004:124). Também fortalecido pelo reconhecimento internacional, simbolizado nos prêmios ganhos pelo *cantón*: Melhor Experiência de Governabilidade e de Participação Cidadã, ONU, em 2000; Prêmio Cidades pela Paz, Unesco, 2000-2001; Cidades Amigas das Crianças, Pnud, 2003; Boa Prática em Participação Cidadã, Observatório Internacional de Democracia Participativa, 2006.

Análise da experiência cotacacheña

Podemos fazer uma análise resumida das principais questões que giram em torno do desenvolvimento da experiência participativa de Cotacachi. Metodologicamente, foi uma interessante experiência de tentativa de agregar diferentes culturas, línguas, práticas dentro de um mesmo espaço público. Os métodos, embora inspirados em outras práticas, eram adequados ao contexto e à cultura local. Houve, certamente, obstáculos e lacunas metodológicas, particularmente em relação à participação dos indígenas, que tinham limitações no meio de comunicação utilizado: castelhano com intenso uso da escrita (Ortiz, 2004:152).

Embora todo esse movimento tenha sido fortemente impulsionado pelo MIE nacional, Cotacachi não se caracterizou como uma experiência que integrasse e fortalecesse essa articulação, estando, em geral, distante de outras experiências de gestão local indígena.[7] Apesar disso, participava das grandes mobilizações nacionais e levantava várias bandeiras mais amplas que as locais.

Destaca-se em Cotacachi a preocupação com a formação política dos atores locais. Embora houvesse espaços formais para a preparação de líderes, a principal escola eram as esferas públicas de debate e deliberação. O processo herdou uma formação já existente, principalmente pela atuação da Unorcac e de outros movimentos históricos de luta, como o dos artesãos, mas o caldo de formação política criado pela nova experiência teve um impacto incomparável.

Por outro lado, não se pode diminuir a relevância do papel protagonista da *alcaldía* no processo, representando a garantia da legitimidade dos espaços participativos. Contribuiu para a mobilização da população, viabilizou financeira e metodologicamente

---

[7] Alguns líderes do movimento indígena e estudiosos não consideram Cotacachi a experiência mais exitosa do Equador, preferindo afirmar que foi a mais bem divulgada.

os espaços de participação e atraiu recursos nacionais e internacionais. Auki conseguiu conformar um diverso, mas coeso, tecido social que esteve à frente de toda a construção democrática participativa. Uma questão interessante a ser destacada foi a difusão da cultura comunitária indígena, de troca, de trabalho coletivo para os outros grupos, que exercitaram a mesma prática comunitária.

Apesar da representatividade e da legitimidade da experiência participativa, a autoridade sobre a alocação dos recursos estava a cargo da estrutura democrática tradicional: *alcalde* e *concejo cantonal*. Os espaços de democracia participativa não foram institucionalizados e não possuíam qualquer poder legal de decisão. Era a vontade política do prefeito que garantia o respeito às decisões tomadas nessas esferas. Em um cenário de princípio de desarmonia, automaticamente diminuiu a efetividade das decisões coletivas.

Conquistas e enfraquecimento da participação

A experiência de Cotacachi resultou em uma série de mudanças no município.

Primeiro, a mudança na relação entre os indígenas e o resto da população, com o aumento do respeito inter-étnico e da autoestima das comunidades indígenas, ao ver *um dos seus* governando a cidade.[8] Segundo, a transformação da relação entre Estado e sociedade, promovendo uma nova compreensão dos direitos políticos dos cidadãos.[9] Inclusive, vale um destaque para o protagonismo

---

[8] Nesse período, retomou-se fortemente a tradição de uso das vestimentas tradicionais indígenas, principalmente entre os jovens, que antes, muitas vezes, negavam sua origem étnica.
[9] O líder indígena Carlos Henrique Sánchez (2011) enfatizou a mudança na relação com o poder local: *"Ya no necesitábamos tener un padrino en el municipio para que hagan la obra, no necesitábamos dar de comer a un concejal para que hagan la obra. [...] Antes llamaban los presidentes del cantón para ser compadre".*

assumido por muitas mulheres em um contexto tradicionalmente machista e excludente. A terceira transformação foi a integração entre as três zonas do munícipio, conformando um sentimento de identidade e orgulho com Cotacachi. Por fim, precisamos notar a mudança de contexto simbólico, saindo de um município rural equatoriano como qualquer outro para uma referência nacional e internacional de prática cidadã.

Embora tenha tido uma vida mais longa que a maioria das experiências de governo local indígena, Cotacachi começa a debilitar-se no meio do terceiro mandato de Auki, como resultado de cinco principais fatores. No âmbito nacional, a consolidação do movimento Alianza País representou uma grande ruptura interna no movimento indígena, enfraquecendo muitas articulações, inclusive a *cotacacheña*,[10] Além disso, a mudança na concepção de Estado, trazendo talvez uma nova corrente nacional--estatista ao poder nacional, aumentou a presença de políticas públicas nas áreas rurais, antes completamente abandonadas, o que diminuiu a importância das políticas do governo local e a capacidade de mobilização da população, que via um cenário mais próspero.

No âmbito local, identifica-se uma quebra da coesão do tecido social. Segundo alguns, em função da maior autonomia da AUCC e das organizações sociais em relação à prefeitura. Para outros, pela postura arrogante de Auki, que desprezou a importância da articulação local em busca de "voos maiores".[11] Para terceiros, a perda de ímpeto do processo participativo estaria em uma tecnicização das organizações sociais, com AUCC e Unorcac, que, ávidas por

---

[10] Após conseguir 14% e 17% nas eleições de 1996 e 1998, e subir ao poder em 2002 com Gutiérrez, Pachakutik teve, em 2006, apenas 2% dos votos, com Luis Macas. Em Cotacachi, a Unorcac, junto ao Alianza País, vence Tituaña e o Pachakutik.

[11] Auki Tituaña, assim como Luis Macas, teria sido convidado, em 2006, para ser vice-presidente de Rafael Correa, mas que não teria aceitado por desejar concorrer a presidente pelo Pachakutik, o que acabou não acontecendo por ter sido derrotado nas disputas internas por Luis Macas (Lalander, 2009:203).

projetos que garatissem sua sobrevivência, distanciaram-se das bases e das demandas reais.

Atualmente, os espaços participativos estão debilitados, tanto pelos motivos apresentados anteriormente quanto pela postura do governo atual de não fortalecer a articulação anterior. O governo local assim como a Unorcac estão integrados ao projeto do Alianza País, e isso gera uma divisão com outras organizações, como a AUCC e os grupos da zona subtropical. As leis de participação que estão sendo impostas em todos os municípios, embora tenham se inspirado em Cotacachi, vêm emperrando a retomada dos espaços participativos em função de sua rigidez.

Auki Tituaña procurou reconstruir sua base, mas perdeu seu prestígio no MIE, principalmente por sua oposição ferrenha a Correa, inclusive com diálogos com a direita equatoriana.[12]

A revolução bolivariana em Torres, Venezuela

> Nosotros decidimos irnos al campo, con los campesinos, con la gente. y comenzar a reconstruir o a refundar el campo, porque estratégicamente consideramos que en esos espacios es donde le está garantizado a esta revolución la sustentabilidad.
>
> Julio Chávez, ex-prefeito de Torres (2011)

Torres e sua capital, Carora, tiveram, ao longo do século XX, muitos movimentos populares que tornaram o município e sua capital identificados com a luta política.[13] Entre os movimentos de maior

---

[12] Reportagem do jornal *El Universo*: "Indígenas piden salida de Auki Tituaña", de 2 set. 2008. Disponível em: <www.eluniverso.com/2008/10/02/0001/8/52FE076D3 4E047FC87AE1C527C89E7D7.html>. Acesso em: 2 nov. 2014.

[13] O município de Torres, estado de Lara, fica a 400 km a oeste de Caracas. Possui em torno de 200 mil habitantes, metade concentrada em sua capital, Carora, e outra metade distribuída nas diversas comunidades rurais. Sua característica econômica mais importante é a agropecuária, tocada, em sua maioria, por grandes latifundiários.

relevância, podemos destacar, cronologicamente: uma vertente humanista dentro da Igreja que desenvolveu ações de estímulo à educação, à leitura e ações de beneficência;[14] a atuação de Cecílio "Chío" Zubillaga, que lutou contra a desigualdade e pela formação dos trabalhadores; o movimento cooperativista, na década de 1960, que nasceu a partir da necessidade de instituições financeiras de apoio à população (com cooperativas de poupança e crédito) e, embora na visão de muitos tivesse um objetivo amansador (no pós-Revolução Cubana), formou vários líderes (García, 2008:79).

Além disso, a questão camponesa é muito presente e um fomentador de muitos conflitos. Sendo um município predominantemente rural, Torres possui grande desigualdade de distribuição de terras, tendo, até hoje, forte presença de latifúndios e um histórico inacreditável de exploração dos trabalhadores rurais.[15] Por fim, não se pode ignorar a influência dos partidos ao longo da segunda metade do século XX, como o Partido Comunista da Venezuela (PCV), o Movimento al Socialismo (MAS), o Movimento de Izquierda Revolucionaria (MIR), o La Causa R (LCR) e o Frente Amplio de Izquierda (Fadi).

A construção do poder popular em Torres

Torres, assim como toda a Venezuela, foi tomada de grande esperança com a vitória de Hugo Chávez, em 1998. A Revolución Bolivariana conseguiu agrupar as diferentes frentes de lutas no municí-

---

[14] O historiador Luiz Cortés (2008:36) afirma que esse movimento, que ele denomina "Iglesia Social en Carora", foi uma das origens da Teologia da Libertação.
[15] Os proprietários rurais contratavam o trabalhador em troca de uma terra para sua subsistência e pagamento feito em *fichas* (vales) para compra de bens nas vendas de suas fazendas. Os trabalhadores viviam em vilas dentro da fazenda, em casas pertencentes aos latifundiários, que podiam desalojá-los quando quisessem. Em alguns lugares, até à década de 1990, permanecia a cultura do "derecho de pernada", que conferia ao fazendeiro o direito de passar a primeira noite com a mulher recém-casada (Chávez, 2011).

pio, levando à vitória popular na segunda eleição local pós-Chávez, em 2004, quando o candidato Julio Chávez, do Patria para Todos (PPT), derrota o candidato da oligarquia *caroreña* e o candidato apoiado pelo partido de Hugo Chávez, que tentava a reeleição.[16]

A entrada de Julio Chávez representou uma série de mudanças na gestão local. Primeiro, a abertura da prefeitura à população. Os funcionários, que em lugar de técnicos ou burocratas eram lideranças comunitárias do município, assumem uma nova postura, indo às ruas para conhecer as comunidades. O governo promove diversas políticas sociais e econômicas com foco na população pobre e, particularmente, nas comunidades rurais, o que era fortalecido pelo estímulo à organização social nas localidades.

O grande pilar da mudança foi a Constituyente Municipal. Inspirado pela Asamblea Constituyente Nacional, Julio Chávez promoveu um espaço de reflexão coletiva sobre as diretrizes de desenvolvimento do município. Os quatro meses de debate tiveram como produto a Ordenanza de Constituición del Município Bolivariano G/D Pedro León Torres (AMC, 2005), em que estabeleciam-se os novos princípios de funcionamento do município, com destaque para o papel do povo como seu próprio gestor.[17]

O documento também estruturou a participação popular, que teria como pilar fundamental as organizações comunitárias denominadas *juntas comunales*, predecessoras dos *consejos comunales* (CC). Outro passo importante foi a implementação do *presupuesto*

---

[16] Na primeira eleição, o partido de Hugo Chávez, MVR, saiu vitorioso, mas com um político da elite, Javier Oropeza, que não mudou a realidade local. Os resultados em 2004 foram: Julio Chávez: 35,6%; Oropeza, 34,1%; Walter Cattivelli (candidato da oligarquia), 30,27%. Fonte: Consejo Nacional Electoral. Disponível em: <www.cne.gob.ve>. Acesso em: 2 nov. 2014.

[17] O art. 2º (AMC, 2005:2) registra que o município de Torres: *"es la organización de la nación mediante la cual el pueblo, en ejercicio directo e intransferible de la soberanía, define y ejecuta la gestión pública, controla y evalúa de las comunidades la gestión pública sus resultados como comunidad organizada, en función de crear las mejores condiciones de vida que garanticen a toda persona el efectivo ejercicio de todos sus derechos y el cumplimiento de sus deberes en su jurisdicción territorial, conforme al texto constitucional de la República Bolivariana de Venezuela".*

participativo (PP), com influência de outras experiências, como a de Porto Alegre. A partir de 2005, as prioridades para o uso dos recursos de investimentos eram definidas coletivamente. Inicialmente pela mobilização e urgência das demandas, as comunidades rurais estiveram mais presentes nos espaços participativos e, consequentemente, receberam maior parte dos recursos. Entretanto, a solidificação dos espaços participativos foi levando a uma diminuição desses desequilíbrios e é possível ver, hoje em dia, muitas comunidades organizadas na área urbana. As decisões tomadas nas assembleias de orçamento participativo são respeitadas pela alcaldía, sendo ratificadas pelo conselho municipal, de maioria chavista, não representando, portanto, obstáculo ao processo participativo.

Um aspecto subjacente à renovação democrática de Torres é a revisão da ideia de representação. Na estrutura democrática participativa, embora haja representantes, estes são denominados *voceros*. Os *voceros* têm um vínculo e uma responsabilidade direta com seus representados, prestando conta de toda e qualquer postura assumida, e podem ser substituídos a qualquer momento.

A figura da *junta comunal* representou, na *ordenanza*, a base organizacional da comunidade, e começou a ser formada em 2005. Com a Ley de Consejos Comunales, de 2006, as *juntas* adequaram-se para tornar-se *consejos*. A demanda por questões mais amplas territorialmente levou à articulação de alguns *consejos*. Assim, quando é aprovada a Ley Orgánica de las Comunas (2010), Torres já estava avançada na formação de *comunas* e hoje é uma das regiões que mais contribui para o seu debate.[18]

---

[18] Gerárdo Páez (2011) conta: "Y luego nace la ley de la comuna. [...] en diciembre del año pasado [...]. Pero ya nosotros teníamos cuatro años hablando de comunas. Inclusive había cinco comunas ya reconocidas por el ministerio antes de nacer la ley. Y ahorita tenemos cuarenta y tres comunas en construcción, después de que nació la ley. Yo creo que aquí, en este municipio, la gente está avanzando mucho más rápido que el propio estado".

Análise da experiência torrense

A preocupação com a preparação da população para sua inclusão na nova estrutura democrática foi sempre presente em Torres. Na *ordenanza* consta a proposta da Escuela de Gobierno, que apoiaria as lideranças e as comunidades. Na prática, a *escuela* não avançou, mas os espaços de participação popular e o fortalecimento das organizações comunitárias foram fundamentais para a formação e tiveram fundamental apoio dos *equipos promotores* da *alcaldía*.[19]

As leis promotoras da participação em âmbito nacional foram importantes para a legitimidade da experiência de Torres, pois a amparavam, formalizando funções e responsabilidades do orçamento participativo, dos conselhos comunais e das comunas. Por outro lado, foi de grande importância a democratização do espaço público da *alcaldía* e a compreensão, por parte de seus funcionários, da importância da consolidação da democracia participativa.

Na questão metodológica, inspirando-se na constituinte de Hugo Chávez e no orçamento participativo de Porto Alegre, a prefeitura torrense teve êxito em consolidar um sistema de participação estruturado e efetivo. Entretanto, apesar dessas influências e do alinhamento com a Revolución Bolivariana, pode-se dizer que Torres teve um caminhar autônomo, baseado nas forças de luta e nas lideranças locais. Pode-se notar, ainda, certa influência de Torres no desenvolvimento nacional das propostas participativas, por ser um dos mais avançados quanto à sua estrutura de participação.

Avanços e desafios da democracia em Torres

A experiência de Torres teve o mérito, não tão simples, de dar continuidade e maior profundidade ao processo participativo com

---

[19] Técnicos da prefeitura que apoiavam as organizações sociais na construção dos espaços de participação, na elaboração de projetos, entre outros.

a mudança do *alcalde*.[20] Edgar Carrasco, ex-funcionário de Julio, embora tenha um perfil mais técnico, conseguiu equilibrar suas habilidades técnicas com uma postura política adequada.

Torres é um dos municípios onde a estruturação da *nova geometría del poder* está mais adiantada, embora ainda seja necessário cuidar de alguns aspectos. Primeiro, há que se manter um diálogo contínuo com as leis promulgadas pelo governo nacional. Assim como já ocorreu com os *consejos comunales* e com as *comunas*, Torres precisa estar sempre alinhada com a legislação.

Depois de um início desequilibrado, percebe-se uma participação mais equitativa entre urbano e rural. Além disso, a elite local, que inicialmente ignorou e criticou o processo, atualmente também participa e constrói seus espaços coletivos, inclusive para acessar os recursos. O *reto* atual está na consolidação das *comunas*, que já existem, mas, em sua maioria, ainda não foram reconhecidas pelo governo central. Estruturas econômicas, formas de cooperação e grandes obras começam a ser discutidas.

Uma conquista inquestionável da experiência foi a formação política da população torrense. Paralelamente, multiplicaram-se os meios alternativos de comunicação, como jornais e rádios comunitários, apontando para a necessidade de troca de informação por novos meios que fujam ao espaço tradicional.[21] A população de Torres está muito vinculada ao processo de transformação nacional e orgulha-se de ter vencido todas as votações para a *revolución*,

---

[20] Julio Chávez candidatou-se a deputado da Asamblea Nacional. Edgar Carrasco venceu as eleições municipais de 2010 com facilidade. Resultados: Edgar Carrasco: 48,39%; Javier Oropeza, 36,34%; Monir Chiriti, 7,41%. Interessante verificar que o número de eleitores subiu de cerca de 98.500 para quase 118 mil, e a abstenção caiu de 51% para 40%. Os dados são, provavelmente, reflexos da politização da população. Fonte: Consejo Nacional Electoral. Disponível em: <www.cne.gob.ve>.<www.cne.gob.ve>. Acesso em: 2 nov. 2014.

[21] A *alcaldía* buscou também recuperar a história de Carora e de seus líderes. Lançou quatro livros da Série Poder Popular: 1 – *Antecedentes comunitarios en el municipio Torres*; 2 – *Foro Internacional de Economía Carora, 2008: construyendo un modelo de producción socialista*; 3 – *Hermes Chávez y la Revolución Bolivariana*; 4 – *Alí Lameda: de Carora al universo*.

mesmo quando esta foi derrotada nacionalmente, no referendo de 2007.

Não obstante, há uma série de dificuldades e problemas que a experiência ainda precisa enfrentar para aprofundar o processo de democratização do Estado. Uma é a comunicação, que tem os principais meios ainda dominados pela elite local.[22] Além disso, a formação político-ideológica das pessoas ainda é um desafio. Um número relativamente pequeno de pessoas participa cotidianamente dos diversos espaços decisórios e, mesmo entre estas, a falta de compreensão da profunda transformação que está se dando é uma lacuna.

Ademais, diagnosticam-se problemas de diálogo em uma aparente dificuldade do próprio Estado de adequar-se ao que está propondo. Gerardo Páez (2011) destacou conflitos entre o governo federal e os governos municipais, e uma postura do governo central de buscar a resolução de todos os problemas com a injeção de recursos, o que, às vezes, pode ter um papel contrário ao estímulo organizacional.

Pesando os avanços e as dificuldades, encontra-se em Torres uma interessante experimentação na consolidação de uma nova estrutura democrática, de espaços efetivos de participação, de uma nova relação entre Estado e sociedade que pode trazer muitos ensinamentos a outras experiências. O jornalista Luis Pernalete Mendoza apresenta sua resposta quando perguntado sobre a experiência:

> Soy opositor al gobierno de [Hugo] Chávez pero no tengo dudas en decir que la experiencia del presupuesto participativo en Torres ha sido positiva para la gente. Primero, por la confianza generada en la toma de decisiones. Y segundo, porque de alguna manera se va fraguando la ciudad que queremos, el municipio que queremos, de la mano propia de las personas [Mendoza, 2011].

---

[22] Não há, por exemplo, um registro adequado dessa experiência participativa. As principais referências são Harnecker (2008) e, mais superficialmente, Azzelini (2010). Agrega-se a esses minha tese (Addor, 2012), que preocupa-se com uma descrição mais estruturada do processo.

Fatores para a emergência e consolidação das experiências participativas

Como exercício de compreensão dos fenômenos estudados, busquei levantar os principais fatores que contribuíram para a emergência e consolidação dessas experiências de reconfiguração da democracia representativa tradicional, articulando perspectivas históricas, políticas, culturais e econômicas. A partir de uma dupla abordagem, considerando, de um lado, a questão da cultura política e, de outro, a estrutura política, discorro sobre sete fatores identificados como significativos para a emergência e consolidação das duas experiências.[23] Além de presentes em ambos os casos, esses elementos parecem conformar um conjunto de condições que podem contribuir para os avanços de experiências democráticas em diferentes contextos.

Primeiro, a questão da *politização da sociedade civil*. Em ambos os casos, o início da experiência ocorre em função da eleição de um prefeito. Não obstante, a compreensão do contexto histórico-político nos casos mostrou a importância de movimentos prévios de luta, de mobilização, de questionamento, cujas lideranças e organizações tiveram papel protagonista na consolidação das práticas de democracia participativa e na própria vitória eleitoral. A importância desse fator é denotada pela preocupação com a formação da população, tanto no aspecto técnico, para elaboração e execução de projetos, quanto no político.

Segundo, a *transformação da realidade*. O aprofundamento democrático deve ter resultados efetivos, em curto prazo, de melhoria de qualidade de vida das pessoas, sem o que torna-se mais difícil sua legitimação junto à sociedade. A ampliação dos direitos políticos deve ser direcionada para a melhoria do acesso aos direi-

---

[23] Em minha tese (Addor, 2012), faço essa divisão a partir de dois conceitos: *agência*, de Guillermo O'Donnell, e *esfera pública*, de Habermas. Considerando a restrição de espaço, o que levaria a um tratamento superficial, optei por não colocá-los neste texto.

tos civis e sociais. Nos dois casos, são extremamente relevantes os avanços em relação a saneamento, eletrificação, condições de moradia, acesso à educação, acesso viário, acesso à saúde pública.

Terceiro, a *permissão da utopia*. Nas duas experiências, foi fundamental a vinculação a um projeto político maior, a uma perspectiva de transformação da sociedade, seja pela perspectiva étnica e plurinacional do MIE, seja pela proposta socialista da Revolución Bolivariana. Se por um lado a mobilização da população em torno do processo participativo era fortalecida por retornos materiais, por outro ela era alimentada pela vinculação a um projeto de transformação da sociedade como um todo e não apenas de busca de melhorias locais.[24]

Quarto, *organização das bases*. Houve um forte estímulo à organização da sociedade local através de pequenas organizações comunitárias. Nas duas experiências, o foco da participação não era o indivíduo, mas os grupos organizados. Pela limitação da participação, por questões físicas e metodológicas, em espaços municipais, foi através das organizações sociais de base que se conseguiu mobilizar uma quantidade relevante de pessoas, que tomavam decisões que eram levadas aos espaços mais amplos.

Quinto, *intercâmbio com respeito ao lugar*. Nos dois casos, houve aprendizado com outras experiências participativas. Entretanto, não foram implantados modelos. Identifica-se uma preocupação de construção coletiva que permitiu que as ferramentas importadas fossem trabalhadas e adequadas ao contexto e às demandas locais, o que foi fundamental para a inclusão dos diversos grupos.

---

[24] Patrícia Espinoza (2011), liderança de Cotacachi, ex-*concejal* e ex-presidente da AUCC, reforçou essa visão mais ampla do processo: "*Cuando no había una definición muy clara de lo que hacía el gobierno, essas luchas hacían que la gente entienda que no es una lucha punctual, sino es una lucha a un sistema. [...] Teníamos que hacer le caer a la gente que era más allá que teníamos que cambiar el sistema. Sí se llegó a entender, porque para eso era la formación, no era un doctrinamiento, sino que la gente tenga la idea que los problemas no radican en el problema pequeño, sino que responde a una gran decisión y a una gran política de Estado que en esse momento teníamos en el país*".

Sexto, o *comprometimento do Estado*. A garantia da efetividade das decisões das esferas públicas deliberativas foi o compromisso do governo local, e não as leis. Em ambos os casos, o *alcalde* enfrentou adversidades (embora mais leves em Torres) dentro da estrutura democrática formal por parte dos funcionários municipais ou, mais frequentemente, do conselho municipal.

Por fim, *formalização do compromisso político*. Foi fundamental a construção coletiva de um documento que servisse de base para a luta. Esse contrato aglutinava os diferentes atores em torno do projeto político elaborado participativamente, numa esfera pública deliberativa que integrava pessoas e governo, e que estava registrado como compromisso de toda a população. Essa articulação de sociedade civil e Estado em torno de um projeto político formalizado talvez tenha sido um dos principais fatores de solidez das experiências.

Os governos atuais: o nacional-estatismo e a participação popular

As vitórias de Hugo Chávez (1998) e Rafael Correa (2006) representaram uma renovação no agir político dos governos nacionais e também uma reconfiguração das forças políticas. Trazendo a concepção de Daniel Aarão Reis, vemos o quão próxima a prática desses governos está da ideia do nacional-estatismo. Além de uma preocupação explícita com a soberania nacional e a justiça social, vemos elementos elencados pelo autor que estão presentes, inegavelmente, nas experiências em ambos os países: "Estado fortalecido e intervencionista [...], planejamento mais ou menos centralizado [...], movimento, ou partido nacional [...] em torno de uma ideologia nacional e de lideranças carismáticas" (Aarão Reis, 2000:13).

Por outro lado, restam dois aspectos que representam uma análise relevante, não apenas para encaixar as experiências dentro de um conceito ou outro, mas principalmente como análise do caminho que vem sendo traçado, das transformações realizadas e do que isso pode significar no futuro: a concertação entre Estado, patrões e trabalhadores, e a participação popular. Analiso, em seguida, essas questões, utilizando as experiências concretas estudadas como referência.

MIE, Rafael Correa e participação

No Equador, as organizações indígenas tornaram-se, na década de 1990, representantes das principais demandas sociais do país, com papel protagônico na luta contra políticas neoliberais e de exploração dos recursos naturais. Essa experiência marcou uma perspectiva diferente e inclusiva em relação à ordem social estabelecida no país desde sua independência, quando havia a divisão entre "índios" e "não índios". A identificação como população indígena deixa de ser um peso a ser carregado e passa a ser revalorizada.

A participação política indígena abriu um precedente histórico nas dinâmicas políticas locais. Num processo de transformação do modelo democrático vigente, os governos locais indígenas promoveram uma intensa dinâmica de democratização, popularização do espaço público e aproximação entre Estado e sociedade. Essa prática conferiu maior visibilidade ao MIE e à possibilidade de transformação da democracia local e nacional equatoriana.

São diversas as conquistas do MIE com a entrada na disputa eleitoral, como presença maior das demandas indígenas na agenda e os impactos dos governos locais, que valorizaram a prática e a cultura indígenas, levantaram a autoestima e ampliaram a consciência cidadã das populações locais. Entretanto, o movimento perdeu muitas lideranças para o sistema político e houve profundas rupturas internas, principalmente devido a divergências quanto à política de alianças. Além disso, há percepções de uma perda do potencial *"contestatario y subversivo"*, tendo sido progressivamente "cooptado e burocratizado", em função dos compromissos eleitorais.[25] O MIE perde clareza em sua agenda, que necessita de reorientação, mas ainda possui considerável força em suas bases, nas organizações comunitárias.

A consolidação da Revolución Ciudadana resulta em um dos períodos de maior fraqueza do MIE desde a década de 1970. Rafael Correa não tem uma trajetória de luta e nunca foi vinculado aos movimentos sociais no Equador, mas apareceu no momento certo e conseguiu canalizar as diversas demandas da população.[26] Nesse sentido, o atual presidente segue uma linha conciliatória mais próxima do tradicional nacional-estatismo. Correa assume o país em um período turbulento, com três deposições seguidas de presidentes, e logra fortalecer o papel do Estado, ampliar as políticas sociais, aumentar o controle sobre os setores econômicos estratégicos e institucionalizar espaços de participação cidadã.

Entretanto, ao longo do governo, sua relação com a sociedade e, particularmente, com os movimentos sociais não é pacífica.[27] Percebe-se um enfraquecimento dos movimentos sociais, uma erosão da mobilização social no Equador e um decréscimo das tendências participativas e associativas que haviam ganhado força na história recente (Gallegos, 2010:34). Ademais, embora tenha sérios enfrenta-

---

[25] Ospina et al. (2006:103) afirmaram: "*si el movimiento indígena pretendió democratizar el Estado ecuatoriano, lo que ocurrió fue más bien que terminó 'estatizándose' él mismo*".

[26] A opção do Pachakutik de não aliar-se ao movimento Alianza País nas eleições de 2006 parece ter sido estimulada por dois fatores: a resistência à aliança com políticos não indígenas, após a desilusão com Gutiérrez, e interesses particulares de pessoas ou grupos que desejavam crescer politicamente apresentando-se como candidatos principais no pleito presidencial, estimulados pelo cenário político que abria espaço a novas forças. Essa opção acabou direcionando o movimento Pachakutik (que não pode ser confundido com o MIE) para a oposição ao governo.

[27] Os movimentos sociais tiveram sólida presença na Asamblea Constituyente de 2007-2008, ampliando direitos sociais, ratificando o fim do neoliberalismo, consagrando a plurinacionalidade, inovando na questão dos direitos ambientais, estendendo os espaços formais de participação e consolidando as demandas de despartidarização do sistema político (Gallegos, 2010:20). Porém, em seguida, não conseguiram manter uma atuação forte dentro do governo.

mentos com alguns setores da elite, como a mídia e o capital financeiro, Correa não enfrenta amplamente o capital privado nacional, que está inserido na estratégia de desenvolvimento do país.

Assim, a relação do MIE com o Estado está em um momento complexo e conflituoso. A presença do Estado nas áreas historicamente abandonadas se reflete diretamente nos movimentos sociais, que apresentam uma perda na capacidade de mobilização. Luis Macas destaca a não participação popular no processo de construção da Revolución Ciudadana, "*al menos los diferentes sectores organizados, las organizaciones históricas que han generado todas esta propuesta de cambios, que han elaborado agendas de lucha*" (Macas, 2010:9). Para o líder indígena, essa é uma estratégia do governo para enfraquecer os setores mobilizados contrários a uma política de crescimento econômico centrada na exploração extrativista. É sintomático que a autodenominação do processo de transformação equatoriano coloque em destaque o cidadão. O governo Correa parece buscar ampliar a participação popular nos espaços de governo;[28] entretanto, as propostas de novos espaços e novas dinâmicas participativas esbarram na falta de mobilização e organização das bases na sociedade equatoriana.

Cotacachi possui o diferencial de haver praticado, por mais de uma década, um sistema democrático alternativo, com ampla participação. Não obstante, as dificuldades que enfrenta para retomar um cenário de participação ampla e efetiva parecem ser comuns à maioria dos municípios, como a divisão dos movimentos e organizações sociais e a incapacidade de mobilização. A atuação do Estado central, voluntária ou involuntariamente, é um dos grandes responsáveis por esses dois aspectos.

Além disso, é interessante notar que no momento em que há um contexto nacional progressista, supostamente incentivador de

---

[28] Correa reforça a importância do "quinto poder", formado pelos espaços participativos de controle da gestão pública, com destaque para o Consejo de Participación Ciudadana y Control Social. Em 2010, promulgou a Ley Orgánica de Participación, que visa estruturar estratégias e espaços de participação.

práticas alternativas, isto é, que contribuiria para a *permissão da utopia*, a participação enfraquece, rompe-se o tecido social e volta-se a uma prática democrática tradicional (embora permaneçam resquícios). Rompe-se o compromisso político entre Estado e sociedade, o comprometimento do governo local se esvai e a transformação da realidade torna-se menos urgente, em função da intensa atuação do governo nacional. Apesar do avanço na politização da sociedade e na organização das bases, o processo participativo se enfraquece. A permissão da utopia, antes vinculada à atuação do MIE, não tem continuidade com a Revolución Ciudadana (pelo menos, não em Cotacachi). Atualmente, podemos dizer que, além de uma ampliação da cidadania política e de uma difusão maior da cultura organizativa nas bases, pouco resta do espaço da democracia participativa em Cotacachi.

Revolución Bolivariana e a participação

Na Venezuela, a bandeira da participação popular já era defendida por diferentes movimentos sociais, e algumas práticas participativas foram implantadas antes de Hugo Chávez.[29] Entretanto, foi só a partir da Constituição de 1999 que a participação popular entrou na agenda do governo nacional. Atualmente, várias leis estruturam a atuação dos *consejos comunales* e das *comunas*, e está registrado o objetivo de consolidação de um *Estado comunal* (embora não estejam equacionados os conflitos com a estrutura tradicional).

Essa reformulação política está atrelada a uma transformação econômica, e ambas alimentam a proposta do *socialismo do século XXI*. Chávez, nesse sentido, não teve a característica conciliatória

---

[29] La Causa R é um dos pioneiros no país na implantação de gestões participativas, tendo tido destaque os governos de Clemente Scotto, no município Caroní, estado de Bolívar, de 1989 a 1993, e de Aristóbalo Isturiz, no município Libertador de Caracas, no Distrito Federal, entre 1993 e 1996.

típica do nacional-estatismo. Seu enfrentamento não se limitou ao capital internacional, mas também às grandes empresas de capital privado, e o governo assumiu uma estratégia crescente de *socialização* da economia, estatizando grandes indústrias e setores estratégicos. Na Venezuela, não houve uma concertação de classes; de forma geral é nítida a divisão de classes presente na disputa pelos projetos políticos.

A profusão de espaços públicos nos 15 anos de governo Chávez traz algumas questões.[30] É notória a "transformação da cultura política",[31] havendo um aumento considerável na participação popular. Embora haja questionamentos quanto ao tamanho da população que realmente participa[32] e aos limites de atuação dos espaços, a população começa a exercer um protagonismo, transformando sua histórica relação com o Estado.[33]

Os *consejos comunales* (CC) recebem diretamente do governo central recursos para seus projetos, o que é um forte estímulo à organização, mas que faz emergir o debate sobre a autonomia dos espaços públicos, já que esse vínculo poderia representar uma recentralização das funções do Estado, significando um *by pass* dos níveis estadual e municipal (Lander, 2007:77). Se, por um lado, López Maya (2008) afirma que os CC estão *conceitualmente* pensados como parte do Estado, por outro, uma das conclusões da pesquisa desenvolvida pelo Centro Gumilla[34] é que, de forma

---

[30] Para saber mais sobre a problematização dos espaços participativos na Venezuela, ver Addor (2012); Azzellini (2010); Bruce (2011).

[31] "Antes, o tema principal de conversa em qualquer transporte popular ou de classe média era a novela brasileira, e hoje é a política." (Lander, 2010).

[32] Roland Denis, uma importante liderança que esteve no início do processo de transformação e chegou a ser ministro de Chávez, comenta que, quando estava no governo (2002-2003), fizeram uma pesquisa em que figurava uma participação direta, militante, de 8% da população; hoje estaria em torno de 15% (Denis, 2011).

[33] "A través de su creciente participación en la gestión pública, individuos, familias y la sociedad organizada se constituyen en los actores transformadores y transformados. Ellos son los protagonistas y no el Estado" (López Maya, 2008:8)

[34] Instituição ligada aos jesuítas e que, em geral, possui posição contrária ao governo.

geral, "*se muestra una baja interferencia del Estado en la dinámica de los consejos comunales*" (Machado, 2008:51). Há que se atentar para o risco de as novas instituições criadas para dar seguimento à Revolución Bolivariana serem usadas como pilares do chavismo, principalmente em função da forte polaridade presente no cenário político venezuelano.[35]

Diferentemente do contexto equatoriano, a estruturação dos espaços de participação caminha lado a lado com um processo de politização da sociedade. Esse caminhar duplo é explícito na experiência democrática participativa de Torres. A centralização de poder, que é inegável desde Chávez, mistura-se com uma descentralização no uso e gestão dos recursos. As *comunas*, mais que os conselhos, permitem um debate mais amplo e estratégico, tratando de temas como a distribuição de terras e a estrutura econômica de uma região.

O longo calvário do câncer que levou à morte de Hugo Chávez permitiu que os venezuelanos tomassem a consciência da importância de que as bases tomem o processo para si.[36] O personalismo que esteve presente em seus 15 anos de governo foi um obstáculo para o surgimento de novas lideranças, principalmente em âmbito nacional. Em Torres, quando se tomou ciência da doença, houve uma forte mobilização de lideranças locais. O processo participativo local segue com força, embalado pela utopia promulgada pela Revolución Bolivariana e estruturada a partir das organizações sociais de base, da politização das lideranças e do compromisso do governo local com a melhoria das condições de vida da população.

---

[35] De acordo com a Fundación Centro Gumilla (FCG), em 80% dos CC estudados havia abertura completa a pessoas com diferentes opiniões políticas (Machado, 2008:26). Azzellini destaca uma forte presença dos denominados *ni-nis*, nem opositores e nem chavistas, que não haviam participado de movimentos anteriores de mobilização popular, mas que agora encontram-se incluídos no processo (Azzellini, 2010:313).

[36] Chávez informou publicamente seu câncer em 30 de junho de 2011 e faleceu em 5 de março de 2013.

Considerações finais

A recente onda de governos progressistas na América Latina traz reflexões sobre o tipo de prática política e o futuro dessas experiências. A questão da participação popular, do poder popular, torna-se chave para garantir que os processos de transformação não sejam reduzidos a personificações em torno de lideranças carismáticas. A vitória eleitoral de lideranças da esquerda deve ser aproveitada não apenas para, através de políticas sociais e econômicas, ampliar a conquista de direitos sociais e civis, mas também para consolidar um avanço efetivo e histórico nos direitos políticos, tanto a partir de novas estruturas democráticas participativas quanto pelo avanço da politização da sociedade.

Esses governos, e aí não apenas o venezuelano e o equatoriano, mas também o argentino, o boliviano e o uruguaio, recuperam com força uma perspectiva nacionalista de desenvolvimento. Em muitos sentidos, fazem reviver aspectos das práticas do nacional-estatismo presente no século XX em vários países latino-americanos. Entre os dois presidentes aqui tratados, Correa, pela conciliação de demandas que promove, parece ser mais afinado com essas práticas. Chávez, enquanto presidia a Venezuela, aplicou uma série de medidas que romperam com a estrutura socioeconômica anterior, levando a um espinhoso enfrentamento com as elites, e vêm desenvolvendo um real processo de implementação de um poder popular, o que não é característica dominante no nacional-estatismo, mas talvez tenha estado incipientemente presente no governo Jango. Resta-nos acompanhar como se desenrola o processo venezuelano, seguramente o mais transformador, com a morte de Chávez.

Oxalá as duas propostas participativas em construção nos dois países, embora com origens, características e estratégias diferentes, logrem transformar o modelo de democracia tradicional existente e inserir a população nos espaços fundamentais de tomada de decisão. Só assim será possível garantir que as mudanças conquistadas nessa maré quase vermelha que inunda uma parte da América Latina não retrocedam na morte de um líder ou na primeira derrota eleitoral.

REFERÊNCIAS

AARÃO REIS, D. *Ditadura militar, esquerdas e sociedade no Brasil*. Rio de Janeiro: Jorge Zahar, 2000.

ADDOR, F. *Teoria democrática e poder popular na América Latina*: contribuições a partir das experiências de Cotacachi/Equador e Torres/Venezuela. Tese (doutorado) – Instituto de Pesquisa e Planejamento Urbano e Regional, Universidade Federal do Rio de Janeiro, Rio de Janeiro, 2012.

ANDRANGO Cadena, Luis. Le fenocin frente al gobierno de Rafael Correa. *Revista R*, Quito, n. 3, p. 32-37, jan./fev., 2010. Disponível em: <www.rimanakuy.org/documentos/100301revistaR.pdf>. Acesso em: 4 abr. 2015.

ARRECHE, Miguel Humberto Medina. *Depoimento*. Torres, nov. 2011. Entrevistador: Felipe Addor.

ASAMBLEA MUNICIPAL CONSTITUYENTE (AMC) DEL MUNICIPIO BOLIVARIANO G/D PEDRO LEÓN TORRES. *Ordenanza de Constitución*. Torres: AMC, 2005.

AZZELLINI, Dario. *"Democracia participativa y protagónica en Venezuela"*. Tese (doutorado) – Benemérita Universidad Autónoma de Puebla, México, DF, 2010.

BRUCE, Mariana. A *"democracia participativa y protagónica"*, *o povo e o líder*: a experiência dos consejos comunales na parroquia 23 de Enero (Caracas/Venezuela) – Dissertação (mestrado) – Universidade Federal Fluminense, Niterói, 2011.

CAMERON, John. *The social origins of municipal democracy in rural Ecuador*. Tese (doutorado em filosofia) – York University, Toronto, 2003.

CARRASCO, Edgar Manuel. *Depoimento*. Torres, dez. 2011. Entrevistador: Felipe Addor.

CHÁVEZ, Julio. *Depoimento*. Barquisimeto, dez. 2011. Entrevistador: Felipe Addor.

CORTÉS, Luiz et al. *Antecedentes comunitarios en el Municipio Torres*. Carora: Fondo Editorial Alí Lameda, 2008. Serie Poder Popular.

DENIS, Roland. *Depoimento*. Caracas, out. 2011. Entrevistador: Felipe Addor.

ESPINOZA, Patrícia. *Depoimento*; Cotacachi, mar. 2011. Entrevistador: Felipe Addor.

GALLEGOS, Franklin Ramírez. Fragmentación, reflujo y desconcierto: movimientos sociales y cambio político en el Ecuador (2000-2010). *Osal*, Buenos Aires, ano XI, n. 28, p. 17-47, nov. 2010.

GARCÍA, Myriam Giménez de. Historia de las cooperativas en Torres. In: CORTÉS, Luiz et al. *Antecedentes comunitarios en el Municipio Torres*. Carora: Fondo Editorial Alí Lameda, 2008. Serie Poder Popular. p. 77-86.

GUERRERO, Fernando. *La experiencia de particpación y gestión local en Cotacachi*. Quito: IEE, 1998.

HARNECKER, Marta. *Transfiriendo poder a la gente*. Caracas: CIM, 2008. Colección Haciendo Camino al Andar, n. 2.

LALANDER, Rickard. Los indígenas y la Revolución Ciudadana: rupturas y alianzas en Cotacachi y Otavalo. *Revista Ecuador Debate*, Quito, n. 77, p. 185-20, 2009.

LANDER, Edgard. El Estado y las tensiones de la participación popular en Venezuela. *Osal*, Buenos Aires, ano VIII, n. 22, p. 65-86, set. 2007.

___. O ciclo em direção à esquerda pode estar chegando a seu fim. *Caros Amigos*, 8 jun. 2010. Disponível em: <www.carosamigos.com.br/index.php/cotidiano-2/1915-entrevista-com-edgardo-lander>. Acesso em: 4 abr. 2015.

LÓPEZ MAYA, Margarita. Caracas: Estado y sujeto popular en el proyecto bolivariano. In: PEARCE, Jenny (Org.). *Here, the people decide?* Hampshire: Palgrave, 2008.

MACAS, Luis. Conversaciones sobre el gobierno, el movimiento indígena y el movimiento popular. *Revista R*, Quito, n. 4, p. 7-15, mar./abr./maio, 2010.

MACHADO, Jesus (Org.). *Estudio de los consejos comunales en Venezuela*. Caracas: Fundación Centro Gumilla (FCG), 2008.

MENDOZA, Luis Pernalete. *Depoimento*. Torres, dez. 2011. Entrevistador: Felipe Addor.

ORTIZ, Santiago. *Cotacachi*: una apuesta a la democracia participativa. Quito: Flacso-Ecuador, 2004.

OSPINA, Pablo et al. Movimiento indígena ecuatoriano, gobierno territorial local y desarrollo económico. In: ___ (Coord.). *En las fisuras del poder*. Quito: IEE/Clacso, 2006. p. 15-118.

PÁEZ, Gerardo. *Depoimento*. Torres, dez. 2011. Entrevistador: Felipe Addor.

SÁNCHEZ, Carlos Enrique. *Depoimento*. Cotacachi, mar. 2011. Entrevistador: Felipe Addor.

SÁNCHEZ, Francisco. *¿Democracia no lograda o democracia malograda?* Un análisis del sistema político del Ecuador: 1979-2002. Quito: Flacso, 2008.

A "democratização da democracia" na Venezuela bolivariana: a experiência dos consejos comunales

MARIANA BRUCE

Democratizar a democracia[1]

Para discutirmos os sentidos e significados da "democracia" na América Latina, mais especificamente a experiência de democratização da democracia na Venezuela bolivariana, é de fundamental importância partirmos de alguns princípios fundamentais. O primeiro deles é compreender "democracia" como um conceito que, apesar de ter uma pretensão universal, é referido a realidades específicas. O segundo é compreendê-la como um processo – e não como algo estático que é aplicável, ou não, a algum caso particular.

Em relação ao primeiro princípio, queremos chamar a atenção para o fato de que se trata de um conceito forjado a partir de um padrão institucional característico de alguns países da Europa ocidental e dos Estados Unidos que envolve, entre outras coisas, a alternância de poder,[2] eleições regulares, credibilidade dos par-

---

[1] O termo é inspirado na máxima de Boaventura de Souza Santos presente em seu livro *Democratizar a democracia: os caminhos da democracia participativa* (2002), no qual o autor, partindo de um ponto de vista subalterno, procura analisar os campos de resistência e de formulação de alternativas à democracia liberal representativa.
[2] O princípio da alternância deve estar sempre presente, porém isso não significa que deva ser necessariamente seguido. Durante o século XX, países arquétipos da democracia liberal contaram com dirigentes que se perpetuaram no poder durante muitos anos, tais como Franklin D. Roosevelt (1933-1945), nos EUA; Charles de Gaulle (1959-1969), na França; e Margareth Thatcher (1979-1990), na Inglaterra. Somente em tempos mais recentes, nos EUA e na França foram aprovados limites

tidos políticos e sindicatos e a autonomia dos três poderes. Desse modo, resulta que quando utilizamos apenas esses critérios para pensar realidades diferentes daquelas de onde foram construídos, dificilmente é possível encaixar o objeto na fórmula pretendida. Em decorrência, são comuns as análises que identificam os limites de uma dada realidade incapaz de corresponder fidedignamente às premissas intrínsecas aos conceitos. Nessa linha, por antecipação, um leitor desavisado poderia inferir prematuramente que não existe democracia na Venezuela, devido, por exemplo, à longa permanência de Hugo Chávez no poder.

Antes de qualquer precipitação desse tipo, acreditamos que conceitos como "democracia" exigem *traduções* necessárias. A noção de *tradução*[3] foi proposta por Dipesh Chakrabarty, autor indiano, teórico do *subaltern studies* e dos estudos pós-coloniais, em seu livro *Provincializing Europe: postcolonial thought and historical difference* (2000). O autor se propõe analisar a construção da modernidade na Índia e, para tanto, faz um importante exercício no sentido de reconhecer o legado das práticas e valores europeus modernos difundidos durante os processos de colonização, mas, ao mesmo tempo, destaca também as diferentes apropriações, ressignificações ou *traduções* feitas pelo colonizado. Para Chakrabarty (2000), provincializar a Europa significa compreender a construção da modernidade na Índia a partir de um referencial europeu, mas indo além dele, reconhecendo o diálogo com as idiossincrasias locais. É nesse sentido que se torna oportuna a utilização da noção de *tradução*, quer dizer, sem perder de vista o caráter universal de muitos conceitos – que é importante para compreendermos o

---

para reeleições e reduções na amplitude de mandatos para evitar a longa permanência no poder de uma única liderança.

[3] Mesmo os conceitos criados na Europa devem ser compreendidos como traduções de outras realidades ou de múltiplas inspirações, pois não nasceram puros. A noção de tradução é adequada, pois reconhece que existem valores universais e várias traduções possíveis desses valores. Desse modo, afastamo-nos de uma perspectiva colonial, imperialista, civilizatória, hierarquizante.

porquê de os movimentos os reivindicarem para qualificá-los –, é necessário analisarmos como estes são colocados em prática de acordo com as circunstâncias históricas de tempo e lugar.

Portanto, apesar de o autor tratar do caso indiano, acreditamos ser válido fazer o mesmo esforço para pensar a América Latina e, mais particularmente, a Venezuela. Reservadas as características próprias de cada país, nas circunstâncias do continente, a "democracia liberal" assumiu um sentido bastante peculiar, excludente, associada aos interesses oligárquicos de elites que se assenhoraram dos Estados nacionais sustentadas por um projeto subalterno, racista e fundamentado na especialização em exportação de *commodities*.

O legado dessa nova concepção e prática do poder extravasou o período colonial e repercute até os dias atuais. Desse modo, depois das lutas da independência, a construção dos modernos Estados-nação, concebidos a partir de um modelo eurocentrado, não representou uma ruptura radical com o passado colonial. É certo que muitas coisas mudaram, ou seja, alargou-se o Estado, abriu-se a possibilidade para alguma participação política dos homens e, muito depois, das mulheres, que se tornaram, e ainda se tornam, cidadãos. No entanto, apesar dos avanços, a participação era, e ainda é, limitada. Índios, negros e mestiços foram relegados aos estratos mais marginalizados e empobrecidos. Não viram seus interesses representados no âmbito do Estado. Suas culturas, línguas e valores foram desconsiderados. Portanto, dos regimes "caudilhescos" do século XIX às repúblicas do século XX, consolidou-se um regime político-econômico excludente e oligárquico que se perpetuou em *nuestra* América que, por conseguinte, levou à perpetuação também das desigualdades sociais e da exclusão de grande parte da população do jogo democrático (cf. Bruce e Feitosa, 2008).

Para Daniel Aarão Reis (1997:2), existem três características fundamentais que marcaram os movimentos sociais de cunho popular na América Latina, ao longo do século XX: estatismo, nacionalismo e apelo social. A falência da institucionalidade liberal, o descrédito na democracia representativa e uma política econômica nacional alinhada com os interesses do capitalismo mundial resultaram em diferentes movimentos que tiveram na centralização do Estado – personificado em lideranças populares –, no apelo nacionalista (de defesa da soberania nacional) e na reivindicação por reformas sociais e trabalhistas importantes pontos de encontro.

O sentido dos movimentos sociais, portanto, assumiu características bastante próprias. A combinação do fenômeno das lideranças populares com a fragilidade das instituições liberais representativas deu um novo sentido à democracia, isto é, será democrático o governo que atender às demandas históricas populares e não necessariamente aquele subordinado ao padrão acima referido.

Nesse sentido, quando emergem movimentos extremamente populares como o liderado por Hugo Chávez na Venezuela, que tem a capacidade de reunir em torno de sua imagem sobretudo aqueles setores mais marginalizados das sociedades, os mais pobres, as classes populares, há de se buscar outro sentido para a democracia, antes de rechaçá-la devido a um suposto ofuscamento oriundo do carisma e da longa permanência no poder desse mesmo líder.

Em relação ao segundo princípio enunciado, qual seja o de democracia como um processo, trata-se de colocar o conceito em perspectiva histórica. Se buscarmos suas origens na Antiguidade clássica, democracia (*demo* + *kratos*) significava o "poder (*kratos*) do povo (*demo*)". Em Atenas, a cidadania se estendeu aos diversos ramos de trabalhadores livres, em particular aos camponeses e artesãos (cidadão trabalhador) (cf. Wood, 2003). Apesar de terem sido excluídos desse modelo os hilotas,[4] metecos,[5] mulheres e escravos, a democracia ateniense tornou-se um símbolo de um governo marcado pelo poder do povo – ideal esse que seria resgatado séculos depois, porém revestido por um novo significado.

---

[4] Os hilotas eram os servos na Grécia antiga; eram propriedade do Estado.
[5] Os metecos eram os estrangeiros que viviam nas *polis* gregas, como Atenas.

Na Europa ocidental, os séculos XVII e XVIII foram marcados por um processo de substituição do Estado absolutista por um Estado secularizado, em que a racionalidade e a soberania popular começavam a se fazer presentes como base para sua constituição. No entanto, o liberalismo nasceu antidemocrático, justamente com a prerrogativa de evitar que o poder fosse exercido pelo povo – considerado terreno do caos. Ou, então, poderíamos dizer que os liberais possuíam outra concepção de "povo": este era representado pelos "homens de bens", proprietários, do gênero masculino, pagadores de impostos. Nesse sentido, os regimes políticos deveriam assegurar os interesses destes últimos – e não do "povo" em um sentido mais ampliado, envolvendo as classes populares. As grandes bandeiras liberais eram, a princípio, o constitucionalismo e a monarquia parlamentar, e a República, no caso particular dos EUA.[6] A incorporação da democracia enquanto modelo de governo só se deu no final do século XIX, devido às muitas lutas e pressões vindas *from bellow* (cf. Hobsbawm, 2004, 1996, 2002). Segundo Antonio Negri (2002:48-49):

> O conceito de democracia não é uma subespécie do liberalismo ou uma subcategoria do constitucionalismo, mas uma "forma de governabilidade" que tende à extinção do poder constituído, um processo de transição que libera o poder constituinte, um processo de racionalização que decifra o "enigma de todas as constituições".[7]

---

[6] A República é destacada para o caso dos EUA porque aqui não se contava com a presença de um rei e tampouco havia legitimidade para se "fazer um rei", o que tornou imperativa uma adaptação.

[7] É importante destacar a perspectiva de Negri de que a democracia é um elemento externo ao liberalismo e que nasce do poder constituinte, isto é, das bases sociais em suas ações políticas e processos revolucionários. Uma vez radicalizada, a democracia poderia levar até mesmo à extinção (ou transformação radical) dos poderes constituídos enquanto tais, isto é, os ordenamentos jurídicos constitucionais e o aparato institucional representativo liberal. A Comuna de Paris de 1871 seria um exemplo desse movimento, com a ressalva que não bastaria a liberação política, mas esta deveria estar acompanhada também da emancipação econômica (cf. Negri, 2002:53-54).

Num primeiro momento, a *representação* foi a adaptação necessária para tornar possível a incorporação de um número maior de cidadãos na esfera política em sociedades cada vez mais complexas e manter o povo numa relação de tutoria (cf. Pitkin, 2004). Segundo Wood (2003:178), "a doutrina da supremacia parlamentar viria a operar contra o poder popular mesmo quando a nação política já não se restringia a uma comunidade relativamente pequena de proprietários e quando se ampliou a ideia de 'povo' para incluir a 'multidão popular'". Os governos passariam, então, a *representar* os interesses do povo, mas jamais seriam *formados pelo povo*. Em outras palavras, se por uma indiscutível concessão, as classes dominantes passariam a considerar, ainda que parcialmente, os interesses do povo em seu sentido ampliado, este último ainda não estaria pronto para governar. A política formal, processada no âmbito do Estado e suas instituições, seria relegada ao controle dos mais ilustrados, assegurada pelo voto censitário e, posteriormente, pelo voto dos alfabetizados. O mundo fora do Parlamento seria despolitizado ou deslegitimado (Wood, 2003:178).

No conjunto dessas reformas, o *povo* passou a contar também com direitos fundamentais, direitos *individuais* – em oposição aos direitos coletivos, consuetudinários, aos quais estavam habituados. Da mesma forma, na política, o povo foi fracionado em indivíduos na fórmula: um homem, um voto. A igualdade seria formal somente perante a lei.

> Legitimados pelas revoluções que o consolidaram, o programa liberal aparecia com notável petulância, como se fosse a única hipótese de modernidade. Segundo os liberais, sem eles, não haveria modernidade. [...] Entretanto, no interior dos grandes processos revolucionários dos séculos XVII e XVIII, e sem negar os aspectos básicos da modernidade, apareceram projetos e programas alternativos [Aarao Reis, 2009:9].

Projetos e programas alternativos democratizantes (o movimento cartista, na Inglaterra; Thomas Paine, nos EUA; Gracchus

Babeuf, na Revolução Francesa) e revolucionários (os diferentes socialismos e anarquismos) contribuíram para as metamorfoses do liberalismo e as incorporações de preceitos anteriormente desconsiderados. A democracia, portanto, é uma tendência que vem pela esquerda, criticando os limites do liberalismo, e somente depois ela é incorporada. Ao longo dos séculos, os movimentos sociais, com suas lutas *desde abajo*, vão exigir e conquistar mais e maiores concessões. O objetivo: *democratizar cada vez mais a democracia*.

Portanto, não podemos compreender a democracia como algo inerente à modernidade liberal e que nasce pronta, mas sim como resultado de um longo processo de lutas, conquistas populares e concessões do capitalismo para se ajustar às pressões vindas *desde abajo*. Conforme destaca Margarita López Maya:

> la democracia en las sociedades capitalistas, [...] fue instaurada en las sociedades capitalistas de Occidente después de sangrientas y sostenidas luchas populares de los excluidos. [...] Sufragio universal, poderes públicos independientes e iguales entre sí, representación proporcional, alternancia política, partidos políticos, pluralismo y tolerancia a la diversidad, no son per se principios que favorecen al capitalismo, que promuevan estructuralmente la explotación y la dominación. Al contrario, conviven con el [liberalismo], donde introducen permanente tensión entre el carácter explotador de éste, y tendencias libertadoras. Fueron incorporados a las sociedades capitalistas como conquistas de los excluidos por ampliar la ciudadanía, [cedidos][8] por el capitalismo del siglo XX al verse desafiado por el socialismo [López Maya, 2007:100-102].

É nesse sentido que compreendemos o contexto atual como resultado desse processo conflitante de mais de 200 anos de lutas

---

[8] Na citação original, a autora utiliza o termo "outorga". Lê-se "[...] *otorgados por el capitalismo del siglo XX* [...]", porém, "outorga" pressupõe apenas a vontade dos de cima, ou do tirano em particular. Ao contrário, foram conquistas populares, arrancadas, como a própria autora diz. Um processo de conquistas/concessões sob pressão, mas não de "outorga".

pela democratização da democracia que impulsionaram o reconhecimento e o incentivo à abertura de espaços com maior participação popular.

A era Chávez e a "democracia participativa y protagónica"

Hugo Chávez Frias foi eleito presidente da Venezuela, em 1998, com um chamado a repensar o Estado depois de uma longa crise da institucionalidade liberal representativa durante o regime *puntofijista*.[9] A necessidade de ampliar o raio de participação política do povo venezuelano para além do voto em eleições regulares e de uma influência difusa na opinião pública tornou-se a coluna vertebral desse projeto, que ganhou forma nos termos de uma "democracia participativa e protagônica", conforme disposto em várias leis e enunciado em diversas ocasiões pelo governo.

Mesmo antes da eleição de Chávez, essa premissa de renovação da democracia já estava presente na sociedade venezuelana, havia algumas décadas, através de um conjunto de experiências, tais como a Comisión para la Reforma del Estado (Copre), de 1985; a revolta popular de 1989 (Caracazo) – que, apesar de não ter tido um viés propositivo, representa o ápice da crise deste Estado –; o movimento assembleísta dos *barrios* nos anos 1990, além de uma série de iniciativas em nível municipal e estadual – especialmente com o partido La Causa R[10] à frente – que buscavam

---

[9] Em 1958, na raiz da queda do ditador Marcos Pérez Jiménez (1952-1958), na cidade de Punto Fijo, estado de Falcón, foi assinado um pacto entre alguns dos principais partidos que haviam atuado na clandestinidade ou em oposição à ditadura – Acción Democrática (AD), Comité de Organización Política Electoral Independiente (Copei) e, em menor escala, a Unión Republicana Democrática (URD). O pacto deu início a 40 anos de um regime bipartidário marcado por uma democracia representativa aferida exclusivamente pelos votos.

[10] O partido La Causa Radical (La Causa R ou LCR) é uma dissidência do Partido Comunista da Venezuela (PCV), formado em 1971, a partir de uma autocrítica da guerrilha e da estrutura verticalizada do PCV. A proposta era construir um partido que estivesse mais ancorado nas classes populares. Sua inserção popular cresceu depois do Caracazo, quando conseguiu eleger deputados, prefeitos e governadores.

promover a participação popular na esfera pública, com a instituição de orçamentos participativos, consultas públicas, entre outras medidas. O que gostaríamos de destacar no momento é que quando o presidente Chávez é eleito e lança o referendo de 1999 para a abertura da Asamblea Nacional Constituyente já havia todos esses precedentes que davam respaldo à iniciativa. Desse modo, ao longo desse governo, gradativamente, o projeto foi sendo delineado, primeiro com a própria Constituição de 1999, depois com um conjunto de leis orgânicas subsequentes voltadas diretamente para a questão da participação política e, finalmente, com o Plan Nacional Simón Bolívar, considerado o *primer plan socialista de la nación*, que lança as bases para a construção do chamado *socialismo del siglo XXI*, que tem na "democracia participativa e protagônica" – ou "democracia revolucionária" – um dos seus motores fundamentais.

A maior expressão desse modelo na atualidade são os *consejos comunales* (CCs), microgovernos construídos no interior das comunidades, compostos pelos próprios moradores, que possuem poder deliberativo e executivo sobre a gestão das políticas locais. Os CCs fazem parte de um projeto nacional de construção de novas "geometrias do poder"[11] através do *Estado comunal* venezuelano que seria uma articulação de federações e confederações de *consejos comunales* e/ou *comunas*,[12] atreladas ao desenvolvimento de um projeto econômico endógeno e autossustentável para o país.

---

[11] O conceito é da geógrafa britânica Doreen Massey (1993) em suas reflexões a respeito da globalização e das relações dinâmicas e plurais entre espaço, poder e sociedade. A ideia de construção de uma nova geometria do poder é um dos principais motores do *socialismo del siglo XXI* e está relacionada à reorganização do território venezuelano através da "democracia participativa e protagônica" e do projeto de construção de um *Estado comunal*. Massey assessorou o governo Chávez durante a implantação *dos consejos comunales*.
[12] As *comunas* seriam uma agregação de CCs e outras organizações civis articulados por um projeto socioprodutivo que potencialize as riquezas de sua região correspondente.

A experiência dos consejos comunales

Foram múltiplas as experiências que levaram à formação dos *consejos comunales* na Venezuela. Inspirado por práticas anteriores ao governo Chávez, houve um incentivo à formação, nas comunidades, de grupos de trabalho voltados para resolução de demandas históricas dos diferentes setores: garantia do serviço de água potável, de infraestrutura, de educação, saúde e cultura, de regularização da propriedade da terra, entre outras.[13] Através dessas experiências, as comunidades puderam dar um primeiro passo no sentido de se organizar para terem suas demandas atendidas. No caso, as reformas sociais e estruturais necessárias eram atreladas à exigência de uma organização prévia das classes populares. Se, por um lado, lideranças e movimentos que já tinham algum tipo de trabalho comunitário encontraram um espaço fértil para avançar com seus projetos, por outro, essas iniciativas permitiram também que houvesse uma participação significativa de pessoas que jamais haviam se mobilizado anteriormente. Motivadas pelas novas circunstâncias políticas, pelas convocatórias do presidente e pela existência de leis que regulamentam a participação popular no interior do Estado, engajaram-se na luta e, de igual forma, acabaram se tornando novas lideranças comunitárias.

Nesse sentido, apesar do movimento desde arriba ter sido de fundamental importância para a propagação dessas diversas organizações de base, isso não as torna necessariamente dependentes.

---

[13] Esses grupos de trabalho resgatam ou fortalecem instituições oriundas da década de 1990, como *as coordinadoras culturales* ou *as mesas técnicas de agua*, bem como criam novas, a partir das iniciativas feitas pelo Estado, como o Comité de Tierras Urbanas (para regularização da propriedade da terra), Comité de Salud, de Educación, de Cultura (estes três últimos articulados *às misiones sociales*). Todas essas instituições são formadas por moradores. Nos *barrios* do 23 de Enero, favela de Caracas sobre a qual me debrucei para o trabalho de campo durante meu mestrado, eram formados, principalmente, por cinco a 10 voluntários, a depender da região, que impulsionavam o reconhecimento das demandas locais, a organização de base e a viabilização da chegada de recursos do Estado para o atendimento dos projetos.

Há uma identificação profunda com o presidente, mas a partir do momento em que aqueles moradores passam a ser protagonistas na resolução de seus problemas cotidianos, outras consequências de maior amplitude resultam desse processo: a construção de uma identidade local, de um sentimento de pertencimento, de novos valores, do sentido de coletividade, do voluntarismo dos *voceros* em resolver os problemas de seu território, além do fato de que, de um projeto, tais problemas se desdobram em vários outros, cada vez mais abrangentes e complexos. No interior dessas instituições há, portanto, uma permanente tensão entre a autonomia e a dependência em relação ao governo.

Os *consejos comunales* foram regulamentados em lei em abril de 2006, numa tentativa de articular em uma única instituição os diferentes grupos de trabalho que tinham vida no interior das comunidades. Até então, a população não tinha acesso aos recursos de maneira direta. Através dos *consejos comunales*, os vizinhos organizados ganharam personalidade jurídica e uma conta-corrente em um banco através da qual o Estado e outras instituições depositariam os recursos necessários para a execução de obras, delegando de maneira plena a gestão das políticas locais às instituições existentes nas comunidades.

A lei que regulamenta as formas de atuação de um *consejo comunal* é submetida a sistemáticas reformulações, uma vez que a prática social gera intensas polêmicas e contradições. Em linhas gerais, trata-se de mobilizar pequenos grupos locais, tendo como abrangência máxima 400 famílias (aproximadamente de 200 a 400 famílias nas cidades, 20 nas áreas rurais e 10 nas comunidades indígenas) e inserir a população na gestão das políticas de cada comunidade – processo que já vinha se desenvolvendo através de todas as experiências a que aludimos.

Os CCs, ao seguirem os passos de formalização definidos na lei, têm a possibilidade de acesso aos recursos públicos destinados a suas localidades e, com isso, através de seus comitês de trabalho (de educação, cultura, esporte, lazer, infraestrutura, economia etc.), solucionar seus problemas cotidianos.

Os projetos de cada área são levados para votação na *asamblea de ciudadanos y ciudadanas*, *"máxima instancia de deliberación y decisión para el ejercicio del poder comunitario, la participación y el protagonismo popular; sus decisiones son de carácter vinculante"* (Venezuela, 2009, art. 20).[14] É o espaço, portanto, onde reside a soberania do conselho.

A lei determina as condições para as eleições dos representantes, para a Controladoría Social[15] e para a administração dos recursos. No que diz respeito às eleições, os mais votados tornam-se os *voceros* principais, porta-vozes da instituição. Além destes, há também os *voceros* de cada comitê de trabalho. O trabalho é voluntário e não remunerado. Os *voceros* são eleitos pela *asamblea de ciudadanos y ciudadanas* para um mandato de dois anos, podendo ser reeleitos ou revogados.[16] Apesar da indicação na lei para que a eleição seja secreta,[17] na prática a mesma pode ser feita de maneira aberta, com os vizinhos levantando as mãos ou com urnas eleitorais. O voto é direto, uninominal e sufrágio universal para maiores de 15 anos.

O processo de formação dos *consejos comunales* é incentivado e assessorado por funcionários públicos em tempo integral (*promotores integrales*) da Fundacomunal, instituição vinculada ao Ministerio del Poder Popular para las Comunas que atuam diariamente no interior de todas as *parroquias*.

A desconfiança de muitos moradores em relação aos CCs e a vinculação que estes possuem com o governo são um dos maio-

---

[14] Na Lei de 2006, lê-se que as asambleas são *"instancia primaria para el ejercicio del poder, la participación y el protagonismo popular cuyas decisiones son de carácter vinculante para el consejo comunal respectivo"* (Venezuela, 2006, art. 40, n. 5).

[15] A Controladoría Social tem a função de *"realizar la evaluación de la gestión comunitaria y la vigilancia de las actividades, recursos y administración de los fondos del consejo comunal"* e é integrada por *"cinco habitantes de la comunidad, electos o electas, a través de un proceso de elección popular"* (Venezuela, 2009, art. 330). Não houve grandes alterações quanto ao sentido da Controladoría Social em relação à Lei de 2006 (Cf. Venezuela 2006, art. 110).

[16] Sobre as condições para revogação de mandatos, ver capítulo IV da Lei de 2009 (arts. 38-43).

[17] Cf. art. 120 da Venezuela de 2006.

res entraves para o processo. Como construir uma instituição realmente democrática se são estabelecidos critérios subjetivos e políticos que vinculam um projeto de Estado a um governo, a um partido ou a um líder? O governo, assim como a oposição, alimenta uma polarização da sociedade entre *escualidos* e chavistas. Desse modo, a lógica que se impõe é a de que, no âmbito do discurso, as leis são direcionadas ao "povo", porém quem seria esse "povo"? Certamente não são todos os venezuelanos, mas sim aqueles que estão com o governo, com o processo.

Em regra geral, os CCs são muito dependentes de um grupo de cinco a 10 pessoas mais mobilizadas de cada setor. A cultura política de participação ainda é um processo em desenvolvimento, no sentido de as pessoas passarem a considerar uma de suas prioridades cotidianas o trabalho comunitário. Trata-se realmente de uma "cultura política", pois não estamos falando apenas de uma mudança no comportamento político, mas de uma mudança cultural, de visão de mundo, isto é, muitas pessoas alegam não "ter tempo" para as atividades políticas, porém, da mesma forma que é preciso fazer tempo para ir ao mercado, trabalhar, descansar etc., é preciso fazer tempo para ir às reuniões semanais, criar e decidir sobre projetos, exercer a controladoria social, ir às instituições em busca de recursos, fazer os cursos oferecidos pelos diferentes entes governamentais, entre outras atividades que envolvem o CC. Como toda mudança cultural, isso não se dá da noite para o dia. A experiência dos CCs é muito recente. Precisaremos aguardar os próximos anos para identificar o real impacto dessa nova prática política na cultura do cidadão venezuelano.

No último levantamento do Servicio Autonomo Fondo Nacional de los Consejos Comunales (Safonacc) para a *parroquia* 23 de Enero,[18] entre 2008 e 2010, foram reabilitadas mais de 200 mo-

---

[18] A *parroquia* 23 de Enero é uma comunidade popular, localizada na Zona Oeste de Caracas, próxima ao Centro, com cerca de 200 mil habitantes. É historicamente conhecida por suas diferentes iniciativas de organização popular, considerada um dos maiores redutos chavistas da capital.

radias, e 20 foram substituídas a partir dos *consejos comunales*. Além disso, foram aprovados vários projetos voltados para infraestrutura. No total, foram 62 projetos aprovados somente por essa instituição, e um montante de mais de BsF 26 milhões investidos nesse setor (Safonacc, 2011).

Num âmbito nacional, para o ano de 2008, a Fundación Centro Gumilla (FCG) fez uma pesquisa entre 1.138 CCs em todo o país, e os principais projetos aprovados seguiram uma lógica parecida, isto é, voltados, principalmente, para a melhoria da infraestrutura das comunidades: reformas/reconstruções de casas, instalação de redes de esgoto, encanamento de água potável, rede elétrica, construção de calçadas, escadas e reforma de parques, escolas e praças.

Portanto, podemos perceber que os CCs, em seus primeiros anos, se consolidaram como uma via eficaz para transformar uma série de elementos da vida cotidiana, atendendo às demandas históricas das comunidades populares. Apesar de, na maioria dos casos, ter prevalecido uma postura mais pragmática, decorrente da situação precária em que se encontravam essas regiões, a expectativa é que, a partir do momento em que são geradas as mínimas condições de sobrevivência, os CCs se articulem e se dediquem a temáticas cada vez mais amplas e complexas. Esse seria o princípio norteador para a formação das *comunas* e, mais além, para o *Estado comunal* venezuelano.[19]

Se numa primeira fase os CCs estavam mais voltados para a resolução de problemas de infraestrutura – e ainda estão –, o incentivo à formação de comunas tem por objetivo impulsionar o componente produtivo, quer dizer, as comunidades passam a ter de desenvolver projetos socioprodutivos que contribuam para o desenvolvimento endógeno e autossustentável do país – não apenas em nível local, mas regional e nacional.

---

[19] Conforme podemos observar em vários estudos, como os de Dario Azzelini e Felipe Addor, as *comunas* têm ganhado gradativa expressão na proposição de políticas locais de caráter mais complexo, envolvendo atividades socioprodutivas e contribuindo no debate sobre políticas públicas (cf. Azzelini, 2010; Addor, 2012).

Sem dúvida, a construção do *Estado comunal* venezuelano é permeada por conflitos, tensões, dilemas e desafios. Para além da bipolaridade entre *chavistas* e não *chavistas*, há um rico debate sobre os rumos do processo. Se um dia o debate sobre a democracia residiu na luta pela representação, depois pelo sufrágio universal, pela representação qualificada (isto é, a possibilidade de eleger representantes das classes trabalhadoras, classes mais pobres e, mais recentemente, minorias de todos os tipos) e, finalmente, pela participação política, é notório que, hoje, o que se está discutindo na Venezuela é a *qualidade* dessa participação.

Se, *a priori*, a função de um CC é fundamentalmente atender às demandas locais, esses espaços podem ser potencializados para um sentido mais amplo que o original. Em certa medida, é essa aposta que o governo bolivariano vem fazendo e à qual as classes populares junto aos CCs e às *comunas* vêm respondendo de maneira significativa, mas cujas consequências somente os próximos anos poderão esclarecer.

Haverá chavismo sem Chávez?

No dia 5 de março de 2013, o vice-presidente Nicolás Maduro anunciou, do palácio presidencial, a morte de Hugo Chávez Frias (1954-2013). Sua morte representaria o fim da chamada Revolução Bolivariana? O chavismo teria condições de sobreviver sem Chávez?

Em meio a um entusiasmo popular que movimentou milhões de pessoas por todo o país para acompanhar o cortejo fúnebre do ex-presidente, Nicolás Maduro assumiu o papel de levar adiante o chavismo, sem Chávez. Nas eleições de 7 de outubro de 2012, o comandante havia sido reeleito presidente da Venezuela pela quarta vez, com 55,14% dos votos, derrotando o candidato da oposição, Henrique Capriles, em quase todos os estados do país, à exceção de Miranda e Táchira (Venezuela, 2012). Já nas eleições do dia 16 de abril, Nicolás Maduro, sucessor escolhido pelo ex-presidente, ratificou a vitória do chavismo em pleito mais acirrado, com 50,75% dos votos contra 48,99% para Capriles (Venezuela, 2013).

Afinal, qual o real legado do chavismo na Venezuela? Levando-se em consideração as tensões entre dependência e autonomia que sempre permearam a relação do ex-presidente com as classes populares, qual será a real maturidade e capacidade organizativa destas últimas, no sentido de fazer avançar a revolução nessa nova conjuntura?

Antônio Luiz M. C. Costa destaca um aspecto relevante a ser considerado, qual seja o de que, tal como ocorreu com Getúlio Vargas, no Brasil, e Juan Domingo Perón, na Argentina, para citarmos alguns exemplos, a morte desses líderes, em vez de conduzir a um arrefecimento dos movimentos, construiu tendências, partidos e novos movimentos que determinaram os rumos de seus respectivos Estados nacionais.

> Chávez já governou a Venezuela por quase 14 anos, pouco menos que a duração da primeira era Vargas (1930-1945) e bem mais que a soma dos dois governos de Perón (1946-1955 e 1973-1974), com a diferença de ter sido sempre escolhido em eleições livres e sem fraudes (com forte ajuda da máquina estatal, sim, mas é outra questão). Tanto quanto ambos, se não mais, transformou seu país de forma a deixar sua marca por muito tempo e influenciou mais os rumos das nações vizinhas que qualquer um deles. Pode não ser mais o sucessor aparente de Fidel Castro como porta-voz das esquerdas latino-americanas (e não é impossível que o idoso cubano lhe sobreviva), mas tudo indica que seu futuro como símbolo, ao menos, parece tão assegurado quanto o de Che Guevara, Salvador Allende ou o próprio Simón Bolívar [Costa, 2012:46].

O processo de transformação da cultura política do cidadão venezuelano, no sentido de incorporar o princípio da participação política como parte de suas atividades cotidianas, é bastante lento, sobretudo em um país no qual a democracia sempre pareceu um conceito estranho para a maior parte da população. Em meio aos processos férteis de cooperativismo que estão sendo desenvolvidos no interior das comunidades, de autorreconhecimento, de construção de identidades locais e coletivas, de "equivalenciação de demandas"[20] e de empoderamento, o que se nota é que os fantasmas do burocratismo, da centralização e do clientelismo ainda persistem como possibilidades inegáveis.

Persiste, portanto, o desafio de o povo ser capaz de assumir um papel ainda mais decisivo nos altos escalões do governo, não apenas deliberando e executando projetos e políticas locais, mas também delimitando as diretrizes das políticas públicas; de o povo ser capaz de, uma vez organizado, domesticar/subordinar todas as burocracias – internas e externas aos CCs – e colocá-las a seu serviço; de ser hábil em articular os dinamismos de suas decisões com um corpo técnico especializado. Persiste, por fim, a *possibilidade* também de essa força constituinte do povo não sucumbir aos esforços de constitucionalização de seu poder,[21] mantendo-se viva, pujante, criativa e transformadora, com ou sem Chávez. Todas essas são tarefas que ainda precisam ser feitas, se partirmos do pressuposto de que há realmente uma busca em superar de forma radical e revolucionária as estruturas políticas, econômicas e culturais do mundo em que vivemos.

Os caminhos tomados na Venezuela não são exclusivos, mas sim uma tendência, no mínimo, continental. Do México, com os zapatistas, passando pela Venezuela e a "democracia participativa e protagônica", pelo Equador e a experiência de governos participativos liderados pelo movimento indígena Pachakutik, até a Bolívia, com a solução plurinacional para a reforma estrutural do Estado. Todos, de alguma forma, apontam caminhos inusitados

---

[20] A ideia de uma "equivalenciação de demandas" é a de viabilizar uma articulação entre as diferentes demandas individuais e setoriais que se inserem em um mesmo quadro de contradições. Quer dizer, na medida em que se identifica esse conjunto de demandas como parte de um mesmo todo, viabiliza-se uma articulação mais ampla para os movimentos sociais (cf. Laclau, 2007).
[21] A constitucionalização do poder se refere ao processo de institucionalização dos poderes constituintes que operam nas dinâmicas de base dos movimentos sociais (cf. Negri, 2002).

para refletirmos sobre *"otro mundo posible"*, com outras e novas tensões entre líderes e povo, entre dependências e autonomias, entre poderes constituintes e poderes constituídos. Apesar de cada experiência corresponder a um contexto específico, estamos falando fundamentalmente da premissa dialética de construção e prática do poder no âmbito das tensões entre poderes constituídos e constituintes. Quanto ao futuro, este está em aberto.

REFERÊNCIAS

AARÃO REIS, Daniel. Turbulência ao sul do Rio Grande. *Folha de S.Paulo*, São Paulo, 5 out. 1997. Jornal de Resenhas. Disponível em: <www1.folha.uol.com.br/fsp/1997/5/10/caderno_especial/3.html>. Acesso em: 9 fev. 2015.

____. Compreender o passado para pensar o futuro: experiências e perspectivas do socialismo. In: AZEVEDO, Cecília; FERRERAS, Noberto; BRUCE, Mariana (Org.). *Outras modernidades*: textos e propostas (EUA e nuestra América). Rio de Janeiro: FGV: 2009. p. 307-335.

ADDOR, Felipe. *Teoria democrática e poder popular na América Latina*: contribuições a partir das experiências de Cotacachi/Equador e Torres/Venezuela. Tese (doutorado em planejamento urbano e regional) – Rio de Janeiro: Instituto de Pesquisas e Planejamento Urbano e Regional, Universidade Federal do Rio de Janeiro, Rio de Janeiro, 2012.

AZZELLINI, Dario. *Democracia participativa y protagónica en Venezuela*: la busqueda de una nueva democracia, la construcción de dos lados y los consejos comunales como mecanismo de autogobierno local. Tese (doutorado em sociologia) – Benemerita Universidad Autónoma de Puebla, México, DF, 2010.

BERSTEIN, Serge. *La démocratie libérale*. Paris: PUF, 1999.

BRUCE, Mariana. Compreender o passado para pensar o futuro: experiências e perspectivas do socialismo. In: AARÃO REIS, Daniel; ROLLAND, Denis (Org.). *Modernidades alternativas*. Rio de Janeiro: FGV, 2008. p. 323-345.

____. *A 'democracia participativa y protagónica, o povo e o líder*: a experiência dos *consejos comunales* na *parroquia* 23 de Enero (Caracas/Venezuela). Dissertação (mestrado em história) – Programa de Pós-Graduação em História, Universidade Federal Fluminense, Niterói, 2011.

___; FEITOSA, Emilly. "O Nacionalismo Popular em nuestra América: revolução cubana e bolivariana em debate." In: AARÃO REIS, Daniel; ROLLAND, Denis (orgs.) *Modernidades Alternativas*. Rio de Janeiro: FGV editora, 2008.

CHAKRABARTY, Dipesh. *Provincializing Europe*: postcolonial thought and historical difference. Londres: Princenton, 2000.

CONSEJO NACIONAL ELECTORAL (CNE), 1999. Disponível em: <www.cne.gob.ve>. Acesso em: 17 jun. 2011.

COSTA, Antonio Luiz M. C. A hora da verdade. *Carta Capital*, São Paulo, ano 28, n. 728, p. 46-48, 19 dez. 2012.

HOBSBAWM, Eric. *A era do capital (1848-1875)*. São Paulo: Paz e Terra: 1996.

___ *A era dos extremos*: o breve século XX (1914-1991). São Paulo: Companhia das Letras, 2002.

___. *A era das revoluções (1789-1848)*. São Paulo: Paz e Terra, 2004.

LACLAU, Ernesto. *La razón populista*. Buenos Aires: Fondo de Cultura Económica, 2007.

LOPEZ MAYA, Margarita. Sobre representación política y participación en el socialismo venezolano del siglo XXI. In: CASTRO, Gregorio (Ed.). *Debate por Venezuela*. Caracas: Alfa, 2007.

MASSEY, D. Power geometry and a progressive sense of place. In: BIRD, J. et al. (Org.). *Mapping the futures*. Londres: Routledge, 1993. p. 59-69.

NEGRI, Antônio. *O poder constituinte*: ensaio sobre as alternativas da modernidade. Rio de Janeiro: DP&A, 2002.

PITKIN, Hanna Fenichel. Representation and democracy: uneasy alliance". *Scandinavian Political Studies*, v. 27, n. 3, p. 323-345, 2004.

SANTOS, B. de Souza (Org.). *Democratizar a democracia*: os caminhos da democracia participativa. Rio de Janeiro: Civilização Brasileira, 2002.

SERVICIO AUTONOMO FONDO NACIONAL DE LOS CONSEJOS COMUNALES (SAFONACC). *Planilha de gastos anuais para a parroquia 23 de Enero (2008-2010)*. Caracas: Safonacc, 2011. Mimeo.

VENEZUELA. Ley Orgánica de los Consejos Comunales (Locc) de 2006. *Gaceta Oficial de la República Bolivariana de Venezuela*, Caracas, 2006.

___. *Proyecto Nacional Simón Bolívar*: Primer Plan Socialista de la Nación – PPS (2007-2013). Caracas: [s.n.], set. 2007. Disponível em: <www.mppeuct.gob.ve/el-ministerio/politicas/leyes-y-planes/proyecto-nacional-simon-bolivar--primer-plan-socialista-pps>. Acesso em: 9 fev. 2015.

___. Ley Orgánica de los Consejos Comunales (LOCC) de 2009. *Gaceta Oficial de la República Bolivariana de Venezuela*, Caracas, 2009.

___. *Presidential Election 2012*: mapped politics 2012. Electoral Geography 2.0. [S.l.], [s.d.a]. Disponível em: <www.electoralgeography.com/>. Acesso em: 10 maio 2013.

_____. *Presidential Election 2013*: mapped politics 2013. Electoral Geography 2.0. S.l.], [s.d.b]. Disponível em: <www.electoralgeography.com/>. Acesso em: 10 maio 2013.

WOOD, Ellen M. *Democracia contra capitalismo*: a renovação do materialismo histórico. São Paulo: Boitempo, 2003.

Educação, história e civismo no Chile sob Pinochet*

SAMANTHA VIZ QUADRAT

Em 25 de janeiro de 1999, 11 historiadores chilenos assinaram o documento que ficou conhecido como o "Manifesto dos historiadores" (Grez e Salazar, 1999).[1] Era uma resposta à "Carta a los chilenos" (Ugarte, 1998a),[2] escrita pelo ex-ditador Augusto Pinochet quando de sua detenção em Londres,[3] em dezembro de 1998, e também à coleção de fascículos História de Chile, publicada no jornal *La Segunda*, de Santiago, tendo como organizador o historiador Gonzalo Vial. Eram dois nomes importantes da ditadura que governou o Chile entre 11 de setembro de 1973 e 11 de março de 1990.

Augusto Pinochet Ugarte fez uma carreira militar sem grande destaque nas Forças Armadas chilenas. Na visão de Carlos Prats,[4] Pinochet era um soldado profissional e apolítico. Em função dessa trajetória, foi nomeado chefe do Estado-Maior do Exército durante o período da Unidade Popular. No entanto, mediante a saída de

---

* Este texto é uma reflexão do projeto de pesquisa intitulado "Os desafios do ensino da história das ditaduras do Cone Sul", contemplado nos editais Jovem Cientista do Nosso Estado (Faperj, 2012) e Produtividade (CNPq, 2013).
[1] O documento também pode ser encontrado na rede mundial de computadores.
[2] O documento também pode ser encontrado na rede mundial de computadores.
[3] Pinochet ficou detido em Londres por 17 meses enquanto aguardava o resultado do pedido de extradição feito pela Espanha à Inglaterra. Ver Quadrat (2009a:399-419).
[4] Carlos Prats seria assassinado juntamente com sua esposa num atentado em 30 de setembro de 1974, em Buenos Aires. Trata-se de uma das primeiras ações da repressão chilena além de suas fronteiras, dando início assim ao Plano Condor. Ver Quadrat (2005).

Prats,[5] em 23 de agosto de 1973, acabou nomeado por Allende comandante em chefe do Exército.

Embora diga ao contrário em discursos e livros que escreveu,[6] Pinochet não foi um conspirador desde o início do movimento golpista,[7] tendo aderido tardiamente à ação. A princípio, Pinochet assumiu o governo como chefe da Junta Militar ao lado de Gustavo Leigh[8] (comandante em chefe da Força Aérea), José Toríbio Merino (comandante em chefe da Marinha) e César Mendonza Durán (diretor dos carabineiros). Apesar das desconfianças, sua liderança foi vista como estratégica para assegurar uma possível imagem de legalidade e legitimidade da ação ao país; contudo, o cargo seria rotativo. Como sabemos, tal ideia nunca se cumpriu. Em 27 de junho de 1974, Pinochet foi nomeado chefe supremo da nação e, em 17 de dezembro de 1974, designado presidente da República. Somente em 11 de setembro de 1980, no mesmo plebiscito que aprovou a nova Constituição, foi eleito presidente para um mandato de oito anos. Apesar de ser acusado de inúmeros atos de violência política e também de corrupção, Pinochet morreu em 10 de dezembro de 2006, Dia Internacional dos Direitos Humanos, sem ser punido por seus crimes.[9]

Ainda que o governo seja visto como excessivamente personalista em função da forte imagem/presença de Pinochet, que sem dúvida se tornou o símbolo dos ditadores do Cone Sul no período, a ditadura contou com uma grande presença de civis em cargos estratégicos do país.

---

[5] A saída forçosa de Prats, um general legalista e de grande influência sobre a tropa, era um dos elementos centrais de continuidade do movimento golpista.

[6] Entre as obras de Pinochet, destaco: Ugarte (1982, 1998b).

[7] As informações de pessoas próximas ao ditador dão conta de que ele só teria aderido ao golpe no dia 8 de setembro.

[8] Leigh tinha a posição mais radical de combate à oposição nos primeiros meses após o golpe. É dele a famosa frase de que o governo iria "extirpar o câncer marxista".

[9] Sobre a morte de Pinochet, ver Quadrat (2009a).

Gonzalo Vial, por exemplo, foi um desses importantes aliados civis do regime militar.[10] Desde os primeiros momentos após o golpe, Vial já se destacava com a publicação do *Libro blanco*,[11] um dos principais documentos que justificam a ação militar de 11 de setembro de 1973. Entre outros aspectos, destacam-se a defesa da reconstrução nacional e o inverídico autogolpe que estava em curso pela Unidade Popular através do Plano Z. Tal acusação acabou gerando também a perseguição e assassinato de vários integrantes da esquerda chilena (Villagrán, 2005). Vial foi um dos 13 ministros da Educação durante a ditadura pinochetista num momento de significativa transformação na estrutura educacional chilena. Ocupou o cargo por um curto período, a exemplo dos demais, entre 26 de dezembro de 1978 e 14 de dezembro de 1979. No caso específico de Vial, ele contava com certa desconfiança de Pinochet pelo fato de ter uma postura crítica com relação aos "excessos" da Dirección de Inteligencia Nacional (Dina) (Huneeus, 2003:293-294).[12] Ainda durante a ditadura deu início à publicação da coleção *História de Chile (1891-1973)*,[13] cujo recorte temporal cobre dois suicídios presidenciais: Balmaceda e Allende. O primeiro dos tomos (a coleção ficou incompleta) foi publicado em 1981, e durante os anos pinochetistas a coleção tornou-se a principal referência da historiografia oficial. Com o retorno à democracia, em 1990, foi o único historiador a integrar a Comissão Nacional de Verdade e Reconciliação, que gerou o Informe Rettig,[14] e, 10 anos depois, a Mesa do Diálogo,[15] cujo documento final se recusou a assinar. Vial seguiu escrevendo livros

---

[10] Gonzalo Vial é autor de inúmeras obras, das quais destaco: Vial (2002) e outras citadas no corpo deste capítulo.
[11] Secretaria General de Gobierno República de Chile (1973).
[12] A Direção de Inteligência Nacional (Dina) foi o principal órgão de repressão nos quatro primeiros anos de ditadura. Foi criada e liderada pelo coronel Manuel Contreras, responsável por graves violações dos direitos humanos.
[13] Os livros continuam sendo reeditados pelo conservador Editorial Zig Zag <www.zigzag.cl/site/editorial/index.php>.
[14] Disponível em:<www.ddhh.gov.cl/ddhh_rettig.html>. Acesso em: 30 jul. 2013.
[15] Disponível em: <www.ddhh.gov.cl/mesa_dialogo.html>. Acesso em: 30 jul. 2013.

e artigos para jornais. Antes de falecer, em 30 de outubro de 2009, foi agraciado em 2005 com o título de intelectual mais influente do Chile. E, em agosto de 2010, a Escola de História da Universidad Finis Terrae criou um prêmio em seu nome.

Tanto o manifesto assinado pelos historiadores e as manifestações de apoio e crítica que sucederam à sua publicação como a resposta de Vial, publicada em 12 de fevereiro de 1999 no próprio periódico *La Segunda*, e nos dois documentos identificados no início deste texto, ou seja, a carta do ditador e a coleção de fascículos, indicam que o Chile, mesmo quase 10 anos depois da saída de Pinochet do poder ainda *vivia/vive* uma intensa batalha pela história e memória dos anos compreendidos entre a chegada da Unidade Popular ao poder, em 1970, e o fim da ditadura pinochetista, em 1990. A batalha envolve não apenas interpretações sobre o passado recente, mas também sobre a própria trajetória do país ao longo do século XX, em que está presente a disputa sobre o conceito de nação e *chilenidad*. Será sobre esses dois últimos aspectos que iremos trabalhar neste capítulo.

11 de setembro de 1973 e a "recuperação" da chilenidad

No Bando nº 5,[16] de 11 de setembro de 1973, editado pela Junta Militar, encontramos 14 justificativas para a deposição do governo da UP. Gostaria de destacar:

> 2. *Que el mismo Gobierno que ha quebrado la unidad nacional fomentando artificialmente una lucha de clases estéril y en muchos casos cruenta, perdiendo el valioso aporte que todo chileno podría hacer en búsqueda del bien de la Patria y llevando a una lucha fratricida y ciega, tras las ideas extrañas a nuestra idiosincrasia, falsas y probadamente fracasadas;*

---

[16] Os bandos são recursos jurídicos semelhantes aos decretos ou ordens superiores e foram usados com frequência pela ditadura chilena.

[...]
10. *Que existe en el país anarquía, asfixia de libertades, desquiciamiento moral y económico y, en el Gobierno, una absoluta irresponsabilidad o incapacidad que han desmejorado la situación de Chile impidiendo llevarla al puesto que por vocación le corresponde, dentro de las primeras naciones del continente* [Garreton et al., 1998:59-61].

Nas duas justificativas encontramos aspectos que seriam recorrentes nos discursos dos representantes da Junta Militar no decorrer da década de 1970, a saber: que o governo da Unidade Popular havia rompido com o consenso nacional ao introduzir uma ideologia estrangeira no país, ou seja, o comunismo, e assim atacado os valores chilenos, a chamada *chilenidad*, e a incapacidade da coligação partidária liderada por Salvador Allende de governar.[17]

Esses temas, especialmente o da *chilenidad*, seriam aprofundados na Declaración de Principios del Gobierno de Chile, documento de 11 de março de 1974, que nortearia dali por diante as ações do governo e ampliava o debate ao introduzir a questão do cristianismo e seus valores como componentes da identidade nacional chilena:

> *En consideración a la tradición patria y al pensamiento de la inmensa mayoría de nuestro pueblo, el Gobierno de Chile respeta la concepción cristiana sobre el hombre y la sociedad. Fue ella que dio forma a la civilización occidental de la cual formamos parte, y es su progresiva pérdida o desfiguración la que ha provocado, en buena medida, el resquebrajamiento moral que hoy pone en peligro esa misma civilización.*[18]

Referências a Deus e o uso de parábolas bíblicas são uma constante no discurso dos integrantes do governo, em especial do próprio Pinochet e até mesmo de seus familiares para justificar

---

[17] Devemos lembrar que a Unidade Popular sofreu, especialmente a partir do segundo ano de governo, um forte estrangulamento econômico por parte da oposição como forma de desestabilizar o projeto de socialismo pela via democrática.
[18] Declaración de Principios del Gobierno de Chile, 1974:5.

o golpe e os anos ditatoriais. São fundamentos centrais também na busca da necessária legitimidade ao novo governo.

Para o governo autoritário, em sua Declaración de Principios del Gobierno de Chile:

> *El nacionalismo chileno, más que una ideología, es un estilo de conducta, la expresión genuina del ser de la Patria y del alma de su pueblo. En tal sentido, el Gobierno de Chile preferirá siempre los principios que las doctrinas, las realizaciones que los programas, la conducta que las simples leyes, el pragmatismo que las ideologías y la verdad de los hechos que la ilusión de las palabras.*[19]

A partir de tais documentos, somados a outros bandos e leis, acompanhamos a imposição de uma nova conduta, que visava à formação de um novo homem chileno dentro dos padrões idealizados pela ditadura. Através dos discursos dos integrantes da junta, especialmente os proferidos por Pinochet, estava em jogo a busca por legitimidade para o Pronunciamento (termo com o qual o governo se referia à ação golpista) militar num país no qual as Forças Armadas apresentavam uma trajetória marcada por intervenções até então discretas se comparadas com as dos países vizinhos da região. Dessa maneira, o governo procurava fomentar um novo pacto nacional que compreendesse não apenas a intervenção, mas também a permanência no governo.

Segundo Huneeus, a busca por legitimidade se deu a partir de três linhas de atuação: a histórica, a constitucional e a econômica (Huneeus, 2000). Para efeito desta apresentação, interessa-nos a busca por uma legitimidade histórica com forte ênfase no antimarxismo e no anticomunismo, temas bastante explorados nos primeiros anos de governo.

Essa conduta é perceptível claramente até 1980, quando se instala uma nova constitucionalidade. Até esse ano, o governo se

---

[19] Declaración de Principios del Gobierno de Chile, 1974:18.

apresentava como única alternativa, como na mensagem presidencial de 1979, por ocasião do aniversário do golpe: *"Ésta la Única alternativa viable, capaz de hacer realidad que Chile se proyecte hacia una nueva institucionalidad que nos conduzca, finalmente. a una real democracia vigorosa y estable".*[20]

As celebrações do 11 de setembro assumiram um papel central nessa busca de legitimidade. Era o "Dia de la Liberación contra los Marxistas". Era o momento de o governo enfatizar a recuperação da paz interna do país e da liberdade perdida durante o governo da Unidade Popular – embora, como veremos mais adiante, o nome da coligação partidária jamais fosse mencionado –, demonstrar ao país e ao mundo o apoio da população ao governo militar e a desqualificação do governo da Unidade Popular e do marxismo mediante a recordação do que aconteceu ao país durante o período de 1970-1973 (Polomer, 2005:13). Em associação com a desqualificação do governo deposto, era a hora de celebrar os feitos do Pronunciamento, como a estabilidade econômica, a *heroicização* das Forças Armadas e o agradecimento público pela intervenção e pelas obras, como escolas e ginásios, recorrentemente inaugurados nesse dia. Devemos recordar, ainda, que setembro é o mês das festas pátrias chilenas, pois concentra a Independência, no dia 18, e o Dia das Glórias do Exército, no dia 19.

Sempre bastante teatralizadas, tais celebrações tornaram-se um momento do encontro entre o ditador e o povo. Para essas ocasiões, os símbolos nacionais, como a bandeira e o escudo, eram amplamente incentivados. O hino, com o resgate da terceira estrofe,[21] era um momento especial das festividades.

Joignant (2007:37) defende que não são indivíduos isolados que vão a essas celebrações, mas sim homens e mulheres vinculados

---

[20] Mensaje presidencial de 1979.
[21] A estrofe em questão diz: *"Vuestros nombres, valientes soldados, Que habéis sido de Chile el sostén, nuestros pechos los llevan grabados; Los sabrán nuestros hijos también. Sean ellos el grito de muerte/ que lancemos marchando a lidiar, y sonando en la boca del fuerte hagan siempre al tirano temblar".*

entre si, em primeiro lugar, mediante o vínculo com a pátria, o que permite a emergência de uma comunidade festiva de patriotas, cujos membros se relacionam através do sentimento de pertencer a uma terra compartilhada e a certa ideia de nação e, em segundo lugar, são indivíduos que pertencem a organizações e grupos intermediários, como o grêmio, as associações profissionais, a comunidade ou a família.

As festas serviram para consolidar a figura do Pinochet como grande liderança e novo herói nacional e para silenciar Salvador Allende na história do país. Em nenhum dos principais discursos de Pinochet e demais integrantes da Junta Militar o nome de Allende e até da Unidade Popular eram pronunciados. Desde o 11 de setembro de 1973, inicia-se uma espécie de *satanização* dos mil dias do "governo anterior", sempre descrito como incapaz, *vende pátria*, corrupto e amoral. Esse apagamento do segundo presidente a se suicidar na história chilena não ficou restrito aos discursos públicos, mas também alcançou os meios de comunicação (o jornal *El Mercurio* segue a mesma linha do governo) e ambientes escolares. O próprio espaço público foi revertido por essa iniciativa. É o caso da reforma do Palácio La Moneda após o mesmo ter ficado completamente destruído pelo ataque das Forças Armadas. Até 1981, Pinochet governou no Edifício Diego Portales, hoje Centro Cultural Gabriela Mistral. Após a reforma, foi constatada uma importante mudança no palácio. A porta na *calle* Morandé, nº 80,[22] por onde os presidentes chegavam diariamente para trabalhar e por onde saiu o corpo de Salvador Allende, foi fechada. No salão onde Allende despachava foi construída uma parede de concreto por ordem do próprio Pinochet. Tentava-se apagar fisicamente a história do país na casa de governo.

---

[22] A porta foi reconstruída e reinaugurada pelo presidente Ricardo Lagos por ocasião das celebrações dos 30 anos do golpe.

Educação e civismo em tempos ditatoriais

Os anos 1960 e 1970 são marcados também por profundos debates e transformações nas universidades chilenas. É um período de maior entrada de alunos nos estudos superiores, de crescimento das universidades e do debate sobre o papel que as mesmas teriam frente ao país. Nos anos da Unidade Popular, o debate avançou através do projeto da Escuela Nacional Unificada (ENU).

Em trabalho anterior (Quadrat, 2010), defendi que o projeto da ENU foi um dos pilares para o golpe de 11 de setembro de 1973. Em 30 de janeiro de 1973, o Informe da Escuela Nacional Unificada foi apresentado pelo governo ao Conselho Nacional de Educação. Era o desenvolvimento da proposta de democratização do ensino apresentada por Allende em 1971, ano em que o Ministério da Educação e o Sindicato Único de Trabajadores de la Educación (Sute) começaram a discutir a ENU. O informe foi publicado em fevereiro na *Revista de Educación*, com tiragem de mais de 100 mil exemplares, e nos principais jornais chilenos (Prieto, 2003:36). O ministro da Educação na época era Jorge Tapia Valdés, que, a partir da divulgação do informe, participou de diversos debates em diferentes instituições e meios de comunicação para explicar e defender a proposta do governo.

O informe tinha apenas 15 páginas e estava dividido em sete seções. Primeira: "Um sistema nacional para a educação permanente em uma sociedade de transição ao socialismo", em que temos uma caracterização geral da proposta. Segunda: a seção de fundamentos para sua criação. Terceira: a caracterização da ENU em 10 itens: nacional unificada, diversificada, democrática, pluralista, produtiva, integrada à comunidade, científica, tecnológica, humanista e planificada. Quarta seção: objetivos. Quinta: a estrutura da ENU, dividida entre educação infantil (zero a seis anos) e educação geral e politécnica. Sexta seção: definição de sua estrutura. E sétima: ações e requisitos para seu desenvolvimento.

No início do informe, na seção "Um sistema nacional para a educação permanente em uma sociedade de transição ao socialismo", encontramos a justificativa e perspectiva da ENU.

> La perspectiva estratégica que ilumina la nueva política educacional presupone la construcción de una sociedad socialista humanista, basada en el desenvolvimiento de las fuerzas productivas en la superación de la dependencia económica, tecnológica y cultural, en el establecimiento de nuevas relaciones de propiedad y en una auténtica democracia y justicia social garantizadas por el ejercicio efectivo del poder por el pueblo [Pino e Talavera, 1997:1218].

As críticas vieram de muitos lados, como do movimento estudantil através da Federación de Estudiantes de la Universidad Católica de Chile (Feuc), de alguns sindicatos de trabalhadores na educação, de associações de pais e de políticos. Argumentava-se que a Unidade Popular poria fim à liberdade de ensino impondo a formação de futuros jovens comunistas para um governo totalitário que começava a se estabelecer no país.

Se Allende não conseguiu levar adiante sua proposta de reforma educacional, o mesmo não aconteceu na ditadura. Tanto a estrutura da educação no Chile mudou a partir de 1973 quanto o próprio conteúdo ensinado nas escolas sofreu significativas alterações.

Universidades e escolas foram alvos de uma profunda reestruturação durante toda a ditadura. A princípio, foram designados reitores militares escolhidos entre as três forças de acordo com suas trajetórias administrativas à frente das escolas de formação militar. Os reitores nomeados pela ditadura receberam amplos poderes de ação no espaço universitário, podendo demitir professores e funcionários e criar medidas disciplinares para o corpo discente. Paralelamente a essa intervenção, acompanhamos o fechamento das principais representações estudantis, como a Federação de Estudantes da Universidade do Chile (Fech). A intensidade da intervenção variou de universidade para universidade de acordo com a ação do reitor militar. Somente a partir de 1986 é possível acompanhar o retorno de civis, ainda que de confiança do governo, ao posto máximo universitário.

Nas escolas, a intervenção do governo também foi duramente sentida. Tendo em vista a "modernização" do Estado com base no modelo neoliberal que se começava a armar no país, todo o sistema foi reformulado. Nesse sentido, em 1974, a partir da Lei de Reforma Administrativa, foram criadas as secretarias regionais ministeriais da Educação e, em 1977, os primeiros convênios entre o setor privado e o Ministério da Educação para a administração de espaços escolares.

A partir de 1979, com as Diretivas Presidenciais sobre a Educação Nacional, o governo consolida o controle sobre os planos de estudos com o objetivo de evitar qualquer crítica à ditadura, assume somente a responsabilidade sobre a educação básica, isentando-se do ensino médio e superior (que o governo defende que deve ser pago), marca a entrada definitiva do capital privado na educação e dá início à municipalização sobre a qual falaremos a seguir.

Em carta escrita em março de 1979, Pinochet afirmava para o então ministro da Educação, Gonzalo Vial, que o governo

> centrará el énfasis en la educación básica y, a cualquier costo, cumplirá su deber histórico y legal de que todos los chilenos, no sólo tengan acceso a ella, sino que efectivamente la adquieran y así queden capacitados para ser buenos trabajadores, buenos ciudadanos y buenos patriotas.[23]

Com essas mudanças, podemos acompanhar a transferência de espaços educacionais públicos sob o controle do governo federal para municípios e empresas privadas. Essa transformação, como denunciou o periódico *The Clinic* com base em novos arquivos da ditadura, contou com a interferência da Central Nacional de Informaciones (CNI), órgão que substituiu a Dina à frente da repressão.[24] A espionagem aos docentes e discentes gerou persegui-

---

[23] *El Mercurio*, 5 mar. 1979.
[24] Ver <www.theclinic.cl/2013/06/27/asi-nacio-la-educacion-de-pinochet/>. Acesso em: 30 jul. 2013.

ções e tentativas de abortar qualquer tipo de oposição ao governo e ao modelo de educação em curso no país. Além disso, buscava também formar profissionais da educação alinhados com o novo governo ao enviá-los para a Academia Nacional de Estudios Políticos y Estratégicos (Anepe)[25] para ter aulas de segurança nacional, geopolítica, guerra nuclear, poder naval, teologia da libertação e estudos críticos do marxismo.

Além das alterações identificadas acima, a Constituição chilena de 1980, ainda em vigor no país, e a Ley Orgánica Constitucional de Enseñanza (Loce) nº 18.962),[26] promulgada em 10 de março de 1990, uma das últimas leis da ditadura, completavam o projeto educacional do período pinochetista, marcado pela entrada maciça do capital privado entendido sob a marca de liberdade de ensino, como assegura o art. 11, capítulo III – Dos Direitos e Deveres Constitucionais, da Constituição de 1980. Tais mudanças deixariam profundas marcas na educação chilena.

No ambiente escolar, além de todo o patrulhamento efetuado por colegas e diretores, acompanhamos a mudança curricular que buscava reforçar os chamados valores pátrios. Na anteriormente citada Declaración de Principios del Gobierno de Chile é possível encontrar duas referências diretas à importância da educação para os planos do governo. A primeira, ao afirmar que *"el gobierno de Las Fuerzas Armadas y de Orden, aspira iniciar una nueva etapa en el gobierno nacional, abriendo el paso a nuevas generaciones de chilenos formadas en una escuela de sanos hábitos cívicos".*[27] E a segunda:

> un esfuerzo consistente por superarlo debe fundamentarse en una educación que fomente una escala de valores morales y espirituales propios de nuestra tradición chilena y cristiana [...]. Del reencuentro con las ra-

---

[25] Ver <www.anepe.cl/academia/historia/>. Acesso em: 30 jul. 2013.
[26] Disponível em: <www.uchile.cl/portal/presentacion/normativa-y-reglamentos/8386/ley-organica-constitucional-de-ensenanza>. Acesso em: 30 jul. 2013.
[27] Declaración de Principios del Gobierno de Chile, 1974:24-25.

íces de la nacionalidad, surgirán valores y virtudes que mucho pueden aportar en el difícil desafío que afrontamos.[28]

Como valores cívicos, são evocados: a responsabilidade, o espírito de serviço e solidariedade entre os chilenos, a solidariedade familiar e fidelidade à história chilena, liberdade, autoridade, trabalho, propriedade e direitos e deveres.[29]

Nesse sentido, a partir de 1976, é possível acompanhar alterações nos programas para repassar para a educação a responsabilidade da "reconstrução moral" e também da recondução da história nacional como uma das protagonistas da criação de uma nova identidade (Fernández, 2006). Desde 1965, por exemplo, existia o plano integrado de ciências sociais para o terceiro e quarto anos do ensino médio. Contudo, a ditadura retomou o antigo currículo com os cursos de história do Chile, história universal e geografia sendo ensinadas separadamente. Para Flores (2010:683):

> las modificaciones en este plano no se ejecutaban exclusivamente para inculcar el "amor o lealtad a la patria" sino también como una forma concreta de neutralizar las posibilidades de aleccionar a los estudiantes, como había sucedido, según las autoridades, en el pasado.

Por ocasião da revisão dos programas das ciências sociais, o jornal El Mercurio defendeu que:

> De allí que las ciencias sociales fueron, en años anteriores, de enorme utilidad para el adoctrinamiento de la juventud. Mientras superficiales incursiones en la historia patria servían para esgrimir argumentos contra determinados sectores de la sociedad chilena, la geografía se

---

[28] Ibid., p. 33. Devemos observar que uma das acusações à ENU tinha como foco a suposta presença de educadores da Alemanha Oriental.
[29] Divulgados em Secretaria Nacional de la Mujer (1982).

prestaba, por ejemplo, para apoyar políticas de reforma agraria de algún gobierno pasado.[30]

Ao lado de reformas curriculares, podemos acompanhar uma série de eventos e cerimônias voltados para o público infanto-juvenil. A presença do ditador e de outros integrantes da Junta Militar foi uma constante em aulas magnas e palestras para jovens universitários. Em uma aula magna para o ano acadêmico da Universidade do Chile, Pinochet elevou o dia do golpe a outras datas simbólicas chilenas:

> El 11 de septiembre de 1973 será considerado en nuestra Patria como uno de los sucesos políticos más importantes de su historia. Tanto como el nacimiento de Chile a la vida independiente el 18 de septiembre de 1810, o como la creación del Estado Portaliano en 1830, o la Revolución de 1891, hechos cuyas trascendencia en la Nación chilena son hitos que señalan, en cada caso, un cambio de rumbo significativo.[31]

A celebração do 11 de setembro, em que os jovens e mulheres tinham papel de destaque, a criação do Dia da Juventude (10 de julho), a comemoração da chegada da Primavera, os festivais de folclore (tema caro para a Unidade Popular), a criação de albergues da juventude e de grupos como a Cruz Vermelha Juvenil e as brigadas escolares de trânsito, estas últimas ligadas aos carabineiros, tornaram-se elementos centrais para a relação entre sociedade e governo.

O incentivo de trabalhos voluntários, que tinham uma longa tradição no Chile ao longo do século XX, não foi esquecido. As férias de verão, por exemplo, eram marcadas por várias atividades, especialmente em comunidades mais carentes.[32]

---

[30] El Mercurio, 2 maio 1978, p. 3.
[31] Clase Magistral de S. E. El Presidente de la República General de Ejército Don Augusto Pinochet Ugarte, con motivo de la inauguración del año academico de la Universidad de Chile, Santiago, 6 abr. 1979, p. 5.
[32] No 11 de setembro também havia um componente de trabalho voluntário, de trabalho social, quando ocorria uma espécie de chamamento para operativos civil-militares em áreas carentes em conjunto com o Exército e os carabineiros.

Os rituais civil-militares, como marchas e juramento à bandeira, também ganharam projeção no período, especialmente nas cidades do interior por onde Pinochet fez várias viagens na década de 1970.

Grande parte dessas ações estava a cargo da Secretaria Nacional da Juventude. Nesse sentido, uma das primeiras iniciativas da ditadura foi a criação de três secretarias, a saber: da Juventude, da Mulher e Gremial. As três estavam inseridas na estrutura da Secretaria General de Gobierno, instância com grande capacidade de mobilização durante o governo da Unidade Popular.

No discurso *Chile enciende la llama de la libertad*, em comemoração ao 11 de setembro em 1975, Pinochet reconheceu a importância dos três setores:

> *Esos hombres que convirtieron sus gremios en trincheras. Esas heroicas mujeres que hicieron de cada hogar un santuario de la resistencia. Esos niños que afrontaron como hombres la violencia brutal de las luchas callejeras. Un pueblo decidido a todo eso, es un pueblo que no podía vivir sin libertad.*[33]

Nessa ocasião, o uso simbólico do fogo remetia, nas palavras de um dos organizadores da festa, Eduardo Boetsch, à *higienização* da sociedade chilena alcançada graças a sua "depuração" (Joignant, 2007:59).

A Secretaria Nacional da Juventude foi a que teve o maior número de integrantes e uma dinamização maior de suas atividades, diferindo-se, por exemplo, da Secretaria da Mulher, embora as mulheres conduzindo *as marchas das panelas vazias* tenham sido um dos principais fatores de desestabilização do governo de Salvador Allende.[34] Para Huneeus, a explicação central para essa diferença encontra-se na participação de integrantes do movimento gremialista em seus quadros (Huneeus, 2000).

---

[33] *"Chile enciende la llama de la libertad"*, 11 set. 1975.
[34] Sobre o tema ver Power (2008).

A Secretaria Nacional da Juventude tinha como objetivo principal "*transformar el apoyo juvenil en un elemento de dé vigor intelectual al régimen y acentúe el carácter militante de la reconstrucción nacional*" (Huneeus, 2000:359).

Como alerta Hunneeus (2000:359):

> *Esta secretaria se convirtió en la puerta de entrada natural de los jóvenes para participar en el Gobierno después de terminar los estudios universitarios y ocupar después otros cargos en los ministerios, en los gobiernos regionales o en las municipalidades.*

Para a divulgação de suas atividades, a secretaria manteve, ao longo dos anos, uma gama de publicações, algumas com maior durabilidade, outras com a publicação de dois ou quatro números.

Todo o investimento realizado em crianças, adolescentes e jovens correspondia, a nosso ver, a uma explícita tentativa de formar um novo cidadão com base nos valores ditatoriais. Além disso, foi esse segmento da sociedade um dos mais engajados nos anos da Unidade Popular. E seria esse segmento ainda o principal elemento a ser conquistado para as futuras consultas estabelecidas a partir da Constituição de 1980.

Considerações finais: a educação em tempos democráticos, heranças e disputas

Sebastián Piñera, presidente do Chile entre 2010 e 2014, reconheceu em entrevista que a ditadura havia cometido graves violações dos direitos humanos, mas conclamava a reconhecer "a parte positiva do governo militar, no que diz respeito a modernizações muito importantes que permitiram ao nosso país enfrentar os desafios que vinham no futuro".[35]

---

[35] Cf.: <http://noticias.terra.com.br/mundo/america-latina/pinera-pede-que-parte-positiva-da-ditadura-de-pinochet-seja-reconhecida,46ccf4e46a2dd310Vgn-VCM20000099cceb0aRCRD.html>. Acesso em: 30 jul. 2013.

Fortemente ligado aos anos pinochetistas, inclusive em termos econômicos e políticos, Piñera fez recorrentes declarações simpáticas ao período ditatorial, principalmente no que diz respeito à economia chilena, ainda fortemente marcada pelo neoliberalismo. Nas disputas pela memória, em janeiro de 2012, tentou modificar o currículo escolar do primeiro ao sexto anos substituindo a palavra ditadura por regime militar. No novo currículo, a ideia era incentivar o trabalho de comparação de

> diferentes visiones sobre el quiebre de la democracia en Chile, el régimen militar y el proceso de recuperación de la democracia a fines del siglo XX, considerando los distintos actores, experiencias y puntos de vista, y el consenso actual con respecto al valor de la democracia.[36]

Contudo, mediante a pressão de grupos de direitos humanos, acadêmicos e associações de professores, o governo voltou atrás.

Ao longo de quase quatro anos de governo, Piñera atuou na contramão das ações da sua antecessora no cargo, Michelle Bachelet, no tocante à memória dos anos da Unidade Popular e da ditadura. Cercado de ex-opositores do governo deposto, como Andrés Allamand Zavala, ex-ministro da Defesa e ex-líder estudantil secundarista que foi às ruas pedir a renúncia presidencial em 1973, Piñera fechou a visitação ao Salão Branco, antigo escritório de Salvador Allende no Palácio La Moneda, onde o ex-presidente havia cometido. Não construiu uma parede de concreto como fez Pinochet, mas suspendeu a visitação pública ao local que havia sido reinaugurado por Bachelet em 2008, por ocasião dos 35 anos do 11 de setembro.

Se nos dois últimos presidentes são visíveis posições distintas sobre o golpe e os anos ditatoriais, assim como em relação à memória do período, devemos observar que os mesmos enfrentaram manifestações estudantis vigorosas por mudanças na educação,[37]

---

[36] Disponível em: <www.librered.net/?p=14127>. Acesso em: 30 jul. 2013.
[37] A Loce só saiu de cena no governo da Bachelet.

que carrega ainda fortes marcas do pinochetismo no que diz respeito, especialmente, aos recursos destinados pelo Estado para sua manutenção, qualidade, currículos e acesso de setores médios e populares às melhores escolas e universidades.

REFERÊNCIAS

CANESSA, J.; PÁEZ, F. *Pinochet y La restauración del consenso nacional*. Santiago: [s.n.], 1998.
CAVALLO, A.; SALAZAR, M.; SEPÚLVEDA, Oscar. *La historia oculta del régimen militar*. Santiago: Grizalbo, 1997.
DIAZ, J.; DEVES, E. *100 chilenos y Pinochet*. Santiago: Zig Zag, 1989.
FERNÁNDEZ, Paula de la Cruz. La educación formal en Chile desde 1973-1990: un instrumento para el proyecto de nación. *HAL archives-ouvertes*, out. 2006. Disponível em: <http://halshs.archives-ouvertes.fr/docs/00/10/42/82/PDF/P_CRUZ.pdf>. Acesso em: 15 jul. 2013.
FLORES, Jorge. *Historia de la infancia en el Chile Republicano*. Santiago: Ocho libros, 2010.
GARRETON, Manuel et al. *Por la fuerza sin la razón*. Santiago: Lom, 1998.
GREZ, Sergio; SALAZAR, Gabriel (Comp). *Manifiesto de historiadores*. Santiago: Lom, 1999.
HUNEEUS, C. *El régimen de Pinochet*. Sudamericana: Santiago, 2000.
___. *Chile, um país dividido*. Santiago: Catalonia, 2003.
JEDLICKI, Leonora. Actores, conflicto y memoria: reforma curricular de historia y ciencias sociales en Chile 1990-2003. In: JELIN, Elizabeth; LORENZ, Federico (Comp.). *Educación y memoria*: la escuela elabora el pasado. Buenos Aires: Siglo XXI, 2004. p. 65-94.
JELIN, E.; LANGLAND, V. (Comp.). *Monumentos, memoriales y marcas territoriales*. Buenos Aires: Siglo XXI, 2003.
JOIGNANT, A. *Un día distinto*. Santiago: Universitaria, 2007.
ORTEGA, Juan et al. *Me gustan los estudiantes*. Santiago: Lom, 2006.
PINO, Miguel; TALAVERA, Arturo (Ed.). *Los mil días de Allende*. Santiago: Centro de Estudios Públicos, 1997.
POLOMER, Azun. El día interminable, memoria e instalación del 11 de septiembre de 1973 en Chile (1974-1999). In: JELIN, Elizabeth (Comp.). *Las conmemoraciones*: las disputas en las fechas "in-felices". Buenos Aires: Siglo XXI, 2005. p. 9-52.

POWER, M. *La mujer de derecha*. Santiago: CIDBA, 2008.
PRIETO, I. *La ENU entre dos siglos*. Santiago: LOM, 2003.
QUADRAT, Samantha Viz. *A repressão sem fronteiras*: perseguição política e colaboração entre as ditaduras do Cone Sul. Tese (doutorado) – Programa de Pós-Graduação em História, Universidade Federal Fluminense, Niterói 2005.
___. A emergência do tema dos direitos humanos na América Latina. In: FICO, C. et al. (Org.). *Ditadura e democracia na América Latina*. Rio de Janeiro: FGV, 2008. p. 361-395.
___. "Para Tata, com carinho!": a boa memória do pinochetismo. In: ___ et al. (Org.). *Cultura política, memória e historiografia*. Rio de Janeiro: FGV, 2009a. p. 399-419.
___. Violência política e justiça sem fronteiras. In: SANTOS, C.; TELES, E.; TELES, J. (Org.) *Desarquivando a ditadura*: memória e justiça no Brasil. São Paulo: Hucitec, 2009b. p. 521-562.
___. A oposição juvenil à Unidade Popular. In: ___; ROLLEMBERG, Denise. (Org.). *A construção social dos regimes autoritários*: legitimidade, consenso e consentimento no século XX. Brasil e América Latina. Rio de Janeiro: Civilização Brasileira, 2010. p. 250-266.
___. Ditadura, violência política e direitos humanos na Argentina, no Brasil e no Chile. In: AZEVEDO, Cecília; RAMINELLI, Ronald. (Org.). *História das Américas*. Rio de Janeiro: FGV, 2011. v. 1, p. 241-273.
SCHUFFENEGER, H. *El general Pinochet y el mesianismo político*. Santiago: LOM, 2001.
STERN, Steve. *Remembering Pinochet's Chile*: on the eve of London 1998. Londres: Duke University Press, 2004.
UGARTE, Augusto Pinochet. *El dia decisivo*. Santiago: Estado Mayor General Del Ejército, 1982.
___. *Carta a los chilenos*. Santiago: Ismael Espinosa, dez. 1998a.
___. *Camino recorrido*: memorias de un soldado. Santiago: [s.ed.], 1998b. 3 t.
VIAL, Gonzalo. *Pinochet*: la biografia. Santiago: El Mercurio Aguilar, 2002. 2 t.
VILLAGRÁN, Fernando et al. *Represión en dictadura*: el papel de los civiles. Santiago: Lom, 2005.

FONTES

Todos os documentos citados foram consultados na Biblioteca Nacional, Santiago, Chile.
* Chile enciende la llama de la libertad, 11 de setembro de 1975.

* Clase Magistral de S. E. El Presidente de la República General de Ejército Don Augusto Pinochet Ugarte, con motivo de la inauguración del año académico de la Universidad de Chile, Santiago, 6 de abril de 1979.
* Declaración de Principios del Gobierno de Chile, 1974
* Jornal *El Mercurio*, Santiago, 2 de maio de 1978. p. 3; 5 mar. 1979.
* Jornal *La Segunda*, Santiago, 12 fev. 1999.
* Mensaje presidencial de 1979
* Proyecto ENU.
* Secretaria General de Gobierno República de Chile. *Libro blanco*: del cambio de gobierno en Chile. [S.l.]: [s.n.], 1973.
* Secretaria Nacional de la Mujer. Valores patrios y valores familiares. *Cadernos de Difusión*, Santiago, n. 7-SNM, 1982.

Exercício e legitimidade do poder em São Tomé e Príncipe: das inércias do Estado à fulanização do poder e à tentação do pulso forte*

AUGUSTO NASCIMENTO

Introdução

Amiúde, sustenta-se que a deriva autoritária de São Tomé e Príncipe após a independência, em 1975,[1] se deveu à anterior falta de vivência democrática. Certamente, a ter vigorado a democracia na era colonial, teria sido mais difícil ao Movimento de Libertação de São Tomé e Príncipe (doravante, MLSTP) impor-se aos projectos, à época taxados de neocolonialistas, de ilhéus adeptos do gradualismo no tocante à autodeterminação. Porém, alegação de que a falta de hábitos democráticos empurrou as ilhas para uma deriva autoritária não atende à agitação política e social para ali levada em 1974-1975. Os exilados do MLSTP impuseram o regime de partido único a seus conterrâneos, sobretudo à elite moralmente derrotada pela aquiescência ao colonialismo e, também, politicamente desamparada pela súbita demissão da metrópole colonial.

O Estado independente foi autoritário por opção dos dirigentes do MLSTP que, valendo-se das inércias do tempo colonial, viram sua hegemonia facilitada pela obediência inscrita nas men-

---

* Este texto preserva a grafia lusitana.
[1] Situado no golfo da Guiné, São Tomé e Príncipe tinha então cerca de 80 mil habitantes, entre naturais, serviçais (trabalhadores das roças ou plantações, contratados noutras colónias) e colonos. Após 1975, o arquipélago reforçou os laços com as ex-colónias portuguesas, mormente com Angola.

talidades e costumes imperantes no colonialismo. Para além da mudança de símbolos, supostamente para inculcar uma nova identidade confundível com uma nova lealdade, aprofundaram--se constrangimentos do tempo colonial para acentuar a obediência e controlar a sociedade. Perante a homologia dos processos político-ideológicos antes e após 1975, pergunta-se: os independentistas estariam tão condicionados pela herança colonial que não puderam senão cingir-se à perpetuação da dominação em que a população fora socializada? Ou o mimetismo de processos era politicamente conveniente?

Após 1975, o MLSTP adoptou uma via socialista e instaurou o monopartidarismo. Universalizou a oferta da saúde e do ensino, tal a contrapartida da estatização do grosso da economia que deveria sustentar o Estado. Dessa opção, para além da burocratização do acesso a bens essenciais, crescentemente escassos, resultou a desarticulação económica. Ao voluntarismo sobreveio, em meados da década de 1980, a erosão da disposição coerciva do regime e, ao cabo de 15 anos de uma ditadura identificada com privações económicas, em 1990 a sociedade são-tomense acolheu avidamente a democracia pela promessa implícita de prosperidade e, porventura também, pela memória do exercício do poder no ocaso do colonialismo, o qual, não sendo democrático, não era totalmente arbitrário no dia-a-dia. Por paradoxal que tal se afigure, a rigidez da administração colonial aparentava promover certa equidade e conferir segurança a indivíduos, que, socializados no imobilismo, o tomavam pela ordem natural do mundo.

A democracia não trouxe prosperidade. Mas, apesar da desilusão com a persistência da pobreza, o país mantém-se na esfera democrática. Sem embargo dos motivos de crítica – desde logo, a incapacidade institucional ou a generalização do *banho*[2] –, a de-

---

[2] O *banho* é o nome popular da tentativa de arregimentação de eleitores pela compra do voto, expediente que indicia a dependência do providencialismo dos candidatos e a assimetria entre poderosos e o comum da população. Tal método de captação de votações enraizou-se, não obstante sua fragilidade enquanto esteio

mocracia denota vitalidade, atestada pela liberdade de imprensa. A observância das formalidades institucionais reveste-se de importância,[3] sendo, nalguma medida, uma exigência social. Logo, pergunta-se se, não obstante a volatilidade política, subsistem valores da vida colectiva comuns às várias propostas políticas e, até, aos diferentes regimes políticos por que as ilhas passaram.

No arquipélago, a população cresceu de perto de 80 mil em 1975 para cerca de 180 mil pessoas actualmente, quase metade delas com menos de 14 anos. O desemprego é elevado e a informalidade rege parte da economia. A precariedade da vida e a ausência de expectativas mínimas geram, sobretudo nos jovens, uma posição antissistema e uma aversão aos *políticos*, sentimento instrumentalizável por desígnios populistas.[4] Talvez pela dificílima ascensão social à margem do Estado, mesmo para os enredados na postura antissistema político, o destino dos recursos do Estado constitui a questão crucial nas discussões políticas.

Tendendo-se, agora, a assimilar o país a África e a desvalorizar sua singularidade, também a respeito do arquipélago se discorre sobre os efeitos do neoliberalismo económico e a adequação da democracia à matriz cultural local, procurando-se uma visão analiticamente ajustada e politicamente útil do papel do Estado. Ainda escasseiam estudos sobre as configurações do Estado, sobre sua separação, ou não, da sociedade e, especialmente, sobre a relação com os indivíduos. Por exemplo, a debilidade do Estado são-tomense no cenário internacional[5] tem correspondência na

---

de fidelidades, dada a atomização da sociedade, a prevalência do individualismo e a monetarização dos laços sociais.

[3] Por exemplo, muitos considerarão politicamente ilegítimo o apeamento do governo de Patrice Trovoada em finais de 2012. Mas, apesar da enorme tensão política nas instituições e nas ruas, tal processou-se num quadro institucional, mormente a partir da votação de uma moção de censura. Cf.: <www.telanon.info/politica/2012/11/28/11844/maioria-parlamentar-acabou-de-derrubar-o-governo--de-patrice-trovoada/>. Acesso em: 24 jul. 2013.

[4] Consultem-se Nascimento (2010a, 2013b).

[5] Por pressão internacional, as intentonas golpistas em 1995 e 2003 não vingaram. São Tomé e Príncipe será, porventura, o único país onde a comunidade internacio-

relação com os são-tomenses? Qual é o lapso temporal bastante para a descrição e análise do processo de (re)construção do Estado são-tomense? Neste debate ecoam preocupações correntes no arquipélago. Os políticos falam amiudadamente da reposição da autoridade do Estado, aparentando ir ao encontro de anseios populares de justiça e de ordem. A par disso, aludem aos contornos da democracia, com o que, evidentemente, discutem a possibilidade de apropriação e manipulação do Estado em benefício dos seus interesses ou convicções. Assim se entendem quer os reparos à desajustada democracia ocidental, quer as sugestões de revisão da constituição "importada".

É difícil explicar um contexto político em que se cruzam heranças de regimes autocráticos e influências das incertas mutações dos dias de hoje. Durante décadas, por efeito dos artifícios ideológicos, da prevalência da censura e, ainda, da informalidade da política, prevaleceu a opacidade. Tal dificulta a sustentação empírica de qualquer análise. Neste texto, ensaiaremos mapear os múltiplos factores do exercício do poder, entre eles, a importância concedida ao Estado no ordenamento da vida social, independentemente de hoje se o considerar mais decisivo na distribuição de recursos e na alocação de posições sociais. Mas nem esse papel de engenharia económica e social anula certo consenso em torno do Estado. Tendo em conta o lastro histórico, explanam-se hipotéticas respostas para, por exemplo, as seguintes questões: é o Estado algo mais do que a expressão da vontade do chefe? Que tipo de legitimidade se invoca e de que modo tem ela servido, ou não, à coesão política? Noutro plano, por que é que, apesar de a desperdiçarem com celeridade, os políticos são-tomenses procuram granjear uma legitimidade política mais ampla do que a de sua mutante clientela partidária?

---

nal conseguiu, em poucos dias, fazer reverter aventuras militares. Tal evidencia a debilidade do Estado são-tomense.

Do acatamento da autoridade ao reforço do autoritarismo

O Estado-nação constituiu uma "configuração histórica específica encontrada apenas em algumas sociedades africanas" (Hugon, 2009:58). Já nas ilhas, o Estado não era uma entidade estranha. Indicativa do plasma cultural, a reverência para com o governador colonial, a antropomorfização do Estado, estava interiorizada em virtude de décadas de ditadura e, adicionalmente, da vivência plurissecular numa moldura legal e cultural ocidental.[6] Devido à singularidade da colonização das ilhas, o Estado e a nação independentes pareciam poder nascer sem drama da administração colonial renovada pelo sopro de vitalidade política insuflado pela independência.

De regresso ao arquipélago, os futuros dirigentes do país abandonaram os signos africanos na pose e nas vestimentas. Enquanto símbolos da relação com a população, o bastão e o traje *étnico* sumiram do quotidiano. Nos discursos preponderavam categorias políticas ocidentais. A almejada liberdade não se defrontava com vínculos orgânicos e o horizonte da vida colectiva era o espaço público europeizado, embora condicionado pela contiguidade física vincada pela micro-insularidade.

Baseada no ideário marxista, a legitimidade do projecto independentista assentava na denúncia dos agravos do colonialismo. Os independentistas prometiam fazer do Estado uma alavanca da economia e da coesão social. Implicitamente, prometeu-se aos são-tomenses a riqueza dos colonos. Tal granjeou popularidade às propostas do MLSTP que, depois, veio a impor, em nome do bem do *povo*, o estoicismo do *homem novo*.

Diversamente do sucedido noutros contextos africanos, o regime autoritário não adveio das dificuldades económicas so-

---

[6] A título de hipótese, diríamos que o regime de partido único baseado na ideologia socialista manteve a influência das cosmovisões africanas confinada ao espaço privado ou semiprivado. Após a liberalização política e a falência da ideologia e do voluntarismo, tais valores vieram para o espaço público, nalguns casos tolhendo a acção governativa. Cf., por exemplo, Nascimento (2012).

brevindas em meados da década de 1970.⁷ Tratou-se, ao invés, de uma opção política de administração dos indivíduos e da estrutura económica herdada do colonialismo. Com sua estatização, o MLSTP manteve-a inalterada para prevenir a diferenciação económica baseada na iniciativa privada e para acautelar a primazia dos são-tomenses face aos ex-serviçais. Tal construção política entrou em perda por causa das dificuldades económicas, agravadas na década de 1980, e pelo alheamento da população de um regime político crescentemente estranho.

Ao invés de edificar uma coesão política mínima, facetaram-se valores e escrutinaram-se comportamentos, tornando as pessoas como que um património nacional. No tocante ao constrangimento das condutas, facilitado pela exiguidade do território e da população, o Estado são-tomense não só se beneficiou do lastro de obediência da era colonial, como pareceu absorver uma característica de sociedades africanas, a da prevalência dos direitos sobre as pessoas, conquanto mascarada por uma roupagem moderna, a do progresso e do bem-estar profetizados pelo credo marxista. Da prometida modernidade de abundância acabou por restar a demanda de engajamento no trabalho.

Fruto do voluntarismo político, a independência trouxe um acréscimo de violência estatal. Não decorreu um mês sem a intimidação, mormente com a aprovação da lei sobre os boatos,⁸ com o que se queria coibir a expressão das divergências sobre o rumo do país. Na impossibilidade de livre expressão, os comentários à boca pequena fomentaram a relação dúplice entre dirigentes e cidadãos.⁹ Avultou também a coacção dita revolucionária, institucionalizada através da criação de um tribunal *ad hoc* para actos

---

⁷ Na década de 1970, a incapacidade de satisfação de demandas terá suscitado o estabelecimento de regimes ditatoriais. Cf., por exemplo, Chabal (1998:146).
⁸ A 9 de agosto de 1975 publicou-se o Decreto nº 5/1975 que determinava penas contra eventuais propagadores de boatos de cariz político (Santo 2001:96-97).
⁹ A rádio *boca a boca* foi (e é) um importante factor corrosivo da legitimidade dos políticos. Ver Seibert (2001:465 e segs); Branco e Varela (1998:44).

contrarrevolucionários. Na prática, o ónus da arbitrariedade era transferido para os oficiais de justiça que, sem formação e temorosos, sentenciavam de acordo com a vontade dos dirigentes.

Em nome do *povo*, acenou-se com a ameaça externa. Na prática, visava-se ao inimigo interno, a saber, os coniventes com a propalada ameaça neo-imperialista e neocolonialista. Imbuídos desse conglomerado ideológico, os dirigentes do novel Estado apertaram o controlo das vidas dos indivíduos e cercearam as liberdades individuais,[10] subsumidas à soberania e à liberdade do país. Todos eram cidadãos do Estado livre e soberano, mas a cidadania implicava aceitar o poder do MLSTP.

Reverso da condução ditatorial da sociedade, adoptou-se uma concepção paternalista[11] dos sujeitos, pelo que se propôs a depuração da liberdade individual do que era pernicioso às conquistas do *povo*. Suprimida a competição política aberta, a contenção da sociedade tornou-se requisito de uma paz forçada, o que entroncava na aversão que, também por falta de luta política nos derradeiros decénios do colonialismo, a sociedade insular ganhara a conflitos disruptivos.[12] A somar ao clientelismo emergente e à coacção autoritária, o paternalismo militou contra o fortalecimento institucional que tornaria as pessoas livres.

---

[10] No fim da era colonial, os indivíduos tinham liberdades desde que tivessem dinheiro e não se envolvessem em política activa contra o poder. Após 1975, esse arbítrio dos indivíduos sobre a própria vida foi limitado em nome de deveres decorrentes da condição de são-tomense.

[11] A esse respeito, veja-se, por exemplo, Young (2004:35).

[12] Desde a instauração da ditadura em 1926, a governação se pautou pela supressão da conflitualidade política e social, o que, por entre a ameaça de coacção policial e a interacção pessoal, foi conseguido. A partir dos anos 1960, a par da melhoria das condições de vida e da interiorização da ideia de um lugar natural na hierarquia social, tal gerou a ideia da bonomia dos habitantes. Nem antes nem depois da independência, ocorreram conflitos disruptivos. Os eventos de 1953 resultaram de um desmando do governador; não de um levantamento popular. Induzido pelas autoridades, o apagamento da memória dos eventos de 1953 pode ser lido como produto da intenção de pacificação social. Já em 2003, as autoridades levaram até o limite a tolerância com manifestações que prometiam traduzir-se em convulsões. Os promotores de tais manifestações apareceriam ligados ao golpe de 16 de Julho.

Retornando ao tempo colonial, o grosso dos ilhéus vivia pobre ou remediadamente de suas terras e de empregos subalternos na administração ou no comércio. Alguns alimentavam o ressentimento pela discriminação, mas a maioria, interiorizando as diferenças raciais, acatava a hierarquia. Não existiam revoltas, ao invés, prevalecia a apatia. Nos últimos anos do colonialismo, na abordagem da realidade política e social, os governantes usavam noções inclusivas, mormente a de portugueses, noção que passara a abarcar os ilhéus.[13] Tal discurso era como que ratificado pelo aparato burocrático e pela presença do governador entre a população em ocasiões festivas. A aprovação da população era aferida em pretensas "eleições", em cujos resultados pesavam os empenhos pessoais, não sendo necessária uma pressão pessoalmente gravosa. Apesar da anuência ao *status quo* colonial em tais "eleições", restava o problema da autenticidade da aprovação da política, isto é, da efectiva liberdade de escolha dos são-tomenses.

Contudo, a história provaria que a duplicidade política não era um apanágio dos colonialistas. A duplicidade dos dirigentes do MLSTP (de que, em maior ou menor grau, estes tinham consciência, tal qual sucedera com os colonialistas) podia ser justificada pela convicção de que a via política adoptada era como que inelutável. Como sucede amiúde, a representação da legitimidade e dos motivos do exercício do poder – por exemplo, a construção de uma sociedade justa – era enviesada para não se questionar a preservação do poder, tacitamente legitimada pelos independentistas com os resultados vindouros.

---

[13] Durante décadas, embora amputada, a cidadania era atributo dos europeus e dos africanos assimilados. Os ilhéus eram considerados assimilados, mas tal não evitou a marginalização derrogadora da cidadania. Após a eclosão da guerra em Angola, todos os africanos – no arquipélago, os ilhéus e os contratados – passaram à condição de cidadãos e se tal não se reflectiu em liberdade política – de que nem sequer os colonos dispunham – traduziu-se na sua elegibilidade para políticas sociais. No tocante à situação política no arquipélago, o que importava era a atitude dos ilhéus, aos quais se dirigiram não só as políticas, mas também as atitudes dos governantes. Apesar de hoje parecer risível, ao tempo a inclusão de ilhéus nos órgãos deliberativos locais não seria de somenos.

A erosão da narrativa ideológica e a perda de legitimidade

A independência não tinha de comportar uma escolha política geradora de fronteiras entre os são-tomenses. Mas, em 1974-1975, a visão ideologizada da história escorou a escolha do MLSTP. Esse grupo restrito pretendeu-se respaldado no apoio do povo e, simultaneamente, guia desse povo. Indiscutida, a "luta" anticolonial transmudou-se numa arrogada liderança que todos deviam seguir. Os independentistas julgavam-se credores de mais do que a obediência prestada às autoridades coloniais. Em todo o caso, a forma menos incerta de firmar sua hegemonia era, justamente, vincar a obediência a que as pessoas estavam acostumadas por terem-na por inerente a qualquer sociedade. Com as mutações sobrevindas com a independência e, sobretudo, com a democracia, passariam a pensar a obediência.

Nos anos 1970, a conjuntura internacional como que induzia a uma opção entre a via capitalista e a socialista. Crendo-se no campo certo, os dirigentes do MLSTP julgaram a ideologia de inspiração marxista e, sobretudo, o que esta supostamente comportava de instigação das vontades um instrumento bastante para administrar homens e bens, assim como para arrostar com inevitáveis resistências.

Os dirigentes do MLSTP subestimaram o conservadorismo dos hábitos da terra, que tinham por erradicável por força da consciencialização política das "massas". Ora, estas passaram a avaliar, mesmo se em surdina, os políticos em função das promessas. Não se conseguia extirpar o juízo resultante de uma cultura europeizada e da introdução do crivo político na apreciação dos actos dos governantes, que estes desejariam apenas avaliados pelas promessas para o futuro. A passividade, embora continuando a pautar a conduta dos são-tomenses, iria conviver com a crítica à governação.

De permeio com a exaltação, com a independência, a construção do autoritarismo começara com actos de força contra os *brancos*, alvos fáceis da inveja social. Porém a repressão dos colonos indiciou que a discricionariedade se poderia estender aos ilhéus. Como no colonialismo, a inculcação do medo foi o método preferencial de coarctar a oposição. Em todo caso, o MLSTP não se furtou a actos de violência policial e judicial contra dissidentes, e o alarde de discricionariedade serviu para conter as dissidências. Ainda assim, e apesar do crescente autoritarismo, a violência física foi menor do que a que se infere do tónus militante dos discursos. Conquanto os dirigentes verbalmente fizessem por ignorar laços familiares e pessoais, estes pesaram na condução política, tendo matizado a violência.

Em razão do voluntarismo de seu projecto, é plausível supor como trajectória provável o enquistamento do MLSTP numa via autoritária. Para os dirigentes saídos da "luta", considerada a magnitude de sua tarefa, o poder era indivisível,[14] concepção avessa quer à partilha e ao equilíbrio de poderes, quer a peias que os formalismos institucionais colocassem à sua discricionariedade. O exercício do poder pressupunha a apropriação e a preservação do Estado. Foi isso que determinou o autoritarismo, não a necessidade de contenção da animosidade devida às crescentes privações.

Mesmo sendo São Tomé e Príncipe um meio culturalmente homogéneo, o Estado era crucial. Não para nação a construir sobre a (inexistente) pluralidade social e cultural. Diferentemente, aliadas à conjuntura política, a homogeneidade cultural e a relativa europeização facilitaram os intentos do MLSTP de conquista do poder. Todavia, era mister uma mutação económica e social refundidora do país na base do voluntarismo político-ideológico, que acometeria contra a idiossincrasia da terra e dos são-tomenses. Tal implicava dispor do Estado.

Independentemente da alusão a desígnios patriotas ou da invocação do *povo*, o que norteava os dirigentes era a apropriação do Estado. Instrumento de poder, o Estado foi tomado pelo partido

---

[14] Sobre a indivisibilidade do poder enquanto axioma dos independentistas, ver Silveira (2004:109).

único, como alhures, dito um partido do *povo*. Dado seu peso simbólico e na regulação da vida colectiva, a apropriação do Estado terá sido consensual. Acto contínuo, o MLSTP sacrificou a cidadania ao poder do Estado.

O MLSTP quis majorar sua legitimidade através da ampliação e modernização do Estado. A burocratização para efeito de controlo social e o alargamento dos serviços sociais – também relevantes pelo impacto político e ideológico – hipertrofiaram o Estado, diminuindo-lhe a eficácia. A superveniente ineficácia do Estado seria um factor de erosão política e social.

Após 1975, foi-se alienando a ética institucional, sedimentada no tempo colonial,[15] através da corrosão das rotinas da administração e da arbitrariedade das decisões em vários níveis. Gerou-se uma tensão entre rotinas e arbítrios, em última instância dirimida pelas chefias, com o que se acentuaram as dependências pessoais e se cerceou a autonomia dos desempenhos institucionais. O voluntarismo do MLSTP redundaria na menor eficácia do Estado, em procedimentos casuísticos e, paulatinamente, no favorecimento das clientelas mais próximas. A importância do Estado deslocou-se da prestação de funções sociais para a alocação de oportunidades. A corrosão de instâncias estatais teve efeitos danosos na coesão política, decerto não antecipados pelos dirigentes do MLSTP.

Ao mesmo tempo que se subalternizavam os processos formais de decisão ao arbítrio de cada chefe, emanação da figura tutelar do país, a ideologia, autorreferenciada, reduzia-se progressivamente

---

[15] A par do favorecimento dos roceiros, que só cessou nos derradeiros anos do colonialismo, na administração colonial, o rigor de procedimentos coexistiu com a cultura do pequeno favor. Todavia, tal apoiava-se em prerrogativas inscritas na lei e, em muitos casos, traduzindo-se num pequeno ascendente pessoal não redundava num benefício económico para o decisor. A ética institucional, ou, mais especificamente, a observância de regulamentos, foi prejudicada pela inexistência de democracia que não permitia fortalecê-la. Após a independência, certos trâmites eram empecilhos à transformação social demandada pela nova situação política, particularmente, pela vontade dos dirigentes. Ora, ao derrogar procedimentos e leis, escancarou-se a porta à discricionariedade e à corrupção.

à justificação da posição do chefe. Esvaziou-se o desempenho dos órgãos de representação, trocado pela concentração do poder e pela informalidade da decisão. A produção legislativa foi mínima. À primeira vista, o Estado era liderado por uma força política inclusiva: o partido. Mas, a despeito da apregoada vocação democrática, o poder, sito na cúpula de MLSTP, não assentava na apreciação participada dos problemas. Não obstante as tensões, o poder era personalizado.

Tal ocorreu ao mesmo tempo que se multiplicavam as assembleias de militantes, rituais de aparente participação política. A expressão de comedidas discordâncias nessas assembleias não tinha qualquer relevância política. Cada vez mais onerosas, as reuniões cingiam-se à doutrinação para a conformação da vontade das bases às directivas da cúpula. Os indivíduos eram convidados a desdobrar-se em provas de reconhecimento ao líder, do que, aliás, dependiam as trajectórias ascensionais. Tais condicionalismos calavam as dissonâncias, mas, sub-repticiamente, estas cresciam.[16]

À medida que a ideologia se tornava um jargão sem aderência à realidade, foi sendo alijada pelos são-tomenses. Ao fim de poucos anos, esboroara-se a legitimidade de uma deriva que, esvanecida a euforia da independência, os são-tomenses descobriam ser contrária a sua vontade e, mais importante, a seu (imaginado) modo de vida.

Conquanto pudesse não ter sido pensado para tal,[17] o autoritarismo, inscrito no projecto de transformação social, res-

---

[16] As divergências e a crise da legitimidade reflectiam-se na decrescente participação nos actos políticos, a chamada prática da "cadeira vazia" (Branco e Varela 1998:44), além do cada vez menor engajamento na execução de quaisquer tarefas, uma espécie de greve de zelo permanente.

[17] Infiro tal hipótese não do desconhecimento das possibilidades (e justificações) do uso do poder contra os inimigos do *povo* – não esqueço o tom inflamado de um jovem governante a reclamar a aplicação do *centralismo democrático e da repressão nas escolas* (testemunho pessoal); hoje, diria que talvez ele não soubesse do que arengava, sendo certo que arengar compunha a liturgia política da época –, mas do facto provável de os dirigentes do MLSTP, conversos da ideologia e convictos da impossibilidade de poder fazer pior do que o colonialismo, não terem imaginado poder falhar no seu propósito de criação e distribuição de riqueza, tendo menosprezado as dificuldades económicas e as da condução dos seus concidadãos.

pondia aos rombos na legitimidade decorrentes do falhanço dos propósitos de equidade,[18] cuja materialização palpável era a imparável generalização das privações. Embora referidas à dignidade da função, as diferenças eram insofismáveis e olhadas criticamente em tempo de carência de bens essenciais, de que não havia memória relativamente aos derradeiros anos do colonialismo. Passados os anos das manifestações organizadas e da ensaiada comunhão de dirigentes e população na entoação de palavras de ordem, a relação hierática aprofundou-se. Ora, diferentemente do sucedido no tempo colonial e também por causa da integração política majorada pela independência, tal rigidez hierática afigurar-se-ia contranatura. Enquanto isso, por entre as dificuldades económicas dos anos 1980 e a desagregação das relações laborais, os governantes já não pareciam capazes de políticas com resultados previsíveis, porquanto, a despeito dos planos prospectivos, a única trajectória que se perfilava no horizonte era a do empobrecimento. A narrativa ideológica desmantelava-se, o projecto do MLSTP soçobrara perante a realidade cultural e social, mais resiliente do que a supusera o voluntarismo ideológico.

A procura de legitimidade na democracia representativa

Em 1990-1991, a *mudança* do regime de partido único para a democracia representativa respondeu a sentimentos disseminados nas

---

[18] Admitindo embora a pertinência da explicação de Chabal (2002:89), a de a legitimidade advir da capacidade de satisfazer clientelas, sublinhe-se que o substrato cultural e a dimensão arquipelágica conferiam uma nota singular a São Tomé e Príncipe, onde a legitimidade não dependia apenas da (in)capacidade de satisfação da clientela. Num certo sentido, toda a população islenha era uma clientela, posteriormente dividida em várias outras no regime democrático. É certo que a impossibilidade de prover lugares a todos os jovens qualificados começou a pesar, mas a evolução política dependeu de percepções sobre o impasse da evolução da sociedade são-tomense.

ilhas. Mas foi iniciada por um grupo reduzido de políticos, significativamente tutelado pelo presidente do MLSTP e do país, que se antecipou à vaga democrática[19] em África. Nas ilhas, a par da rejeição de um socialismo que só trouxera imposições sem sentido, predominava a apatia, pelo que tal mudança ocorreu à margem da (nula) pressão social nas ruas.

Provavelmente em razão da percepção da imparável degradação da vida colectiva, Pinto da Costa deu os primeiros passos para a liberalização política.[20] Mas nem essa iniciativa, que reconduzia o país à sua suposta matriz cultural, isentou o partido da independência da derrota nas primeiras eleições. Desmentindo a presumida similitude com África, as eleições de 1991 foram um castigo político por 15 anos de partido único.

A democracia foi adoptada num momento difícil: a juntar à fraca capacidade de acumulação endógena, à limitação do mercado e à informalidade da economia sobrevinda ao falhanço da sua estatização, na década de 1990, ao mesmo tempo que se vincava o empobrecimento em resultado da aplicação de um programa de ajustamento estrutural, emergiam as fortunas e a diferenciação económica até aí contidas. A democracia chegou com a promessa tácita de acabar com a pobreza, mas o que se verificou foi a ostentação de abissais diferenças económicas.

Fosse como fosse, revitalizando a cidadania, a democracia actualizou a ideia de que a legitimidade do exercício do poder assentava não apenas na legalidade, quanto também na autenticidade dos discursos ou na ética das condutas dos políticos.

---

[19] Vale a pena a sopesar argumentos de Chabal (2002:90): a ruína do sistema de partido único nos anos 1980 foi menos devido a não serem democráticos do que ao falhanço económico. Daí a menor importância da ideologia, dado que a ruína afectou países de diversos matizes ideológicos. Sem embargo, os estados "socialistas" atingiram seus limites antes dos estados dos países onde vigorava o mercado aberto.

[20] Acerca dos factores endógenos ou, de outra perspectiva, exógenos com indutores da transição para a democracia, ver, respectivamente, Branco e Varela (1998) e Seibert (2001).

Até hoje, a integração política actualiza o imperativo da legitimidade política, não dedutível do mero apoio eleitoral, antes também implicitamente aferida pelo propósito de tratamento equitativo dos cidadãos,[21] mesmo se inobservado na prática. Existe uma pressão velada para a equidade e, se noutros meios africanos as obrigações grupais ou de vínculos étnicos podem ter precedência, em São Tomé e Príncipe, sem embargo da necessidade de manter a clientela – e de a granjear, por exemplo, através do *banho* –,[22] as circunstâncias demandam a preservação da legitimidade referida às promessas, por regra, dirigidas a toda a população. As decisões não podem ostensivamente ir em prol ou contra um segmento delimitado. Por último, assumindo-se que *todos os políticos roubam*, indaga-se se, em contrapartida, de alguma forma beneficiam as condições de vida das pessoas. O capital de reivindicação destas é, por regra, elevado e tem eco numa *media* livre. Daí também a propensão quase permanente para a *mudança*, bem acolhida pela recorrente promessa de alteração da trajectória de empobrecimento da sociedade, *mudança* que, relembre-se, ninguém crê possível sem a intervenção do Estado.[23]

A conduta dos políticos é escrutinada, exigindo-se que as atitudes revelem congruência com os discursos, e ambos com a realidade. Analiticamente, poderíamos distinguir uma visão essencialista do político, tendente a deslizar para uma abordagem normativa, de uma visão pragmática do político (Cardoso, Macamo e Pestana 2002).[24] Os actores políticos tendem a guiar-se por

---

[21] Actualmente expectável da democracia, foi até demandado e/ou atribuído a regimes autoritários, como fragmentariamente sucedeu no colonialismo ou, conjunturalmente, no regime de partido único. Com efeito, tanto no final do colonialismo como no tempo do partido único, alegava-se perseguir o bem geral.
[22] Diga-se, o *banho* é denotador de um substrato cultural em que o individualismo tem lugar. Por outras palavras, se a política não se baseasse no indivíduo, se outras fidelidades pesassem, o *banho* não teria lugar.
[23] Por exemplo, Nascimento (2010a, 2013b).
[24] Analiticamente mais profícua para a compreensão das dinâmicas políticas, a perspectiva pragmática pode servir para a desculpabilização dos decisores políticos.

uma visão pragmática, isto é, autorreferenciada e protectora de seus interesses. Já a população tende a encarar as práticas políticas de uma perspectiva normativa, avaliando a congruência dos discursos com a previsibilidade das vidas[25] ou, noutros termos, a concretização da promessa difusa de melhoria das condições de vida que assentou arraiais desde o final do colonialismo.

Vejamos, na era colonial, com excepção dos poucos independentistas, ninguém duvidava da legitimidade política ou da autoridade do governador. Na atitude então sedimentada, as noções de bondade política e de precedência ou autoridade confluíam no governador.[26] Essa precedência institucional era sinónimo de decisões sábias. Tais atitudes e assunções passaram do colonialismo para os "fundadores" do país, a quem ninguém questionou abertamente a precedência e o saber. Primeiramente em razão da "luta" pela independência; depois, dos constrangimentos políticos acima descritos, por alguns anos os argumentos de autoridade antepuseram-se ao juízo dos dirigentes pelos seus concidadãos.

Hoje, o poder vai suscitando deferência, mas já não em termos incondicionais. Para além das mudanças culturais no mundo, a que as ilhas se tornaram mais porosas, dois factores de outrora laboram para tal situação: um, o conhecimento da trajectória ascensional dos dirigentes, nalguns casos de origem humilde, por isso celeremente desqualificados logo que falham suas promessas; dois, apesar de os políticos se arrogarem um largo arbítrio, no juízo da sua acção pesam valores, supostamente de outrora ou dos *velhos*, entre eles, o da verdade.[27] É sabido, esta é em parte permu-

---

[25] Se ao Estado colonial e ao pós-colonial foi dado amparar o imobilismo e a previsibilidade, o Estado da era democrática não monitoriza as mudanças; ao invés, anda como que a reboque delas. Na realidade, nem o Estado nem as pessoas parecem em condições de filtrar ou conter as aceleradas mudanças dos dias de hoje.
[26] A esse respeito, e em termos comparativos, consultar Pitt-Rivers (1971:26).
[27] Um elemento diverso do passado é a imprensa – politicamente empenhada e disposta à controvérsia – e a circulação de informação *on line*, que suscitam, para além de tentativas de controlo, a necessidade de composição de uma imagem de congruência.

tável pelo poder e pelo dinheiro. Mas tal permuta, base de relações clientelares, não é irrestrita. Primeiro, porque, mesmo amovíveis ou de geometria variável, as clientelas partidárias geram pressão, por regra, traduzida em demandas pessoais. Segundo, porque, como se disse, a sociedade são-tomense ainda não é redutível a relações clientelares.

Comummente, a obrigação de falar a verdade respeita apenas às pessoas de condição homóloga a quem essa obrigação é devida.[28] Portanto, seria socialmente refractada, como, aliás, se vem a reconhecer quando se desculpabiliza os políticos ao se dizer que *todos mentem*. Ainda assim, no arquipélago, a contiguidade física e o conhecimento interpessoal como que reforçam essa obrigação de apresentar um discurso verosímil.

Ao da verdade, acresce o valor da equidade. Um sentimento misto de irmandade e, simultaneamente, de individualismo impele à reclamação da igualdade. A micro-insularidade sugere um Estado para todos – tal a mensagem do pós-independência, na esteira do que pautara o final do colonialismo –, mesmo se tal se afigura uma impossibilidade.

No final do regime de partido único, o Estado já não pretendia ser a materialização da vontade colectiva. A implementação da democracia trouxe a expectativa de que a governação e o Estado pudessem ser reconduzidos a tal condição. Mas, a despeito dessa esperança, os mecanismos de representação da vontade colectiva vieram a ser subvertidos em razão dos alinhamentos clientelares e dos poderes efectivos construídos pela nomenclatura nas ruínas do Estado que se quisera revolucionário. Por ora, a democracia ainda recolhe o favor dos são-tomenses. Entre a instabilidade e a condução política errática e avulsa, as substituições de governos operam-se sem dificuldades[29] e os titulares das instituições, po-

---

[28] Ver Pitt-Rivers (1971:24).
[29] Se é certo que em termos institucionais o arquipélago são-tomense é reconhecido como um caso de sucesso democrático, a verdade é que, a par do desempenho formal, as apropriações do Estado se revelam um empecilho ao desenvolvimento (por

dendo ser objecto de desafeição, não se vêem questionados por desafios disruptivos.[30] Tal panorama pode alterar-se, caso se dê azo à percepção de que o Estado se tornou mero instrumento de facção e de que, a despeito da partilha dos mesmos códigos culturais, os propósitos dos políticos se desligaram definitivamente dos anseios da população.

De momento, o grosso da população já se sente a viver num mundo à parte dos seus dirigentes e, por entre as incertezas, torna-se permeável à ideia da acomodação do Estado e da democracia a um *pulso forte* que reponha a equidade e evite a corrosão de valores e a conflitualidade. Aliás, de permeio com os equívocos que a amparam, a propensão para o *pulso forte*, que parece suceder a onda democratizante que atravessou África desde a última década do século passado, encontra-se nos diversos quadrantes políticos e, porventura, nos desígnios dos vários actores.

Reconstruir o Estado, reconduzir a democracia ao pulso forte?

No arquipélago, o campo político tende a reduzir-se ao Estado, o referente perene da vida colectiva. Em momento algum da história recente o Estado foi ostensivamente diminuído enquanto instância de regulação social e política. Como se referiu, o facto de, tanto no período colonial como no do partido único, a governação ter procurado o apoio da população[31] facilitou a integração política

---

exemplo, através do favorecimento), para além de que os processos de discussão no espaço público e de formatação das decisões são muito permeáveis a influências que dominam o Estado.

[30] Todavia, foram-me narrados casos de ameaças a políticos (*testemunho pessoal*), elemento, entre outros, com que questiono a ideia da bonomia como veio da índole dos são-tomenses. Sem desmentir sua afabilidade, devo asseverar a diferença abissal das condutas dos anos 1980 para os dias de hoje, evolução politicamente significativa.

[31] Ainda que tal pareça um paradoxo, a verdade é que os regimes ditatoriais não deixaram, embora com diferentes coreografias, de cultivar a aparência de um apoio popular, o que, particularmente após a independência, trouxe o palavreado político para o juízo da *rua*.

desta, renovada após 1975 por o jargão político ter invadido o quotidiano. Em vista quer da integração política, quer da demanda de boa governação acoplada à democracia, as exigências de um desempenho político e institucional eficaz aumentaram. Porém, tal facto não travou a informalidade dos processos de composição de interesses e decisórios. Se, apesar das políticas sociais, anos após a independência, do Estado só remanescia a capacidade coerciva, hoje só resta a percepção da riqueza dos que por ele transitam. Desfeito o controlo "socialista", com a democracia o Estado passou a perfilar-se abertamente como oportunidade para alguns e alvo de demanda de outros.[32]

A preservação de traços da administração colonial configurou o Estado independente como um Estado pós-colonial, mas a corrosão institucional enfraqueceu-o nos anos 1980 e, de forma crucial, nos anos 1990.[33] Actualmente, as razões da importância creditada ao Estado são-tomense – por exemplo, o rateio de recursos por clientelas e a imbricação com os laços sociais, inevitável, dir-se-ia, num meio micro-insular – poderão situá-lo mais próximo do que se observa em África e sugerir o que, equivocadamente, alguns tomam por democracia "africana",[34] uma arquitectura política assente na concentração de poder presumidamente necessária à condução da sociedade.

Façamos um parêntesis para assinalar que, para a análise da reconstrução e da recapacitação do Estado, importaria distin-

---

[32] Em razão tanto do empobrecimento quanto da herança do passado colonial e "revolucionário", a democracia renovou a reivindicação do papel assistencial do Estado. Tal demanda difusa passou a assentar, não na leitura das possibilidades financeiras do Estado, mas na inferência da obrigatoriedade de divisão dos recursos que ele mobiliza.

[33] Ver Young (2004:24).

[34] Como é expectável, existem desencontros em torno do que será uma democracia africana (no tocante ao arquipélago, veja-se um ponto de situação em Nascimento, 2007:77 e segs.). A noção respeitará às vantagens do presidencialismo, tido como regime mais adaptado às "tradições africanas". Basicamente, tais tradições resumem-se à maior latitude de decisão de quem manda, advogando-se que a população julga vantajoso ter uma pessoa a mandar.

guir os dirigentes do Estado. Aqueles usaram este e, na medida da respectiva instrumentalização, foram-no tornando inoperativo. Mas isso deveu-se não a uma incompatibilidade de fundo da democracia com a matriz da sociedade são-tomense ou africana, antes a práticas de quem governou e se apropriou do Estado.[35] Tomando um regime político como o conjunto de procedimentos de distribuição do poder,[36] na actual conjuntura política poder-se-ia julgar oportuna a capacidade de permanente adequação da democracia. Porém o cerne da reflexão é sempre o Estado e, prosaicamente, a discussão acaba resumida à concentração, ou não, de poderes na respectiva figura cimeira. Então, mais do que alavanca de mudança política e social, o Estado acabará por ser o instrumento de um poder pessoal, frequente em contextos africanos, ou esta não é uma deriva absolutamente necessária? Não obstante a configuração democrática e a divisão de poderes, tenderá o Estado são-tomense a reduzir-se à sua chefia tutelar, na decorrência, aliás, do passado histórico e da presente fulanização de partidos desprovidos de projectos ideológicos ou, tão-só, programáticos?

No arquipélago, a espaços, considera-se imperioso repensar a democracia para incorporar dados históricos e elementos culturais locais (pressupostamente africanos, assim se depreciando tacitamente vectores de origem europeia), com o que se chegará a um novo modelo de Estado e de poder. No fim, tal equivalerá a enunciar quem, como, por que razão e por quanto tempo chefia o Estado, questões não abordadas. Por outras palavras, dada a propensão para os homens providenciais[37] em desfavor do *empowerment* das instituições, dir-se-ia que, ao se discutir a arquitectura

---

[35] Por exemplo, e estabelecendo um paralelo, imputam-se defeitos à democracia, quando a questão é a da observância ou atropelo das regras democráticas, patente, por exemplo, no *banho*.
[36] Cf. Cardoso, Macamo e Pestana (2002:9).
[37] No arquipélago, tende-se para a adesão a personalidades redentoras. Por mais de uma vez, geraram-se expectativas em torno de figuras salvadoras exteriores à terra ou à *política*. Cf. Nascimento (2013b).

política, fala-se da concentração do poder nas mãos da pessoa eventual ou desejavelmente capaz de conter os (demais) *políticos*, de prevenir conflitos disruptivos e de, ao menos aparentemente, tratar todos de igual modo.[38]

Curiosamente, pelos solavancos da evolução recente, chegou--se a um acúmulo de poderes, conquanto formalmente inexistente, na pessoa de Pinto da Costa,[39] sem, como era expectável, se ter aprofundado a discussão da arquitectura de poderes. Comummente, as propostas de adequação da democracia aos circunstancialismos locais são sempre formuladas por quem quer conquistar ou majorar seu poder.[40] Ao cabo de mudanças políticas e sociais pro-

---

[38] As disfunções estatais abrem espaço para as clientelas que vivem da apropriação do Estado e do vazio criado pela sua ineficiência. No limite, esta sugere o exercício da violência para, por exemplo, a defesa da propriedade, conduta incomum, se não mesmo impensável, nos primeiros anos de independência.

[39] Confirmando a interpretação, referida à historicidade do Estado e da política, de que nem sempre a personalização ocorre à custa da institucionalização da política (Bayart apud Diop e Diouf, 1992:136), embora, na circunstância, à custa de um pico de tensão política e social no arquipélago.

[40] Em 2002-2003, Fradique de Menezes rejeitou uma revisão constitucional de sentido parlamentarista subscrita até pelos seus seguidores. Ao invés, Fradique advogava o reforço dos poderes presidenciais. Ver, por exemplo, "Regime presidencialista tarda a vir". Disponível em: <www.telanon.info/politica/2008/09/04/346/%E2%80%9Creg ime-presidencialista-tarda-a-vir%E2%80%9D/>. Acesso em: 24 jul. 2013. Sem embargo do eventual respaldo social a uma arquitectura presidencialista, a avaliação da substância das propostas depende do actor e da conjuntura. Fradique deixou de ser ouvido, menos pela falta de credibilidade das suas propostas do que pela antevisão do fim do seu tirocínio político após o fim do segundo mandato. Num ambiente de confronto com o primeiro-ministro Patrice Trovoada, em agosto de 2012 o Partido da Convergência Democrática apresentou um projecto de revisão constitucional que, entre outras propostas, incluía maiores poderes para o presidente – no caso, Pinto da Costa –, entre eles, o de autorizar as deslocações do primeiro-ministro ao exterior. Na circunstância, o primeiro-ministro considerou tal projecto de revisão inviável. Cf.: <www.telanon.info/politica/2012/08/16/11114/pcd-avancou-com-proposta-de-revisao--constitucional/>; <www.telanon.info/politica/2012/08/16/11112/patrice-trovoada-diz--que-a-proposta-do-pcd-para-revisao-da-constituicao-politica-nao-tem-pernas-para--andar/>. Acesso em: 24 jul. 2013. Já deposto, Patrice Trovoada expôs que propusera uma revisão constitucional conducente ao reforço dos poderes presidenciais, seguida de eleições presidenciais, tentando deslocar a competição política para um campo em que ele julgaria ter vantagens sobre o adversário. Cf.: <http://sol.sapo.pt/inicio/ Internacional/Interior.aspx?content_id=76608>. Acesso em: 24 jul. 2013.

fundas – das quais, porventura, a independência não será o marco divisório, pois que a presente sociedade é muito mais distinta da do pós-independência do que esta o foi da sociedade colonial –,[41] a fulanização parece permanecer como o crivo da competição política, o que, desde logo, estreita as possibilidades de opção dos são-tomenses, empurrados para a escolha entre indivíduos.

No contexto de fulanização da política, o que se julga não é o conteúdo das promessas, mas a credibilidade de quem promete. Da mesma forma, importam menos as propostas de reestruturação económica do que bens ou pequenos ganhos no imediato. Amiúde, a credibilidade da mensagem tem menos a ver com seu conteúdo do que com a vontade dos indivíduos em acreditar em seu arauto.

Nessas circunstâncias, o desempenho do Estado – cuja valia simbólica excede em muito a circunstância de ser uma plataforma de rateio de proventos e uma alavanca de ascensões sociais por, apesar da sua ineficácia, ser a única instância de segurança dos indivíduos – poderá acabar subsumido à vontade dos mandantes, tolhendo a delegação de competências e de responsabilidades, a autonomia do desempenho administrativo e a partilha de poderes. No limite, nem o Estado se fortalecerá,[42] faltando, pois, o requisito de uma sociedade civil assertiva.

Não obstante os apelos à construção de um sistema político baseado nos valores locais e na autoconfiança dos ilhéus, não parece que o meio insular dispense o desempenho do Estado, a que não existe entidade alternativa. Ou, dir-se-á, não dispensa um chefe ou um "mais velho", seja ele quem for.

---

[41] Cf. Nascimento (2013a).
[42] Há anos alvitrou-se que a sorte do Estado são-tomense estava ligada à capacidade de criação de um espaço de diálogo socioeconómico. Perguntava-se até que ponto a concertação social nas ilhas se impunha como modo de produção do político (cf. Cardoso, Macamo e Pestana 2002:23). Algo volitiva, a pergunta era também retórica, pois "diálogo socioeconómico" e "concertação social" são idealizações irrealistas. A espaços replicadas no arquipélago, tais idealizações indiciam a fragilidade do Estado.

Notas conclusivas

Consabidamente, é difícil avaliar o processo de reconstrução do Estado são-tomense, reconstrução imbricada com as pressões da globalização e com as acções das forças políticas e sociais, algumas delas absolutamente impensáveis há anos, para já não remontar ao tempo da independência. Esse dado aumenta a dificuldade de qualquer alvitre sobre a evolução futura do arquipélago, salvo, talvez, o da provável perda das instituições a favor de interesses pessoais ou de grupos restritos, o que já sucedia no tempo colonial. Não terá mudado nada?

Hoje, entre os mandantes, a tolerância para com a pobreza e a desigualdade parece incomensuravelmente maior do que há anos. A política do partido único não se revelou eficaz no combate à pobreza. Aliás, a questão nem sequer era abordada como tal; apenas se aludia às dificuldades de todos e do país. Com a democracia, a pobreza tornou-se como que inelutável. Actualmente, o diagnóstico que relaciona apropriação indevida e desigualdade, por um lado, e pobreza, por outro, não desemboca numa reivindicação consequente de uma alteração política que erradique do arquipélago a pobreza que todos consideram materialmente injustificável e moralmente inconcebível. Ao invés, os sentimentos políticos são canalizados para adesões a desígnios políticos que dificilmente se traduzirão na minimização dos problemas sociais.

Ademais, conquanto em teoria a democracia possa propiciar maior equidade, tal não é uma necessidade nem lógica, nem factual. De resto, para a opinião pública que ajuíza a actuação dos *políticos*, a equidade e a justiça devidas a uma irmandade sugerida pela contiguidade forçada podem tornar-se algo independentes do regime político. Mas, significativamente, não do desempenho tutelar do Estado, que, viável ou não, é reivindicado.

Se o Estado era relevante para a reconstituição da sociedade são-tomense, tal a convicção nos anos 1960-1970, indubitavelmente o Estado independente negou o que os são-tomenses esperavam dele. E, todavia, os ilhéus continuam a esperar algo do Estado e a tê-lo como referência, tanto mais que, devido à crescente entropia social, o Estado parece fundamental para dirimir conflitos e impor a ordem, mesmo se tal capacidade é, afinal, relacionada com a idiossincrasia de quem manda.

A dificuldade do funcionamento institucional autónomo poderá redundar na identificação do Estado com a vontade de quem o lidera. Ambiguamente embora, é a essa vontade pessoal que alguns políticos aludem ao falar de reposição da autoridade do Estado, como se outros paradigmas de ordenação social, que não o decorrente do voluntarismo, não resultassem no arquipélago. Por ora, prevalece o regime democrático que já deu provas de alguma solidez perante propostas de alteração dos equilíbrios políticos institucionalmente vigentes e perante a instabilidade política. Mas abundam os sinais da sua fragilidade.

Na relação entre Estado e indivíduos, a eficácia dos mecanismos de autoridade parece essencial. O político que imprima a tal relação uma nota, difusa que seja, de justiça obterá, aos olhos da população, um ganho de legitimidade que, no arquipélago, é fulcral. Então, esta não dependeria apenas da democracia; dependeria também da segurança e da previsibilidade do rumo do país e da vida das pessoas. Ora, se o crivo da avaliação das mudanças do país se resumisse à relação do Estado com os indivíduos, então não se estaria muito longe do colonialismo no seu ocaso. Ou, como suspiram alguns são-tomenses, dos *nossos valores*...

REFERÊNCIAS

BAROJA, Julio Caro. Honra e vergonha: exame histórico de vários conflitos. In: PERISTIANY, J. G.. *Honra e vergonha*: valores das sociedades mediterrânicas. Lisboa: Fundação Calouste Gulbenkian, 1971. p. 61-109.

BELUCCI, Beluce. O Estado na África. *Tempo do Mundo*, Brasília, v. 2, n. 3, p. 9-43, 2010.

BRANCO, Rafael; VARELA, Afonso. *Os caminhos da democracia*. Amadora: Ed. do autor, 1998.

CAHEN, Michel. Arquipélagos da alternância: a vitória da oposição nas ilhas de Cabo Verde e de São Tomé e Príncipe. *Revista Internacional de Estudos Africanos*, Lisboa, n. 14-15, p. 113-154, 1991.

CARDOSO, Carlos; MACAMO, Elísio; PESTANA, Nelson. Da possibilidade do político na África lusófona: alguns subsídios teóricos. *Cadernos de Estudos Africanos*, Lisboa, n. 3, ___. p. 5-25, 2002.

CHABAL, Patrick. A transição democrática em África: problemas e perspectivas. In: *Que estados? Que nações em construção nos cinco?*: colóquio internacional, cidade da Praia, 21 a 23 de março de 1996. Praia: Fundação Amílcar Cabral, 1998. p. 143-157.

___. *A history of postcolonial lusophone Africa*. Londres: Hurst & Co, 2002.

DIOP, Momar Coumba; DIOUF, Mamadou. As sucessões legais: mecanismos de transferência do poder em África. In: AAVV. *Ciências sociais em África*. Lisboa: Cotovia, 1992. p. 129-167.

FUKUYAMA, Francis. *A construção de estados*: governação e ordem mundial no século XXI. Lisboa: Gradiva, 2006.

HUGON, Philippe. *Geopolítica de África*. Rio de Janeiro: FGV, 2009.

NASCIMENTO, Augusto. *Ciências sociais em S. Tomé e Príncipe*: a independência e o estado da arte. Porto: Ceaup, 2007. Edição digital. Disponível em: <www.africanos.eu/ceaup/uploads.EB005/pdf>. Acesso em: 1 dez. 2013.

___. São Tomé e Príncipe na idade adulta: a governação e o *descaso* da rua. *Tempo do Mundo*, Brasília, v. 2, n. 3, p. 45-73, 2010a. Disponível em: <www.ipea. gov.br/portal/images/stories/PDFs/111024_rtm_portugues03.pdf>. Acesso em: 27 jan. 2014.

___. São Tomé e Príncipe: a independência ou o parto do autoritarismo. In: ROLLEMBERG, Denise; QUADRAT, Samantha Viz (Org.). *A construção social dos regimes autoritários*: legitimidade, consenso e consentimento no século XX. África e Ásia. Rio de Janeiro: Civilização Brasileira, 2010b. V. 3, p. 157-205.

___. As demandas sociais e a construção de conhecimento entre o fervor identitário e a tutela política em São Tomé e Príncipe. *Africana Studia*, Porto, n, 19, p. 117-136, 2012.

___. Os dividendos do autoritarismo colonial: o impacto e a manipulação do legado colonial na configuração do pós-independência em São Tomé e Príncipe. In: PIMENTEL, Irene; REZOLA, Maria Inácia (Org.). *Democracia, ditadura*: memória e justiça política. Lisboa: Tinta-da-China, 2013a. p. 259-282.

___. As pulsões na política em São Tomé e Príncipe. *Africana Studia*, Porto, n. 20, p. 135-152, 2013b.

PITT-RIVERS, Julian. Honra e posição social. In: PERISTIANY, J. G. *Honra e vergonha*: valores das sociedades mediterrânicas. Lisboa: FCG, 1971. p. 11-59.

SANTO, Carlos Espírito. *Enciclopédia fundamental de São Tomé e Príncipe*. Lisboa: Cooperação, 2001.

SEIBERT, Gerhard. *Camaradas, clientes e compadres*: colonialismo, socialismo e democratização em São Tomé e Príncipe. Lisboa: Veja, 2001.

SILVEIRA Onésimo, *África ao sul do Sahara*: sistemas de partidos e ideologias de socialismo. Lisboa: Associação Académica África Debate, 2004.

YOUNG, Crawford. The end of the post-colonial state in Africa? Reflections on changing Africa political dynamics. *African Affairs*, Londres, v. 103, n. 410, p. 23-49, 2004.

Nacionalismo, Estado e guerra em Angola

MARCELO BITTENCOURT

Introdução

Colonialismo, luta e conquista da independência, regime de partido único, guerra civil e urbanização são fenômenos que em maior ou menor grau afetaram muitos países africanos ao longo do século XX.

Como Angola enfrentou esses desafios? Este texto pretende investigar tais questões na história do país, apontando para três momentos: a luta de libertação e a incapacidade de unificar as forças nacionalistas; a experiência socialista e o agravar da guerra civil; e, por último, a mudança radical de rumo do regime, sem que esta implicasse uma alteração dos próprios dirigentes. A proposta é analisar esses momentos tendo como foco principal as relações existentes entre os nacionalismos presentes no caso angolano, a ação do Estado no pós-independência e a situação de guerra.

A luta de libertação angolana: o nacionalismo dividido

A guerra pela independência em Angola foi marcada pela incapacidade de unificação das diversas forças políticas e militares anticoloniais numa organização capaz de congregar e direcionar o combate à presença portuguesa. Três movimentos de libertação conduziram a luta pela independência defrontando o Exército colonial, mas lutando também entre eles.

A União das Populações de Angola (UPA) foi criada na segunda metade dos anos 1950 e, em 1962, após sua junção com outras forças políticas de menor expressão, transformou-se na Frente Nacional de Libertação de Angola (FNLA). O movimento tinha por base de apoio e arregimentação as populações do grupo etnolinguistico *bakongo*, situadas na parte norte do território angolano, mas com presença também do outro lado da fronteira, no vizinho Congo, até 1960 uma colônia belga. Por isso, a trajetória de vida de seus dirigentes e militantes seria marcada por uma forte ligação com a capital do Congo, Léopoldville.[1] Por outro lado, as elites angolanas *bakongo* sofreram um processo de urbanização mais tardio, o que lhes possibilitava maior ligação com as zonas rurais, fator que seria exaltado pela FNLA e traduzido na ideia de espontaneísmo das massas.

A outra organização a ganhar fôlego nesse início dos anos 1960 foi o Movimento Popular de Libertação de Angola (MPLA), que tem sua gênese ligada à agitação anticolonial, iniciada em Luanda, em finais da década de 1940, e ampliada nos anos 1950. Formou-se a partir de duas correntes nacionalistas, constituídas pelos que estavam na colônia, principalmente em Luanda e nas suas proximidades – que ficariam conhecidos como "os do interior" –, próximos, portanto, aos pontos mais antigos da colonização, e pelos que estavam na metrópole ou em outros países da Europa ou ainda, mais raramente, da África, muitos na condição de estudantes universitários – "os do exterior" (Bittencourt, 2008).

As detenções realizadas pela Polícia Internacional de Defesa do Estado (Pide) no ano de 1960 acabariam por identificar os principais apoios desse movimento. Seus militantes atuavam basicamente em Luanda e, do ponto de vista racial, contavam com a participação de negros, mestiços e alguns brancos. No que diz respeito à ocupação profissional, eram funcionários públicos, empregados do comércio, enfermeiros, estudantes, monitores agrícolas e operários. Esse traço urbano seria adensado pelos jovens estudantes no exterior e seus contatos com organizações internacionais, favorecendo a construção de uma imagem desse

---

[1] Ver Messiant (1989).

movimento como nacional, a-racial e multiétnico, que, com o passar do tempo e a internacionalização da luta angolana, ganharia o contorno também de um movimento de esquerda e socialista.

O terceiro e último movimento, a União Nacional para a Independência Total de Angola (Unita), nasce de uma dissidência da FNLA. Jonas Savimbi, seu futuro presidente, era um destacado dirigente da FNLA quando, em 1964, passou a acusar os dirigentes desse movimento de tribalismo. Suas críticas assinalavam o favorecimento existente em relação aos militantes de origem *bakongo* nas nomeações para cargos importantes do movimento e nas concessões de bolsas de estudo. Savimbi ainda buscou uma negociação para seu ingresso e o daqueles que o acompanhavam no MPLA, mas as conversas não surtiram o efeito esperado.

A Unita seria oficializada em 1966, a partir do recrutamento de jovens angolanos próximos à fronteira leste da colônia. Seu principal apoio seria a recém-independente Zâmbia, que lhe proporcionou a instalação de bases guerrilheiras junto à fronteira com Angola. Suas ações militares teriam alcance limitado, mas seriam úteis em sua propaganda como mais uma força de libertação angolana. O discurso da Unita procurava enfatizar o fato de que sua direção, ao contrário da dos demais movimentos, estava lutando ao lado dos guerrilheiros no interior de Angola. Ainda que contando com inúmeras dificuldades, conseguiu articular o apoio necessário à sua sobrevivência como mais um movimento na luta anticolonial.[2]

Apesar da divisão existente entre as forças nacionalistas, a luta de libertação angolana tem início com o ataque às prisões de Luanda, ocorrido em 4 de fevereiro de 1961, reivindicado em tempo oportuno pelo MPLA. Logo em seguida, em 15 de março desse mesmo ano, a UPA promove um levante de grandes proporções no

---

[2] As dificuldades logísticas da Unita levariam o movimento a uma das atitudes mais controversas da sua história. Em 1971, o movimento e as autoridades militares portuguesas estabeleceram um acordo de não agressão, que se desdobrava na tarefa do primeiro em atuar contra o MPLA (Bittencourt, 2008).

norte da colônia. As duas ações guerrilheiras assustam o governo colonial e informam ao mundo que o colonialismo português, apesar de se apresentar internacionalmente como diferente dos demais, era questionado internamente pelos angolanos.

Durante mais de uma década a guerra anticolonial viveu um impasse. Os movimentos de libertação angolanos travaram batalhas entre eles, mas não demonstraram possuir força militar para agredir de forma contundente o Exército colonial português. Ao mesmo tempo, a situação colonial estava por um fio nas demais colônias portuguesas na África que também enfrentaram guerras anticoloniais: Guiné Bissau e Moçambique. Além disso, apesar de militarmente controlada, a situação em Angola dependia de um esforço de recrutamento e manutenção de militares que Portugal tinha cada vez mais dificuldade de executar, enquanto as ações de distribuição de panfletos e organização de células clandestinas continuavam nas cidades angolanas.

O impasse seria dissolvido com a Revolução dos Cravos, ocorrida em abril de 1974, em Portugal, quando militares portugueses, muitos deles com passagem pelas guerras coloniais, em especial a angolana, promovem a queda do regime ditatorial português. Os "capitães de abril", como ficariam conhecidos por ser esse o segmento de oficiais que controlava as ações revolucionárias, logo em seguida abririam negociações com os movimentos de libertação angolanos.

As breves linhas traçadas até o momento apresentam um nacionalismo dividido, em que os episódios de confronto político e, sobretudo, militar foram em número muito superior às tentativas de união entre essas diferentes forças políticas. Os três movimentos respondiam em grande medida a contextos históricos construídos na vivência colonial. Uma vivência fragmentada entre regiões com lógicas sociais e econômicas muito distintas e que a ideia de construção da nação não seria capaz de superar.

O MPLA acusava a FNLA de ser um movimento tribalista, racista e agente de uma solução neocolonial, em face do apoio norte-

-americano. Para a direção da FNLA, o MPLA era controlado por um pequeno grupo de esquerdistas universitários sem qualquer força militar, culturalmente mesclado e muito arrogante. Sua acusação mais feroz, no entanto, era dirigida aos mestiços, que a FNLA identificava como "filhos de colonos", o que serviria ao argumento de se colocar em dúvida a disposição do MPLA em alterar a situação vivida pelos negros em Angola. A Unita, por sua vez, como vimos, acusaria a FNLA de ser tribalista por privilegiar as lideranças *bakongo* em detrimento dos demais grupos étnicos. Por fim, a organização de Jonas Savimbi seria acusada pelo MPLA de tecer alianças com a tropa portuguesa, a fim de conseguir manter sua sobrevivência. Em resumo, acusações não faltavam para impedir a associação de esforços entre os movimentos de libertação angolanos e, claro, garantir, ao mesmo tempo, espaço de atuação e legitimidade para cada um deles.

Indiscutivelmente, a experiência colonial diversificada ocorrida em Angola demonstrou ser de grande importância para a montagem dos grupos que iriam levar adiante a luta armada de libertação. O prolongamento dessa luta, por sua vez, consolidaria tais posições políticas, congelando acusações e líderes. Esse processo de reforço das organizações independentistas diminuiu a margem de negociação para uma possível unificação das diferentes forças atuantes no campo do nacionalismo angolano. O resultado desse quadro foi o início de uma guerra civil que, atropelando possíveis regras da ciência política, começou antes mesmo da conquista da independência e do Estado.

A experiência socialista e o primeiro fim da guerra

Na noite do dia 10 de novembro de 1975, o almirante Leonel Cardoso, em nome do presidente da República portuguesa, anunciou a independência de Angola, transferindo a soberania para o povo angolano. À zero hora do dia 11 de novembro, Agostinho Neto, presidente do MPLA, proclamou "solenemente, perante a África e o mundo, a independência de Angola". O MPLA conquistara o controle da capital, Luanda, depois de cerca de seis meses de confronto armado com os demais movimentos de libertação.

A proclamação feita por Agostinho Neto marcou de forma definitiva o nascimento do país e, nesse caso, da necessidade de gestação de uma nação. No entanto, a própria fórmula encontrada pelas autoridades portuguesas de oficialmente passarem a gestão do Estado e do território ao seu povo adverte quanto às dificuldades existentes naquele momento. O plano inicial, firmado em janeiro daquele mesmo ano de 1975, quando do acordo de paz de Alvor, entre o governo português e os três movimentos de libertação angolanos – a FNLA, o MPLA e a Unita –, estabelecia a realização de eleições gerais para a composição de uma Assembleia Constituinte e a entrega da soberania a um governo eleito. Ou seja, a forma como de fato ocorreu a declaração de independência explicita o insucesso do primeiro plano de paz e da primeira eleição previstos.

A guerra civil, que se consolidou no imediato pós-independência, envolveu, de um lado, o governo angolano, numa sobreposição quase total com o MPLA, com apoio militar de Cuba e financeiro, político e logístico do bloco soviético, e, de outro, a guerrilha da Unita, com apoio no terreno das tropas sul-africanas e suporte financeiro, político e logístico dos EUA.[3] Ou seja, apesar do enfraquecimento e subsequente desaparecimento da força militar da FNLA, o quadro da internacionalização da guerra, mais do que permanecer, se intensificou. Angola passou a ser uma peça importante no tabuleiro da Guerra Fria (Correia, 1996).

---

[3] Em dezembro de 2005, no 30° aniversário da Operação Carlota, nome código da participação militar cubana em apoio ao governo do MPLA, Fidel Castro admitiu que a pressão soviética para uma retirada das tropas cubanas do território angolano, ainda em 1976, foi grande. Os soviéticos temiam a pressão dos EUA (cf. site de notícias Angonoticias. Disponível em: <www.angonoticias.com/full_headlines.php?id=7920<b>. Acesso em: 6 dez. 2005).

A cooperação cubana iria aumentar no terreno militar e expandir-se para outras áreas, como a saúde e a educação, em virtude da falta de quadros angolanos para darem conta do funcionamento do novo país e de sua pouca experiência para tal, mas também dada `a crescente inserção de Angola no campo socialista. Técnicos do Leste europeu também passaram a chegar ao país em grande número, com destaque, evidentemente, para os soviéticos.

A guerra ganhou contornos mais duros nos anos 1980. A guerrilha da Unita avançou pelo interior do país, contando, em certa medida, com a crescente concentração do governo angolano nos espaços urbanos e sua fragilidade para implementar políticas que dessem conta do meio rural. Tal cenário ampliaria também o espaço de recrutamento de guerrilheiros para a Unita, ainda que quase sempre forçado. O resultado é que parte significativa das populações rurais ficou à mercê dos embates entre os dois grupos militares. Isso porque, ainda que o Exército angolano tenha se profissionalizado, ele enfrentou grandes problemas de logística e de abastecimento, e numa situação como essa, as populações rurais são o primeiro alvo dos que buscam saciar as diferentes fomes. Pelo lado da Unita, aconteceria o mesmo, com a extrema gravidade do sentimento de impunidade ampliado (Bittencourt, 2010).

A concentração das atenções do governo nas áreas urbanas dialogava com aspectos políticos, econômicos e sociais. Da mesma forma que os demais Estados africanos, Angola precisou enfrentar novos e graves problemas nessas áreas. O crescimento populacional no continente, que teve início na última fase do percurso colonial – anos de 1940 e 1950 –, fruto de um maior investimento nas áreas da saúde e da educação que resultou numa diminuição da taxa de mortalidade. A boa notícia, no entanto, traria outras consequências, como a urbanização acelerada, resultando numa crescente "favelização", e o surgimento de largos segmentos da população sem ocupação definida, aglomerados nas zonas urbanas e suburbanas, ávidos por oportunidades e, ao mesmo tempo, mais suscetíveis às manipulações políticas. Os governantes sabiam que esses segmentos precisavam ser atendidos e controlados, pois deles sairiam seus maiores problemas (Iliffe, 1999).

O caso angolano era ainda mais complexo, dada a existência da guerra. O conflito armado travado no interior levou ao deslocamento crescente de populações para as áreas urbanas, em especial a capital. O Estado, ao tentar atender às demandas que esse deslocamento gerava, buscou também enquadrar a população. Da mesma forma que nos demais países africanos, a opção angolana foi a do partido único.

A tentativa de golpe de Estado, em 27 de maio de 1977, alertou o regime para a situação de descontentamento associado a essa crescente urbanização (Tali, 2001). A reação da direção do partido/Estado contou com o apoio cubano contra a dissidência saída das fileiras do próprio partido e foi marcada, nos dias imediatamente seguintes à ação golpista, pela violência extrema e, nos meses seguintes, pelo descontrole. Segmentos urbanos da juventude foram fortemente atingidos, provocando ao mesmo tempo uma acomodação pela força e um crescente temor em relação às coisas do Estado e da política.[4] Nesse mesmo ano, o MPLA transformou-se em MPLA-PT (Partido do Trabalho), adotando oficialmente a designação de Partido Marxista Leninista.

Chegou o tempo do "homem novo", pensado pelo partido e instituído pelo Estado. O novo angolano, agora nacional, iria eliminar os resquícios do tribalismo e das particularidades culturais. A palavra de ordem passou a ser: "De Cabinda ao Cunene, um só povo, uma só nação". Enquanto isso, o partido buscava ampliar suas correias de transmissão e controle através das organizações de massa, com os jovens, na Juventude do MPLA (JMPLA), as mulheres, na Organização da Mulher Angolana (OMA), ou ainda os trabalhadores, na União dos Trabalhadores de Angola (Unta). Rapidamente a população percebeu que a participação nessas organizações era

---

[4] O 27 de maio tem sido alvo de uma nova produção de caráter testemunhal que tende a priorizar as críticas à atuação da cúpula do MPLA. Ver, entre outros: Botelho (2008); Mateus e Mateus (2007); Francisco (2007). Para a versão da direção, ver MPLA (1977).

pré-requisito para a possibilidade de acesso a qualquer serviço, direito ou privilégio controlado pelo Estado.

É possível, portanto, analisar o projeto de construção do homem novo pelo ângulo da produção de consensos (Rollemberg e Quadrat, 2010) e do reforço da legitimidade por parte do regime. Afinal, não só o partido era canal de acesso ao Estado e seus direitos e privilégios, mas também o contexto de guerra civil empurrava a população para tomar a decisão quanto ao lado que iria apoiar.

No entanto, a guerra fazia com que o MPLA não precisasse se preocupar muito em construir justificativas perante a sociedade angolana. A vitória contra o colonialismo e a vitória, num primeiro momento, contra os demais movimentos de libertação no estabelecimento do controle da capital aparentemente bastavam como "provas" de seu poder, de sua razão e de seu direito. Mais do que tudo, a independência proclamada e apropriada pelo MPLA gerou a sensação quase inquestionável da legitimidade e do consenso. Afinal, ainda que a população angolana não tenha entrado de armas na mão na guerra anticolonial ao lado dos movimentos de libertação, isso não deve ofuscar o fato de que essa mesma população festejou vitoriosa a conquista da independência.

Essa conquista e os dividendos obtidos a partir dela demonstram a impossibilidade de se pensar a dominação e o controle, por parte do MPLA, apenas pela força. Parece evidente, da mesma forma, que a guerra civil tornou-se, ela própria, um elemento facilitador das justificativas do MPLA como condutor dessa sociedade. Caberia acrescentar, ainda, que Angola chega ao final do colonialismo, como se pode imaginar, com segmentos médios muito exíguos, limitados à capital e às principais cidades. É com a independência e o fortalecimento do Estado, capitaneado pelo MPLA, que esses segmentos intermédios começam a crescer, exatamente pela sua ligação ao partido/Estado, enquanto os demais setores ficariam cada vez mais vulneráveis à guerra.

Na economia, o caminho socialista de Angola foi marcado pelas intervenções na produção e seus planos de metas, irrealistas, mas recorrentes. Passou a vigorar a economia planificada, seguindo o princípio de que a indústria transformadora levaria à "construção do socialismo". Na interação com a política surgiu o privilegiar do operariado e a crítica à pequena burguesia, sem que isso tivesse uma fácil conexão com a estrutura produtiva do país, recém-saído de uma situação colonial na qual a presença de aproximadamente 350 mil colonos portugueses tendera a monopolizar as posições de destaque nessa estrutura.

O setor estatal da economia foi alicerçado por confiscos e nacionalizações, em muitos casos fruto tão somente do abandono das unidades por seus proprietários, tornados ex-colonos, temerosos em relação à independência, à guerra e ao socialismo.[5] Corrupção, falhas no dimensionamento das fábricas, dificuldades de gestão, incapacidade de absorção do custo desses investimentos, dificuldade de reparação e ampliação das infraestruturas, entre outros fatores, seriam fatais. Os resultados foram a escalada da corrupção, o surgimento do mercado paralelo, com fortes ligações com o comércio legal, ou seja, com o Estado, e a piora significativa das condições de vida da população. Tudo isso iria demarcar um distanciamento crescente dessa população em relação à nomenclatura do partido/Estado.

Passados os primeiros anos da independência, a euforia deflagrada pela ideia de libertação passou a dar lugar a demandas mais concretas que não se realizaram. Em seu lugar surgiram leis contraditórias e que procuravam regular quase todos os aspectos da vida cotidiana. As novas lojas do povo não tinham comida nem roupas, mas, ao mesmo tempo, os dirigentes não aparentavam passar por necessidades – andavam de carro, tinham seguranças, não enfrentavam filas, seus filhos não iam para a guerra; pelo contrário, iam para o exterior. O discurso socialista, igualitário, não resistiu ao fato de alguns poucos terem água e luz e a maioria ficar à espera da chuva e do dia.

---

[5] Ver Ferreira (1999).

Num olhar mais panorâmico, é preciso reconhecer que a crise econômica era também continental e não apenas angolana. A derrocada final, retardada por algum tempo em função da baixa remuneração dos trabalhadores, mas inevitável, chegou com o barateamento dos preços dos produtos africanos no mercado internacional, logo provocando a carência de produtos industrializados e o crescimento do endividamento externo.[6] Apesar do aumento da produção de petróleo, no caso angolano, este seria atingido pelas significativas quedas no preço internacional do produto no início e em meados dos anos 1980.

Por sinal, uma excêntrica lógica presidiu a crescente participação da exploração do petróleo na economia angolana. A produção ficou ao encargo das petrolíferas estrangeiras, com destaque para as estadunidenses Chevron e Texaco e a francesa Elf, proporcionando receitas crescentes ao Estado angolano que, por sua vez, adotava uma economia planificada, de orientação socialista, enfrentando uma guerra civil insuflada, em grande parte, pelos interesses ideológicos e políticos dos EUA (Hodges, 2002). Em certa medida, o paradoxo dessa situação, e também, indubitavelmente e com maior peso, a crescente crise econômica, levaram a cúpula do partido/Estado, o MPLA, a traçar novos rumos para o governo e, consequentemente, para o país (Pereira, 1999).

As alterações na política econômica tiveram início em meados dos anos 1980, com as primeiras reformas tomando lugar em 1987, com o Programa de Saneamento Econômico e Financeiro (SEF), quando se passou a discutir o tamanho e as intervenções do Estado

---

[6] Arrighi (2002) tende a ressaltar os fatores externos ao analisar a crise africana dos anos 1980. Seu principal argumento é que a mudança nos "fluxos de capital global", proporcionada por uma mudança de política econômica estadunidense, passa a sufocar os países africanos que irão competir com os EUA no mercado financeiro internacional. Em sentido contrário, essa seria a década de sucesso para os países do Leste asiático e o Japão, que passaram a atender à crescente demanda dos EUA por produtos industriais baratos. Ainda assim, Arrighi não absolve as elites africanas pela sua péssima condução da economia e, sobretudo, pela incapacidade em deter as terríveis consequências sociais que tiveram lugar em seus países.

e a buscar investimento estrangeiro, abrindo espaço, em paralelo, à existência e à participação do empresariado nacional. Foi o reconhecimento de que a estratégia adotada até então tinha resultado em fracassos sucessivos, em especial no tocante à produção de alimentos.[7]

Na perspectiva política e militar, também o final dos anos 1980 conheceu dois episódios que mudaram as balizas que estruturavam o conflito e, simultaneamente, impediam qualquer sonho que dissesse respeito à ideia de paz em Angola. No plano interno, a batalha de Cuito Cuanavale, ocorrida entre fins de 1987 e início de 1988, demonstrou que as forças militares sul-africanas, que estiveram no terreno em apoio às tropas da Unita, não eram invencíveis. Para derrotá-las, o Exército governamental de Angola – as Forças Armadas Populares de Libertação de Angola (Fapla) – contou com o apoio decisivo da tropa cubana. No plano internacional, a ruptura do bloco soviético e, consequentemente, o fim da confrontação bipolar da Guerra Fria, diminuíram a pressão externa sobre o contexto local.

A repercussão dos dois episódios para o palco de embates armados da África Austral foi imediata. No ano de 1988 intensificaram-se os contatos para a articulação de uma solução pacífica, com a costura de um plano regional que buscou dar conta do conflito angolano e dos demais que assolavam a região – os casos de Moçambique e Namíbia.[8] Especificamente para o caso angolano, o plano de paz, que contou com a participação inicial do governo, Cuba, EUA e África do Sul, pretendeu associar a retirada das tropas cubanas de Angola à retirada das tropas sul-africanas da

---

[7] Ennes Ferreira (1999) destaca o papel da política de sobrevalorização da moeda angolana, o *kwanza*, que contribui para tornar a produção industrial menos competitiva.

[8] Daniel dos Santos (1998) alerta que as negociações entre o governo angolano e a diplomacia dos EUA foram sendo estabelecidas através das Nações Unidas desde 1984, mas até 1988 o insucesso era explicado pela crença sul-africana numa escalada militar vitoriosa da Unita que abrisse para negociações em melhores condições.

Namíbia e sua consequente independência,⁹ que ocorreria com a eleição de 1990, vencida pela Swapo.¹⁰

Um novo acordo, em maio de 1991, firmado na sequência do primeiro, estabeleceu um cessar-fogo entre o governo angolano e a Unita, e a realização de eleições presidenciais e legislativas. Esse segundo acordo previa, ainda, uma série de etapas de desmilitarização e aproximação entre os dois lados, que foram burladas, de parte a parte, com destaque para as diferentes artimanhas empregues pela Unita com o objetivo de manter o fundamental de suas tropas preparadas para um eventual ressurgimento do conflito. A estratégia do movimento de Jonas Savimbi, em grande medida, foi empreendida sob os olhos serenos da comunidade internacional, em especial das Nações Unidas (Anstee, 1997).

As previsões iniciais e a cobertura jornalística da imprensa internacional e angolana, ainda sob o efeito dos acordos de paz e do cessar-fogo, indicavam que a campanha seria marcada pela polarização entre o MPLA e a Unita. A expectativa do surgimento de uma terceira força capaz de aglutinar os eleitores, cansados da guerra e também desconfiados da rápida transformação democrática por que passaram os dirigentes do MPLA e da Unita, não se confirmou. Quanto às previsões propriamente eleitorais, elaboradas em fins de 1991, essas destacavam, invariavelmente, dois critérios de avaliação: o componente étnico¹¹ e a ideia de desgaste do MPLA, em

---

⁹ Esse plano de ação seria conhecido pela alcunha estadunidense de *linkage* (Correia, 1996).
¹⁰ A South-West Africa People's Organization (Swapo), criada em 1960 com o objetivo de conquistar a independência do então sudoeste africano, lançaria, em 1966, sua ofensiva guerrilheira contra as tropas sul-africanas que ocupavam o território desde a derrota da Alemanha, seu primeiro colonizador, na I Guerra Mundial. A independência só seria conquistada em 1990, consagrando a vitória eleitoral da Swapo.
¹¹ O critério étnico era favorável à Unita, pois, segundo os frágeis dados estatísticos disponíveis sobre Angola, a população ovimbundo representava 35% do total, sendo a principal base de apoio ao movimento, enquanto os mbundu compunham 25%, sendo o principal grupo de apoio ao MPLA. Portanto, o pressuposto dessa forma de encarar o país e as eleições era o da existência de uma sobreposição, sem grande

função dos muitos anos de governo. Ambos derivavam no favoritismo à Unita, o movimento de Jonas Savimbi.

No entanto, os resultados finais das eleições presidenciais de 1992 consagraram a José Eduardo dos Santos, do MPLA, 49,57% dos votos, a Jonas Savimbi 40,07% e a Alberto Neto, do Partido Democrático Angolano (PDA), o terceiro colocado, 2,16% dos votos nacionais. Os dados demonstravam a distância entre os dois primeiros e o terceiro, reforçando a polarização observada na campanha eleitoral, mas indicavam também a necessidade de um segundo turno entre os dois principais candidatos, o que não iria acontecer, em função da contestação dos resultados pela Unita e do retorno à guerra, ainda que a ONU tivesse reconhecido as eleições como tendo sido livres e justas.[12]

Durante as conversações diplomáticas, envolvendo diferentes interlocutores com o intuito de tentar convencer Jonas Savimbi a recuar do novo conflito e aceitar o resultado das eleições, o fantasma da divisão do território angolano voltou a pairar nas análises sobre a guerra, sobretudo entre fins de 1992 e meados de 1993.[13] Essa era, no entanto, uma perspectiva baseada em uma estreita leitura étnica de Angola, que as ações de ambos os movimentos iriam, em grande medida, desmentir.

Indiscutivelmente, apesar de dividido, o nacionalismo angolano criara uma convicção importante de unidade nacional, reconhecida e valorizada pelos beligerantes. Afinal, a pretensão da Unita era a da vitória, militar ou eleitoral, para obter o controle do

---

margem de erro, entre grupo étnico e partido político, entre identidade étnica e voto. Essa perspectiva não foi confirmada pelas eleições. Afinal, tais manchas estatísticas não se sobrepõem fielmente. De fato, o erro maior está na vinculação estreita entre grupo étnico e filiação partidária.

[12] As análises dos resultados eleitorais de 1992 tendem a destacar dois aspectos como os principais responsáveis pelas vitórias de José Eduardo dos Santos e do MPLA: o uso privilegiado da máquina administrativa e de propaganda do Estado e os inúmeros erros de Jonas Savimbi e seu partido, que se transformaram em "cabos eleitorais" do MPLA (Bittencourt, 2010).

[13] É preciso lembrar que em 1975, enquanto Agostinho Neto proclamava a independência em Luanda, Jonas Savimbi fazia o mesmo no Huambo (Matos, 1993).

Estado angolano nas dimensões territoriais que ele possuía. Seu discurso, apesar da grande flexibilidade, tanto no terreno político como no econômico, era o de inverter as prioridades do MPLA, passando a concentrar suas atenções fora de Luanda, valorizando iniciativas para o interior do país. Savimbi e outras lideranças da Unita não admitiam a chamada "balcanização" do país.

Na interseção dos elementos aqui realçados – a guerra, o Estado e o nacionalismo –, é curioso perceber que a prolongada guerra civil angolana acabou atuando como mecanismo de reforço à própria ideia de nação angolana e de seu Estado. Consequentemente, na ausência de negociações consistentes entre o MPLA/Estado e a Unita, da criação de um espaço político de diálogo e composição, prevaleceu a lógica do embate visando à derrota militar do oponente.

Nova guerra e nova economia

De fato, a nova guerra não teve declaração oficial de início dos confrontos por qualquer das partes. Os ataques e contra-ataques se sucederam entre desmentidos e reuniões para contorná-los. Jonas Savimbi continuaria desfiando suas acusações quanto à ocorrência de inúmeras fraudes nas eleições,[14] enquanto as chancelarias internacionais e a ONU investiram numa sequência infindável de reuniões, dentro e fora do território angolano, na tentativa de fazer o líder da Unita retomar o processo e participar do segundo turno.

Na busca por controlar as rédeas da cena política e lançar definitivamente a Unita e seu presidente na ilegalidade, o governo

---

[14] É preciso referir que muitos analistas e observadores do processo eleitoral reconhecem a existência de irregularidades nas eleições de 1992, mas relacionam tais episódios ao ineditismo da operação e à não desmilitarização por completo das forças até então beligerantes. Sobretudo, falam em irregularidades e não em fraude generalizada. Pacheco diz que as eleições não foram nem livres, nem justas, mas as possíveis (Pacheco, 1992).

deu posse aos deputados eleitos para a Assembleia Nacional no dia 26 de novembro de 1992, mesmo com a ausência dos 70 deputados eleitos pela Unita. No dia 4 de dezembro foi empossado o primeiro-ministro Marcolino Moco, até então secretário-geral do MPLA. O tom dos discursos do novo governo era de conciliação, chegando a afirmar a importância da participação da Unita na Assembleia Nacional e mesmo no Executivo. Alguns deputados eleitos pela Unita aproveitaram esses acenos do governo ao longo do ano de 1993 para tomarem posse na assembleia. Todavia, em paralelo a esses passos políticos, milhares de mortes se acumulavam no país, e a guerra se expandia.

Vale destacar que a guerra pós-eleitoral apresentou novas características, como o fato de que, dessa vez, sobretudo numa primeira fase, de aproximadamente um ano, os conflitos foram em muitos casos urbanos, a começar pelo dia 31 de outubro de 1992, em Luanda.[15] Passada a fase de Luanda, que durou alguns dias, sendo vencida por milícias pró-MPLA apressadamente armadas, numa demonstração de que o governo cedera mais que a Unita na desmobilização de suas forças, novos confrontos tiveram lugar nas principais cidades do planalto central, em especial no Huambo, mas também no norte do país, como Caxito, Ndalatando, Mbanza Congo e Uíge.[16]

Esses embates foram os responsáveis pelas imagens que rodaram o mundo dando conta da destruição de inúmeras construções e das intensas trocas de tiros nas ruas de várias cidades angolanas, o que se explica pela presença da Unita nas áreas urbanas durante todo o período pré-eleitoral. Ou seja, o breve período de paz e liberdade de deslocamento, bem como a própria campanha eleitoral, proporcionou a transferência, para as cidades, de militantes e

---

[15] Jonuel Gonçalves (2010) sugere chamarmos de "guerra pós-independência" o confronto compreendido entre os anos de 1975 e 1991; de "guerra pós-eleitoral" o embate ocorrido no período entre 1992 e 2002; e de "guerra civil" a soma dos dois períodos de conflito.

[16] Essas cinco capitais de província ficaram algum tempo sob controle da Unita (Hodges, 2002).

militares, que com o reacender da guerra retomaram suas funções no Exército da Unita.

Com o passar dos meses, as ações militares migraram para o interior do país e para zonas menos populosas, ainda que mais extensas territorialmente, fazendo com que a Unita chegasse a controlar mais de 60% da área total do país. O partido de Jonas Savimbi passou a ver a nova guerra como uma comprovação de sua capacidade bélica e da justeza de suas acusações ao governo angolano. Quanto mais alternativas e contatos com as chancelarias internacionais eram oferecidos, mais a Unita consolidava a ideia de que a força de seu movimento estava em seus homens, em suas armas e no domínio da maior extensão possível do território. Sua lógica era a de que um maior controle militar aumentava suas chances de vitória ou negociação em formato mais favorável que a aceitação da derrota eleitoral, ainda que num primeiro turno.

Dessa maneira, Jonas Savimbi passa a ditar o ritmo das negociações, que não cessariam de fato até finais dos anos 1990. As próprias negociações incorporavam a presença da ONU e de países como Portugal e EUA, o que, de certa forma, diminuía o espaço de atuação do governo angolano. O MPLA se ressente dessa situação e José Eduardo dos Santos lança o governo de unidade e reconciliação nacional (Gurn), que abriu espaço no Executivo para representantes de todos os partidos, incluindo a Unita, que assumiu alguns ministérios, além de preencher os 70 assentos correspondentes a seu partido na Assembleia Nacional. Era uma nítida tentativa de passar à ofensiva na arena política e retomar o controle sobre a agenda do país, tentando evitar que essa passasse a ser ditada pelos humores de Savimbi. O líder da Unita, por sua vez, ganhava tempo encenando posições divergentes que oscilavam entre a arrogância quanto a sua capacidade de impor a guerra e uma suposta fragilidade na contenção da fúria e da insatisfação de seus militares com o que consideravam roubo eleitoral.

Por outro lado, a guerra pós-eleitoral seria marcada pela diminuição do elevado grau de participação externa. O governo não possuía mais o apoio cubano e soviético, nem a guerrilha garantiria por muito mais tempo o apoio sul-africano e estadunidense,[17] em grande parte pelo fim da Guerra Fria, mas também pelas mudanças ocorridas na África do Sul, que levariam à libertação de Nelson Mandela e sua eleição para a presidência do país. Ao mesmo tempo, isso se traduziu numa nova economia da guerra. A nova guerra será financiada pelos recursos internos angolanos, sob controle das duas forças político-militares. O governo contaria, sobretudo, com os recursos do petróleo, e a Unita, com os dividendos auferidos pelo controle de minas de diamantes no nordeste do país (Hodges, 2002).

Assim como no pós-independência do conflito angolano (1975-1991), a fase pós-eleitoral (1992-2002) tem sido melhor estudada no que diz respeito ao lado governamental do que no tocante à Unita. Os mecanismos de acumulação de riqueza construídos por essa organização política e militar, sua rede financeira, seus contatos internacionais, suas garantias de pagamento, seus fornecedores de armas e demais materiais bélicos não foram ainda analisados em maior profundidade. Tal situação certamente decorre das dificuldades em estudar um partido/Exército com deslocamentos rápidos e frequentes por extensas faixas territoriais, com sucessivas condenações em fóruns internacionais, o que implicou a ilegalidade de muitas dessas operações, mas também do inegável fechamento da Unita no que diz respeito à elucidação de sua organização interna.

Algumas trilhas foram abertas no tocante aos principais canais de financiamento e venda de armamentos. Países saídos do império soviético, com destaque para a Ucrânia, ou do antigo Leste europeu, em especial a Bulgária, que na fase pós-independência do conflito angolano se consolidaram como os principais fornecedores de armas para o governo do MPLA, na fase pós-eleitoral

---

[17] Em 19 de maio de 1993 o presidente dos EUA, Bill Clinton, anunciou o reconhecimento oficial do Estado angolano (Correia, 1996).

expandiram seus negócios para o outro lado da trincheira e passaram a atender também ao partido/Exército de Jonas Savimbi. A compra era feita com recursos provenientes da venda camuflada de diamantes por canais que pareciam desaguar em Antuérpia (Birmingham, 2002).

O vigor financeiro e militar demonstrado pela Unita permitiu a seus dirigentes ousarem um novo caminho. É assim que ganha fôlego a estratégia de aumentar a intensidade dos confrontos a partir de meados dos anos 1990, provocando, consequentemente, um maior número de mortos, mutilados e deslocados. Entre outros objetivos, parecia estar o de levar a fome a algumas regiões de Angola, impedindo inclusive o auxílio da ajuda humanitária pelas agências internacionais. A ideia era conseguir, através da opinião pública internacional e do crescente número de deslocados internos, pressionar o governo angolano para uma nova negociação, mas dessa vez com uma Unita forte militarmente e controlando várias regiões. No entanto, a pressão internacional foi diluída pela crescente produção petrolífera angolana, atendendo sobretudo à demanda das empresas estadunidenses, enquanto, internamente, a lógica da guerra continuou favorecendo o MPLA que, escorando-se nela, não permitia contestação ou mesmo discussão da sua condução acerca dos rumos do país e do conflito.[18]

A estratégia da Unita falhou. Sua capacidade militar e financeira não aguentou tanto tempo. Os diamantes que a financiavam saíam do nordeste do país, das províncias da Lunda Norte e Lunda Sul. Eram explorados por populações forçadas ao trabalho de exploração aluvial. Em julho de 1998, a ONU, por pressão do governo de Angola, mas também de agências e organizações não governamentais internacionais, declarou uma interdição internacional à compra de diamantes da Unita, o que se mostrou ineficaz,

---

[18] Birmingham (2002) afirma que as relações pessoais existentes entre militares dos dois lados favoreceram a realização de contatos, que se traduziram na venda de combustível do lado governamental para a UNITA.

pois os canais de contrabando continuaram a funcionar (Hodges, 2002). Ainda assim, com o crescimento da campanha internacional acerca das ligações entre os diamantes e as guerras na África, em especial em Angola e Serra Leoa, as empresas do ramo passaram a apoiar o boicote às pedras originárias de Angola. A receita da Unita sofreu um duro e decisivo abalo.

Pelo lado governamental, esse será o período de consolidação das estruturas do sistema político angolano controlado pela liderança do MPLA. A fase socialista havia preparado o terreno para tal através do controle do Estado, que permitiu a um reduzido núcleo de lideranças colocarem em funcionamento uma lógica de apropriação e distribuição dos recursos públicos, garantindo o temor e a cooptação. A centralização dita socialista, associada à guerra civil, franqueou argumentos e verbas para o uso exclusivo por parte da cúpula do partido/Estado.[19] Na fase pós-eleitoral da guerra civil, o Estado angolano assumiu a configuração de um Estado patrimonial e clientelista (Vidal, 2006).

A guerra durou mais 10 longos anos, finalizados em 2002, após a morte de Jonas Savimbi, em combate com as tropas governamentais, em fevereiro daquele ano. O acordo de paz seria rubricado na sequência, ainda em abril. O isolamento da Unita no cenário internacional foi decisivo para esse desfecho. Tal situação era fruto, em certa medida, do cansaço com suas sucessivas recusas em aceitar negociar de forma efetiva para se alcançar a paz. Resultou também de uma nova conjuntura internacional, em que antigos oponentes, com destaque para os EUA, passaram a enxergar o MPLA como um possível aliado, capaz de gerenciar o Estado angolano e respeitar os contratos internacionais. O novo MPLA, ainda que guiado por antigos dirigentes, adaptou-se às mudanças das regras do jogo, enquanto a Unita ficara presa à lógica da guerra.

O MPLA ganhou a guerra, mas o fim desta passou a exigir novas adaptações. As limitações do governo passaram a sobressair,

---

[19] Christine Messiant (2006) avança a ideia de Estado predador e coercivo.

bem como seus desmandos. Surgem organizações civis que tentam defender os direitos e as aspirações de seus adeptos. Não somente as inúmeras ONGs, mas também associações como a dos desmobilizados, dos sem-teto, dos portadores de HIV, de amigos e doentes da anemia falciforme, de organizações trabalhistas por categoria e outras mais. Todas ajudam a demonstrar a extrapolação do político para outras esferas que não apenas as dos partidos, e esse novo cenário era estranho e parecia escapar ao controle do MPLA. Não sendo mais partido único, não tendo mais um inimigo a abater, não tendo mais a guerra para impedir questionamentos, o MPLA e o Estado passaram a ter de responder a diferentes solicitações e esclarecimentos.

Valendo-se do crescimento econômico do país e da ideia de que, mesmo tendo vencido a guerra civil, apostava num regime democrático pautado por eleições multipartidárias que incluíam a Unita, o MPLA iria enfrentar duas eleições: legislativas, em 2008, e gerais, em 2012. Em ambas, a estratégia dos partidos de oposição, entre eles a própria Unita, era a de acusar o governo de inúmeros desmandos, de corrupção e de não garantir o apoio necessário aos partidos políticos. Pouco ou nada se aprofundou no debate sobre as falhas do governo na condução de projetos para a melhoria de vida da população, menos ainda sobre que caminho os partidos de oposição pretendiam seguir para minimizar, quando não resolver, tais problemas. O embate ideológico não se fez presente, e o discurso capitalista quanto à necessidade de liberar a economia das amarras ainda existentes esteve forte em todos os programas, incluindo o do MPLA (Bittencourt, 2010).

As ausências mais evidentes foram o vínculo entre etnicidade e voto e a ameaça de novo embate militar. O MPLA venceu as duas eleições. Pesaram, para tanto, algum temor de uma vitória da Unita – ainda associada ao retorno à guerra em 1992 –, a pulverização da oposição, o reconhecimento de alguns avanços nas ações governamentais e, fundamentalmente, a entrada em campo da máquina governamental-partidária, que dinamizou diferentes redes de apoio e controlou os principais meios de comunicação. Ainda assim, merece destaque o expressivo número de abstenções na eleição de 2012, atingindo cerca de 37% do eleitorado, apontando para um descrédito crescente em relação ao MPLA mas acusando, ao mesmo tempo, a pouca expressão das oposições, que não conseguem se apresentar como alternativas ao partido de José Eduardo dos Santos.

Na conjuntura atual, é possível perceber um lento movimento de busca de legitimidade e de construção de consensos por parte da cúpula do partido/Estado, ainda que a ideia de cooptação seja a mais explicitada por seus opositores. A presença dessa estratégia parece se resumir ainda ao campo do discurso, permanecendo afastada, portanto, das políticas públicas até o momento efetivadas. Sinal desse novo enfoque é a recorrência ao tema do respeito às demandas da população e as discussões sobre a viabilidade da adoção de programas de renda mínima, nos moldes do Bolsa Família brasileiro.

De concreto, é possível verificar ações ainda muito concentradas na área urbana, sobretudo na capital, que concentra de 20 a 30% da população do país. Sobressaem as reformas de vias urbanas, além de tímidas iniciativas na área da moradia popular, sendo muito mais evidentes os condomínios que atendem a uma elite de funcionários do Estado ou de enriquecidos por suas relações com ele, que até então viviam em condições deterioradas, junto à maioria da população urbana, em prédios sem água e luz em decorrência do longo período de guerra civil.

Concluindo...

Após 11 anos do último e até agora decisivo acordo de paz, é de realçar o sentimento de difícil retorno à guerra nos moldes antigos. O que impressiona é que estamos falando de guerras sem prisioneiros, sem comissão de verdade, destruidoras de vidas, gerações, infraestruturas, mas não enraizadoras de ódios intransponíveis, apesar das atrocidades cometidas de ambos os lados.

No campo político, os partidos de oposição mantêm as críticas à corrupção via Estado, mas continuam a reclamar da falta de apoio financeiro desse mesmo Estado. As ações mais recentes de questionamento da esfera estatal e do MPLA, que de fato o controla, saíram das manifestações ocorridas a partir de 2011 e organizadas através das novas redes sociais informatizadas e das mensagens de aparelhos de telefonia móvel, viabilizadas pela juventude de Luanda, ligada a coletivos culturais, que procura cobrar ações concretas contra a corrupção, além de mais e melhores empregos.

O Estado, por sua vez, numa perfeita simbiose com o MPLA, procura usar o fantasma da guerra e realçar sua fibra nacionalista para inibir, no campo político das declarações, manifestações contrárias a sua atuação. Em paralelo, valendo-se da força de ser Estado, tenta impedir o alastramento dessas contestações. Do outro lado, os descontentes têm dificuldade em expandir a mobilização para os mais diferentes segmentos e regiões do país. Suas palavras de ordem possuem a limitação do alcance territorial, pois tendem a reverberar de forma muito concentrada na capital, ainda que utilizem apelos com forte viés nacionalista.

Tendo em conta o tema da interseção entre os elementos aqui destacados – nacionalismo, Estado e guerra – é preciso referir que, para a grande maioria dos angolanos, essa nova política, sem guerra, parece ainda muito turva. O que eles conhecem bem é o temor, quer da guerra, quer das coisas do Estado, que durante tanto tempo os manteve afastados de todas as decisões, inclusive daquelas que afetavam seu cotidiano. Quanto ao nacionalismo, isso sempre foi algo distante, gritado por poucos, que parecia ser bom, mas que, assim como o Estado, deixou muito a desejar. Todavia, é curioso perceber o quanto a ideia da riqueza do petróleo transborda para um novo nacionalismo, arrogante e até mesmo xenófobo, que se faz presente também nos angolanos empobrecidos, ainda que essa riqueza tenha trazido, de fato, preços mais altos e abismos econômicos.

REFERÊNCIAS

ANSTEE, Margaret Joan. *Órfão da Guerra Fria*: radiografia do colapso do processo de paz angolano 1992/93. Porto: Campo das Letras, 1997.

ARRIGHI, Giovanni. La crisis africana: aspectos derivados del sistema-mundo y aspectos regionales. *New Left Review*, Madri, 2002. 28 p. Disponível em: <http://newleftreview.es/article/download_pdf?language=es&id=2387>. Acesso em: 1º set. 2009.

BIRMINGHAM, David. Angola. In: CHABAL, Patrick (Org.). *A history of postcolonial lusophone Africa*. Bloomington, In: Indiana University Press: 2002. p. 137-184.

BITTENCOURT, Marcelo. *Estamos juntos!* O MPLA e a luta anticolonial (1961-1974). Luanda: Kilombelombe, 2008. 2 v.

____. Conflitos, identidades e voto em Angola. In: RIBEIRO, Alexandre; GEBARA, Alexsander; BITTENCOURT, Marcelo (Org.). *África: passado e presente*. In: Encontro de Estudos Africanos da UFF. Niterói: Eduff, 2010. p. 174-186.

BOTELHO, Américo Cardoso. *Holocausto em Angola*: memória de entre o cárcere e o cemitério. Lisboa: Nova Vega, 2008.

CORREIA, Pedro Pezarat. *Angola*: do Alvor a Lusaka. Lisboa: Hugin, 1996.

FERREIRA, Manuel Ennes. *A indústria em tempo de guerra (Angola, 1975-91)*. Lisboa: Cosmos/Instituto da Defesa Nacional, 1999.

FRANCISCO, Michel. *Nuvem negra*: o drama do 27 de maio de 1977. Lisboa: Clássica, 2007.

GONÇALVES, Jonuel. Esporte em Angola. Do ultracolonialismo à independência. In: MELO, Victor Andrade de; BITTENCOURT, Marcelo; NASCIMENTO, Augusto (Org.). *Mais do que um jogo*: o esporte no continente africano. Rio de Janeiro: Apicuri, 2010. p. 133-158.

HODGES, Tony. *Angola*: do afro-stalinismo ao capitalismo selvagem. Cascais: Principia, 2002.

ILIFFE, John. *Os africanos*: história dum continente. Lisboa: Terramar, 1999.

MARCUM, John. *The Angolan Revolution*: the anatomy of an explosion (1950-1962). Cambridge: The Massachusetts Institute of Technology, 1969. v. I.

MATEUS, Dalila Cabrita; MATEUS, Álvaro. *Purga em Angola*. Lisboa: ASA, 2007.

MATOS, António. As novas regras da guerra e da paz. *Público*, Lisboa, 8 mar. 1993.

MESSIANT, Christine. Luanda (1945-1961): colonisés, société coloniale et engagement nationaliste. In: CAHEN, Michel. *"Vilas" et "cidades"*: bourgs et villes en Afrique Lusophone. Paris: L'Harmattan, 1989. p. 125-199.

___. Transição para o multipartidarismo sem transição para a democracia. In: VIDAL, Nuno; ANDRADE, Justino Pinto de (Org.). *O processo de transição para o multipartidarismo em Angola*. Lisboa: Firmamento, 2006. p. 131-161.

MOVIMENTO POPULAR DE LIBERTAÇÃO DE ANGOLA (MPLA). Bureau Político. *Angola*: a tentativa de golpe de Estado de 27 de maio de 77. Lisboa: Avante, 1977.

PACHECO, Fernando. *A crise pós-eleitoral*: Angola falha novo encontro com a história. Luanda: 1992, Mimeo.

PEREIRA, José Maria Nunes. *Angola*: uma política externa em contexto de crise (1975-1994). Tese (doutorado) – Programa de Pós-Graduação em Sociologia, Universidade de São Paulo, São Paulo, 1999.

ROLLEMBERG, Denise; QUADRAT, Samantha Viz (Org.). *A construção social dos regimes autoritários*: África e Ásia. Rio de Janeiro: Civilização Brasileira, 2010.

SANTOS, Daniel. Un "Dien Bien Phu" pour l'Afrique du Sud. In: *Afrique*, Montreal, v. 4, n. 3-4, p. 35-42, 1988.

TALI, Jean-Michel Mabeko. *O MPLA perante si mesmo (1962-1977)*. Luanda: Nzila, 2001. 2 v.

VIDAL, Nuno. Multipartidarismo em Angola. In: ___; ANDRADE, Justino Pinto de (Org.). *O processo de transição para o multipartidarismo em Angola*. Lisboa: Firmamento, 2006. p. 11-57.

Sobre os autores

Alexandre Fortes
Professor da Universidade Federal Rural do Rio de Janeiro na área de história contemporânea, vinculado ao Departamento de História e Economia do Instituto Multidisciplinar no campus de Nova Iguaçu. Editor da *Revista Brasileira de História* e autor de *Nós do Quarto Distrito: a classe trabalhadora porto-alegrense e a era Vargas*. Pesquisador de questões relacionadas com a classe trabalhadora brasileira.

Augusto Nascimento
Investigador auxiliar do Instituto de Investigação Científica Tropical, de Lisboa, Portugal. Publicou textos científicos sobre São Tomé e Príncipe e Cabo Verde em livros e em revistas nacionais e internacionais. Autor, entre outros livros, de *Atlas da lusofonia: São Tomé e Príncipe*; *Histórias da ilha do Príncipe*. Seus temas de pesquisa estão vinculados com São Tomé e Príncipe e com a descolonização da África.

Daniel Aarão Reis
É professor titular de história contemporânea da Universidade Federal Fluminense. Autor de *Luis Carlos Prestes, um revolucionário entre dois mundos* e de *Ditadura e democracia no Brasil*, entre outros livros e artigos acadêmicos. Pesquisa os intelectuais russos do século XIX e XX e também as esquerdas brasileiras durante a ditadura militar.

Dora Barrancos
Pesquisadora principal e diretora do Consejo Nacional de Ciencia y Tecnología de la Argentina. Foi professora em diversas universidades

argentinas (Universidad de Buenos Aires e Universidad de Quilmes). Seus temas de pesquisa estão relacionados com os movimentos sociais e políticos na Argentina, assim como feminismo e a agência feminina. Autora de *Mujeres en la sociedad argentina: una historia de cinco siglos*.

Felipe Addor

É professor do Núcleo Interdisciplinar para o Desenvolvimento Social (Nides/UFRJ) e pesquisador e coordenador-geral do Núcleo de Solidariedade Técnica (Soltec/UFRJ). É organizador do livro *Tecnologia e desenvolvimento social e solidário* e da trilogia *Pesquisa, ação e tecnologia* (no prelo). Tem formação e experiência nos campos do planejamento urbano e regional e da engenharia de produção, assim como também pesquisa sobre os movimentos populares contemporâneos na América Latina.

Marcelo Bittencourt

Professor de história da África no Departamento de História da Universidade Federal Fluminense. Suas pesquisas estão relacionadas com os seguintes temas: Angola, África Austral, colonialismo, lutas de libertação, intelectuais e memória. Autor de *Estamos juntos! O MPLA e a luta anticolonial (1961-1974)* e coautor de *Esporte e lazer na África: novos olhares*.

Mariana Bruce

Doutoranda do Curso de História da Universidade Federal Fluminense. Atualmente desenvolve uma pesquisa sobre os movimentos populares na Bolívia durante o governo de Evo Morales.

Norberto O. Ferreras

É professor de história da América da Universidade Federal Fluminense. Autor de *O cotidiano dos trabalhadores de Buenos Aires (1880-1920)* e coautor, com María Verónica Secreto de *Os pobres e a política: história dos movimentos sociais na América Latina*. Autor de artigos acadêmicos sobre a Organização Internacional do Trabalho e sobre escravidão contemporânea.

Samantha Viz Quadrat

Professora de história da América contemporânea da Universidade Federal Fluminense. É pesquisadora de história latino-americana, com ênfase nas últimas ditaduras militares, atuando principalmente nos seguintes temas: memória, violência política e juventudes. Organizadora de *Não foi tempo perdido: os anos 80 em debate* e co-organizadora da trilogia *A construção social dos regimes autoritários: legitimidade, consenso e consentimento no século XX*.

Victoria Basualdo

Pesquisadora do CONICET da Argentina, coordenadora do programa "Estudios del trabajo, movimiento sindical y organización industrial". Professora do Mestrado em Economia Política da Faculdade Latino-americana de Ciências Sociais (Buenos Aires, Argentina). Coordenadora dos livros *La clase trabajadora argentina en el siglo XX: formas de lucha y organización* e *La tercerización laboral: orígenes, impacto y claves para su análisis en América Latina*.

Impressão e acabamento:

Grupo SmartPrinter
Soluções em impressão